Roger L. Martin
Jennifer Riel

Gute Entscheidungen

Roger L. Martin
Jennifer Riel

Gute Entscheidungen

**Eine Anleitung zum Integrativen
Denken für Führungskräfte**

Aus dem Englischen von
Andreas Schieberle

WILEY-VCH Verlag GmbH & Co. KGaA

Das englische Original erschien 2017 unter dem Titel *Creating Great Choices. A Leader's Guide to Integrative Thinking* bei Harvard Business Review Press, Boston, Massachusetts

© 2017 Jennifer Riel and Roger L. Martin

All rights reserved. Published by Arrangement with Harvard Business Review Press

Alle Bücher von Wiley-VCH werden sorgfältig erarbeitet. Dennoch übernehmen Autoren, Herausgeber und Verlag in keinem Fall, einschließlich des vorliegenden Werkes, für die Richtigkeit von Angaben, Hinweisen und Ratschlägen sowie für eventuelle Druckfehler irgendeine Haftung

© 2019 Wiley-VCH Verlag GmbH & Co. KGaA, Boschstr. 12, 69469 Weinheim, Germany

Alle Rechte, insbesondere die der Übersetzung in andere Sprachen, vorbehalten. Kein Teil dieses Buches darf ohne schriftliche Genehmigung des Verlages in irgendeiner Form – durch Photokopie, Mikroverfilmung oder irgendein anderes Verfahren – reproduziert oder in eine von Maschinen, insbesondere von Datenverarbeitungsmaschinen, verwendbare Sprache übertragen oder übersetzt werden. Die Wiedergabe von Warenbezeichnungen, Handelsnamen oder sonstigen Kennzeichen in diesem Buch berechtigt nicht zu der Annahme, dass diese von jedermann frei benutzt werden dürfen. Vielmehr kann es sich auch dann um eingetragene Warenzeichen oder sonstige gesetzlich geschützte Kennzeichen handeln, wenn sie nicht eigens als solche markiert sind.

Bibliografische Information der Deutschen Nationalbibliothek
Die Deutsche Nationalbibliothek verzeichnet diese Publikation in der Deutschen Nationalbibliografie; detaillierte bibliografische Daten sind im Internet über <http://dnb.d-nb.de> abrufbar.

Gedruckt auf säurefreiem Papier.

Umschlaggestaltung: Torge Stoffers, Leipzig
Gestaltung: pp030 – Produktionsbüro Heike Praetor, Berlin
Satz: Lumina Datamatics
Druck und Bindung: CPI books GmbH, Leck

Print ISBN: 978-3-527-50979-9
ePub ISBN: 978-3-527-82246-1

10 9 8 7 6 5 4 3 2 1

Für unsere Ehepartner
Stephen Leckey und Marie-Louise Skafte,
die uns stets ein unerschütterlicher
Rückhalt waren, in Liebe

Inhalt

Vorwort: Der opponierbare Geist 9
    Was wir gelernt haben   *10*
    Verhaltenswissenschaftliche Entscheidungstheorie   *12*
    Design Thinking   *14*
    Beispiele und Kontext (oder: Die Welt braucht mehr Kanada)   *15*

Teil I: Theorie

1. Integratives Denken 2.0 19
    Wie man einen guten Film macht   *20*
    Eine Wahl treffen oder Wahlmöglichkeiten schaffen   *24*

2. Wie wir uns entscheiden 29
    Unsere Modelle sind unbewusst   *31*
    Unsere Modelle sind leicht zu manipulieren   *34*
    Und trotzdem sind unsere Modelle auch schwer zu ändern   *35*
    Unsere Modelle sind stark vereinfacht   *37*
    Unsere Modelle sind auf eine wenig hilfreiche Weise einzigartig   *39*
    Entscheidungsfindung in Unternehmen   *42*

3. Eine neue Art zu denken 49
    Meta-Erkenntnis: Über unser eigenes Denken nachdenken   *50*
    Empathie: Die Gedanken und Ideen anderer wertschätzen   *54*
    Kreativität: Das Neue suchen und das Besondere mit offenen
    Armen aufnehmen   *57*
    Eine neue Art zu denken   *61*
    Mustervorlagen   *61*

Teil II: Praxis

4. Eine Methodik 67
    Phase eins: Die Modelle formulieren   *69*
    Phase zwei: Die Modelle untersuchen   *72*
    Phase drei: Die Möglichkeiten erkunden   *74*
    Phase vier: Die Prototypen beurteilen   *75*
    Der Entscheidungsprozess   *75*

5. Gegensätzliche Modelle formulieren 77
    Überwinden Sie Charakterisierungen wie »dumm« und »böse«   *79*
    Definieren Sie das Problem   *82*
    Ermitteln Sie zwei extreme und gegensätzliche Modelle   *83*
    Skizzieren Sie die Modelle   *88*
    Definieren Sie, wie die Modelle funktionieren   *91*
    Vier Schritte   *97*
    Mustervorlagen   *98*

6. Die Modelle untersuchen   **103**
Das zu lösende Problem   *103*
Die Festival-Modelle   *104*
Die Vorzüge der Modelle   *105*
Die Modelle untersuchen   *106*
Einen Ansatzpunkt finden   *110*
Eine gute Entscheidung   *112*
Die Schritte bei der Untersuchung der Modelle   *112*
Die Modelle im Spannungsverhältnis zueinander halten   *113*
Das eigene Denken infrage stellen   *116*
Abstand gewinnen   *120*
Mustervorlagen   *122*

7. Möglichkeiten schaffen   **127**
Die Geburt des Indexfonds   *129*
Drei Wege zur Auflösung von Spannungen   *130*
Weg 1: Das verborgene Juwel   *131*
Weg 2: Verdoppeln   *137*
Weg 3: Zerlegen   *140*
Denken Sie kreativ   *148*
Mustervorlagen   *149*

8. Die Prototypen bewerten   **153**
Alle Möglichkeiten definieren   *155*
Die Logik verstehen   *162*
Tests entwerfen und durchführen   *165*
Mustervorlagen   *167*

9. Eine Frage der Lebenseinstellung   **173**
Eine längerfristige Perspektive einnehmen   *174*
Untersuchung des Themas Einstellung   *177*
Ihre Einstellung zur Welt   *182*
Die Einstellung zu Ihrer Rolle auf der Welt   *185*
Jabrils Geschichte   *187*

Anmerkungen   **189**

Stichwortverzeichnis   **195**

Danksagungen   **197**

Die Autoren   **199**

Stimmen zum Buch   **201**

Vorwort: Der opponierbare Geist

> »In uns ist eine unsichtbare Kraft; erkennt diese zwei gegensätzliche Objekte der Begierde, wird sie stärker.«
> *Rumi*

2007 schrieb Roger ein Buch mit dem Titel *The Opposable Mind (Der opponierbare Geist)*. Der Titel spielt auf den opponierbaren (gegenüberstellbaren) Daumen an, dieses wertvollste aller Werkzeuge. Mit dem opponierbaren Daumen, den die Menschen mit den meisten Primaten gemeinsam haben, erzeugen wir eine Spannung gegenüber unseren Fingern, mit der wir Gegenstände greifen und bearbeiten können. Ganz ähnlich kann der opponierbare Geist eine Spannung zwischen Ideen erzeugen, durch die wir neue Lösungen für herausfordernde Probleme entwickeln können. Roger nannte dieses Vorgehen *integratives Denken* und argumentierte, dass sich die erfolgreichsten Führungskräfte von der Masse abheben, weil sie dieses Denken beherrschen.

In dem Buch erzählt Roger die Geschichte bemerkenswerter Führungskräfte wie Isadore Sharp, Gründer der Four-Seasons-Hotels, oder Bob Young, früherer CEO des Software-Unternehmens Red Hat, oder Victoria Hale, Gründerin des Institute for One World Health. Obwohl diese Führungskräfte im Hinblick auf ihren Kontext oder Background wenig gemeinsam hatten, sah Roger doch eine starke Verbindung zwischen ihnen: Jede dieser Führungskräfte setzte zur Lösung ihrer schwierigsten Probleme auf integratives Denken. Diese schwierigen Entscheidungsaufgaben präsentierten sich in Form einer unbefriedigenden Entweder-oder-Auswahl: einem erforderlichen Kompromiss zwischen vorhandenen Lösungsmöglichkeiten, die alle nicht gut genug waren, um das Problem wirklich zu lösen. Statt aber nun zwischen diesen suboptimalen Optionen ihre Wahl zu treffen, konstruierten diese Führungskräfte aus den sich widersprechenden Ideen integrative Antworten. Das Ergebnis ihres Denkprozesses waren neue Wahlmöglichkeiten, die das ursprüngliche Entweder-oder-Problem kreativ lösten und für die Welt neue Werte schufen.

Die Führungskräfte, die Roger studierte, teilen »die Neigung und die Fähigkeit, zwei diametral entgegengesetzte Ideen im Kopf zu behalten. Und sind dann, ohne in Panik zu geraten oder sich mit der einen oder anderen Alternative abzufinden, in der Lage, eine Synthese zustande zu bringen, die beiden gegensätzlichen Ideen überlegen ist.«[1] In *The Opposable Mind* untersuchte Roger die »Disziplin der Betrachtung und Synthese«, die nach seiner Meinung erklärte, was diese Führungskräfte getan hatten, um ihre schwierigsten Herausforderungen zu lösen. Es war, wie er sagte, eine Art zu denken, die vier entscheidende Elemente aufwies.

Erstens erweiterten sie die Überlegungen, was für ihre Entscheidung von Bedeutung ist, und zogen noch weitere Dinge in Betracht, wenn sie über ihr Problem nachdachten. Zweitens untersuchten sie komplexe kausale Beziehungen und bezogen diese Beziehungen zwischen den bedeutenden Variablen mit ein. Drittens legten sie sich das Problem so zurecht, dass es in seiner Gesamtheit in den Blickpunkt rückte, und strukturierten es mit Disziplin und zielgerichtet, statt sich nur auf Einzelaspekte des Problems zu konzentrieren. Und viertens und letztens arbeiteten sie aktiv auf eine kreative Überwindung inakzeptabler Kompromisse hin, statt diese brav zu akzeptieren. Diese Führungskräfte strebten an, neue Erkenntnisse und eine Überwindung der Spannung zwischen den Ideen zu erreichen, bevor sie weitermachten.

Diese Theorie des integrativen Denkens zu formulieren, war das Eine. Etwas ganz Anderes war es, sie auch zu lehren. Und so bat Roger Jennifer, bei seiner Arbeit mitzuwirken und zu helfen, die Theorie in die Praxis umzusetzen und sie außerdem auch von den leitenden Managern (vorwiegend aus Unternehmen), die in *The Opposable Mind* porträtiert wurden, auf Personen in einem weiteren Spektrum von Organisationen auszuweiten. Im letzten Jahrzehnt haben wir uns so, zusammen mit wunderbaren Kollegen, mit Unternehmens-Managern unterschiedlicher Branchen befasst, aber auch mit Studenten, MBA- sowie Executive-MBA- Studenten, mit Abteilungsleitern, Führungskräften von Non-Profit-Organisationen und Behörden, Lehrern und sogar Grundschülern. Bei jeder Gruppe haben wir eine Menge über Theorie und Praxis des integrativen Denkens gelernt.

Was wir gelernt haben

Wir haben zum Beispiel herausgefunden, dass die Geschichten in *The Opposable Mind*, die sich für die Leser als inspirierend erwiesen, tatsächlich auch eine Lernbarriere darstellen konnten. Wir haben außerdem gelernt, dass integratives Denken auf einen weit größeren Kreis von Problemen angewendet werden kann, als wir uns ursprünglich vorgestellt hatten, und auch von einem weit größeren Kreis von Führungskräften. Und wir haben gesehen – wie wir es auch immer gehofft hatten –, dass integratives Denken keine angeborene Fähigkeit ist – also eine, die man entweder hat oder nicht hat –, sondern eine Vorgehensweise, die sich mit der Zeit erlernen lässt.

Die Geschichten

Als wir damit anfingen, das Buch in Unterrichtspläne und Kurse zu übersetzen, stellten wir fest, dass sich eine beunruhigende Kluft zwischen Wissen und Handeln auftat. Selbst für Studenten, die die Geschichten mit Leichtigkeit nacherzählen konnten und die Werkzeuge auf einer kognitiven Ebene verstanden, stellte es oft eine große Mühe dar, das integrative Denken auf ihre eigenen Herausforderungen und in ihrem eigenen Kontext anzuwenden. Zum Teil war das darauf zurückzuführen, dass wir als unsere Subjekte richtungsweisende Führungskräfte ausgewählt hatten; es erwies sich als schwierig, zu verstehen, wie man das Handeln von, sagen wir, A. G. Lafley, dem CEO von Procter & Gamble (P&G), in den eigenen Kontext der Studenten übersetzen sollte. Unsere Studenten arbeiteten nicht für P&G und sie waren auch keine CEOs. Wie sich herausstellte, war die Übersetzungsaufgabe besonders dann schwierig, wenn die Geschichte sowohl anschaulich als auch real war. Leicht war es, von den Details der Erzählung, den Charakteren und den im Einzelnen vorgenommenen Handlungen mitgerissen zu werden. Die weiter gefassten Lehren dagegen konnten dabei übersehen werden.

Wir mussten in unseren Vorlesungen also eine effektivere Balance zwischen Geschichtenerzählen und Anwenden finden. Das haben wir auch in diesem Buch versucht. Wir erzählen zwar immer noch Geschichten, weil sie spannend und lehrreich sind, aber Sie werden in diesem Buch eine viel stärkere Betonung der Methodik finden als in *The Opposable Mind*. In dieser Hinsicht soll dieses Buch stärker zur Anleitung als zur Wissensvermittlung dienen. Wir ermuntern Sie, beim Lesen Ihre eigenen Herausforderungen zu bearbeiten und sich in die kurzen Übungen mit dem Titel »Versuchen Sie einmal Folgendes« zu vertiefen, die Sie in allen Kapiteln finden. Diese sollen Ihnen helfen, das Gelesene in Echtzeit anzuwenden. Außerdem werden Sie am Ende vieler Kapitel Mustervorlagen finden, die Ihnen helfen sollen, die Diskussion zu strukturieren.

Anwendungsbereich

In *The Opposable Mind* argumentierte Roger, integratives Denken sei ein Werkzeug, das zur Anwendung kommen sollte, wenn man mit Kompromisslagen konfrontiert ist, also schwierigen Entweder-oder-Situationen, die das Merkmal jeder Managementkarriere sind. Nun sind Kompromisse natürlich ein Element fast jeder Entscheidung; daher argumentierte Roger, dass integratives Denken am besten dann zum Einsatz komme, wenn der zur Debatte stehende Kompromiss einfach zu schmerzlich sei. Er konzentrierte sich also auf Situationen, in denen die Wahl einer der beiden Optionen einfach nicht gut genug ist. Und wir haben tatsächlich gesehen, dass integratives Denken in dieser Art von Situationen mit großem Erfolg eingesetzt wird. Was uns aber überraschte, war, in welchem Ausmaß sich integratives Denken auch bei einer ganzen Vielzahl anderer Probleme, Herausforderungen und Chancen als das bessere Werkzeug zur Herbeiführung guter Lösungen erwies – auch in Fällen, in denen die ursprüngliche Problemkonstruktion keinen wirklich schmerzlichen und inakzeptablen Kompromiss aufwies. In solchen Fällen führt eine Neuformulierung des Problems in Form einer Entweder-oder-Entscheidung oft dazu, dass sich die Perspektiven verschieben und die Diskussion auf eine Weise verändert wird, die neue Antworten möglich macht.

Und dann ist da noch der Anwendungsbereich im Hinblick auf die Personen, die die Entscheidungen treffen. Viele der Geschichten in *The Opposable Mind* berichten von CEOs und Unternehmern, die inakzeptable Kompromisse mit großem Erfolg überwunden haben. Diese Konzentration auf individuelle transformative Führungskräfte war vom erzählerischen Standpunkt her nützlich: Sie machte die Geschichten klar, einprägsam und stark. Aber sie erwies sich auch als irreführend. Die Porträtierten beeilten sich fast ausnahmslos, klarzustellen, dass sie ihre Entscheidungen zusammen mit ihren Teams getroffen hätten, nicht allein in ihren Eckbüros. Integratives Denken, das wurde uns klar, ist sowohl eine individuelle Fähigkeit als auch ein Teamsport. Nach unserer Erfahrung führt es fast immer zu überlegenen Ergebnissen, wenn integratives Denken in gemischten Teams statt allein angewandt wird.

Eine angeborene Fähigkeit?

Lassen Sie uns abschließend noch einen Blick auf die Vorstellung werfen, integratives Denken sei eine angeborene Fähigkeit. Klar, die Leute, die in *The Opposable Mind* porträtiert wurden, hatten nicht die Chance, über integratives Denken einen Kurs zu belegen oder ein Buch zu lesen. Integratives Denken war ein Problemlösungsverfahren, das alle von ihnen im Verlauf ihres Lebens auf ihre jeweils eigene Weise im Zuge ihrer Arbeit und Praxis entwickelt hatten. Aber die Tatsache, dass jede dieser Führungskräfte ohne offizielle Ausbildung zu dieser Denkweise gelangt war, heißt nicht notwendigerweise auch, dass sie angeboren wäre. Um herauszufinden, ob die Idee des integrativen Denkens gelehrt werden kann, mussten wir sie in eine Methodik übersetzen und mit einem Satz Werkzeuge ergänzen. Dadurch ist das integrative Denken inzwischen weniger eine Beschreibung, wie erfolgreiche Führungskräfte denken, sondern vielmehr ein Verfahren, das jeder lernen und praktizieren kann.

Dieses Verfahren stellt das Herz des Buches dar. Es ist eine Methodik des Problemlösens, die nach unserer Überzeugung alle Führungskräfte in die Lage versetzt, das Spannungsverhältnis zwischen entgegengesetzten Ideen zu nutzen, um neue transformative Werte zu erschaffen. Aber bevor wir zur Methodik kommen, geben wir Ihnen hier noch ein wenig angereicherte Theorie weiter, die auch einbezieht, was wir von anderen gelernt haben, die über Entscheidungsprozesse auf eine andere, aber ergänzende Weise denken. Insbesondere geben wir Prinzipien der verhaltenswissenschaftlichen Entscheidungstheorie und des Design Thinking wieder, die unsere Arbeit zunehmend beeinflussen.

Verhaltenswissenschaftliche Entscheidungstheorie

1974 veröffentlichten Daniel Kahneman und Amos Tversky einen bahnbrechenden Artikel mit dem Titel »Judgment under Uncertainty: Heuristics and Biases«. Fünf Jahre später folgte »Prospect Theory: An Analysis of Decision under Risk«.[2] Zusammen stellten diese Artikel viele herrschende Ansichten über Entscheidungsprozesse infrage, wie sie an den wirtschaftswissenschaftlichen Fakultäten gelehrt wurden. Die herrschende Meinung war davon ausgegangen, dass die Menschen ihre Entscheidungen auf der Basis ökonomisch rationaler, vorurteilsfreier Logik treffen. Kahneman und Tversky trugen dazu bei, zu zeigen, dass wir Menschen einen Satz vorhersagbarer Vorurteile mit uns herumtragen, die unsere Entscheidungsbildung beeinflussen, nicht selten zu unserem Schaden. Die gemeinsame Arbeit trug Kahneman den Wirtschafts-Nobelpreis ein (Tversky verstarb, bevor er geehrt werden konnte) und regte ein neues Studienfeld zum Wachsen an: die verhaltenswissenschaftliche Entscheidungstheorie, oft auch Verhaltensökonomie genannt.

Das Studium der psychologischen Entscheidungsprozesse ist eine Wachstumsbranche, und im vergangenen Jahrzehnt haben drei grundlegende Bücher für eine Verbreitung des Wissens darüber gesorgt: *Nudge: Wie man kluge Entscheidungen anstößt (Nudge: Improving Decisions About Health, Wealth and Happiness)* von Richard Thaler und Cass Sunstein; *Denken hilft zwar, nützt aber nichts (Predictably Irrational: The Hidden Forces That Shape Our Decisions)* von unserem Freund Dan Ariely; und von Kahneman selbst *Schnelles Denken, langsames Denken (Thinking, Fast and Slow)*.[3] Während diese Bücher der verhaltenswissenschaftlichen Entscheidungstheorie zu größerer Bekanntheit verhalfen, veranlassten sie uns, stärkere Verbindungslinien zwischen den Prinzipien der psychologischen Entscheidungsprozesse und unserer eigenen Arbeit zu ziehen.

Wir Menschen, so sagt uns die verhaltenswissenschaftliche Entscheidungstheorie, stützen uns nicht auf rationale, unvoreingenommene Logik, wenn wir unsere Wahlentscheidungen treffen. So sind wir voreingenommen für Daten, die unmittelbar verfügbar sind. Wir nutzen eine erste Ansicht als Ankerpunkt und suchen überproportional nach Daten, die diese Ansicht bestätigen. Außerdem ist unsere Abneigung gegen Verluste stärker als unsere Begeisterung für Gewinne – und so weiter. Unsere Vorurteile beeinträchtigen unsere Entscheidungen also in beträchtlichem Ausmaß. Und wie wir es sehen, tragen die konventionellen Entscheidungsprozesse in Unternehmen auch wenig dazu bei, solche Vorurteile abzumildern, sondern können sie eher noch bestärken. Denken Sie einmal daran, wie wir typischerweise Managemententscheidungen treffen: Wir stellen »relevante« Daten in den Raum, um den Kontext zu setzen, und verankern uns unweigerlich daran; wir suchen Belege, die uns bestätigen, dass unsere Entscheidung die richtige ist, und ignorieren alle dagegen sprechenden Daten. Wir bitten Führungskräfte, früh öffentliche Statements zur richtigen Antwort abzugeben, wodurch wir ihnen wenig Raum lassen, ihre Ansichten später noch ohne kognitive Dissonanz zu ändern. Und wir verlangen die Zustimmung und Akzeptanz des gesamten Teams, was leicht zu einem Gruppendenken führt.

Wenn wir im Gegensatz dazu unsere Schüler, insbesondere Grundschulkinder, beim Einsatz des integrativen Denkens beobachteten, sahen wir ganz andere Ergebnisse. Diese Schüler wurden anscheinend, nachdem sie das integrative Denken angewandt hatten, mit geringerer Wahrscheinlichkeit zum Opfer kognitiver Vorurteile als zuvor. Es schien möglich, dass eine Reihe der verbreitetsten kognitiven Vorurteile durch Aspekte des integrativen Denkprozesses aufgedeckt und abgemildert wurden. Daher begannen wir, die verhaltenswissenschaftliche Entscheidungstheorie explizit in unseren Prozess einzubinden. Wenn wir heute integratives Denken lehren, beginnen wir mit einigen Grundlagen zu Vorurteilen und Heuristik und verwenden Beispiele von Kahneman, Ariely und anderen, um zu erklären, warum viele konventionelle Problemlösungs-Methodiken scheitern. Solche Grundlagen finden Sie in Kapitel 2.

Design Thinking

Zur gleichen Zeit, als die verhaltenswissenschaftliche Entscheidungstheorie die wirtschaftswissenschaftlichen Fakultäten eroberte, erlangte in der Unternehmenswelt eine zweite bedeutende Welle des Denkens über Entscheidungen Einfluss: Design Thinking. Große Mainstream-Unternehmen wie General Electric, Fidelity Investments oder IBM bezeichneten Design Thinking als die Schlüsselfähigkeit, die ihrem Innovationsvermögen zugrunde liege. Die Wurzeln reichen Jahrzehnte zurück, aber ein entscheidender Moment kam 1969, als Herb Simon *Die Wissenschaften vom Künstlichen* (*The Sciences oft the Artificial*) schrieb.[4] Aus der Idee, dass Design (Entwerfen, Konstruieren) den Prozess der Erschaffung eines bestimmten Artefakts bezeichne, abstrahierte Simon die Vorstellung, dass Designen eine allgemeine Art des Denkens sei.

Diese Erkenntnis inspirierte viele Anhänger, darunter auch Roger, ebenso wie Tim Brown, CEO der globalen Design-Beratungsfirma IDEO. Zusammen und getrennt haben sie daran gearbeitet, das grundlegende und erkennbare Set der Denkfähigkeiten und -verfahren zu erforschen, die dem Designen zugrunde liegen, und verwendeten den Ausdruck *Design Thinking*, um sie zu beschreiben. Beide veröffentlichen Bücher zum Thema: *The Design of Business: Why Design Thinking Is the Next Competitive Advantage* und *Change by Design: How Design Thinking Transforms Organizations and Inspires Innovation*.[5] Sie argumentieren, Design Thinking stelle ein Set von Werkzeugen und Techniken dar, das auf jedem Gebiet angewandt werden könne, und sei nicht nur ein besonderes Design-Medium.

Design Thinking ist die Art und Weise, wie wir Neues schaffen, Dinge, die heute noch nicht existieren. Es ist ein Verfahren, um Geheimnisse der Welt zu lüften, neue Möglichkeiten zur Befriedigung von Nutzerbedürfnissen zu schaffen und neue Werte für Unternehmen zu erzeugen. Als solches kann es uns auch etwas über die Erzeugung neuer Ideen beim integrativen Denken lehren. Die Definition des integrativen Denkens trägt immer schon den kreativen Akt in sich: Es ist »die Fähigkeit, die Spannung zwischen gegensätzlichen Modellen konstruktiv auszuhalten und dann, statt eines davon auf Kosten des anderen auszuwählen, *eine kreative Auflösung der Spannung* in Form eines neuen Modells herbeizuführen, das zwar Elemente der jeweiligen Modelle enthält, jedem einzelnen von ihnen aber überlegen ist.«[6]

In der Frühzeit der Entwicklung des integrativen Denkens hatten wir wenig dazu zu sagen, wie man es produktiv angehen könnte, diese neue Idee hervorzubringen. Anfänglich zielte unser Modell des integrativen Denkens nur darauf ab, eine einzige bessere Lösung für einen inakzeptablen Kompromiss zu finden. Und nachdem die Lösung dann erdacht war, war die schwere Arbeit so gut wie erledigt. Das Ganze war sauber und ordentlich, in der Theorie. Aber dann erkannten wir unter dem Einfluss des Design Thinking, welchen Wert es hat, zunächst viele mögliche Antworten zu erforschen, bevor man sich auf eine verständigt. Wir begannen jede kreative Lösung als den Prototyp einer ersten Lösung anzusehen, der zunächst getestet und immer wieder durchprobiert werden musste, bevor er angewendet werden konnte. Wenn wir heute integratives Denken lehren, zeigen wir den Studenten, wie sie auf ihrem Weg zu einer kreativen Lösung mehrere Möglichkeiten hervorbringen, diese zu Prototypen machen und testen können. Mehr über den kreativen Akt lesen Sie in Kapitel 7, mehr über Prototypen und Tests in Kapitel 8.

Beispiele und Kontext (oder: Die Welt braucht mehr Kanada)

Mit den Jahren haben wir über integratives Denken eine Menge gelernt. Dieses Buch gibt dieses Wissen an Sie weiter, wobei es zu einem großen Teil von den Menschen profitiert hat, die wir unterrichtet haben. Die Basis unserer Arbeit war für einen großen Teil des vergangenen Jahrzehnts die Rotman School of Management der University of Toronto, daher kann es gut sein, dass Sie in diesem Buch den ein oder anderen kanadischen Anklang wahrnehmen. Wir sind zwar sehr dafür, Kanada in der Welt bekannter zu machen, Sie werden allerdings auch Geschichten aus der großen weiten Welt finden; wir haben Beispiele für integratives Denken auch in Kapstadt/Südafrika gesehen, in Billund/Dänemark, in Valley Forge (Pennsylvania)/USA und an vielen anderen Orten. Wir haben gesehen, wie integratives Denken in sozialen Einrichtungen zur Anwendung kam, bei Finanzdienstleistern, im Konsumgüterbereich und im öffentlichen Sektor. Jedes für dieses Buch ausgewählte Beispiel sollte ein universelles Thema illustrieren, und wir hoffen, dass die Anwendbarkeit jeweils auch über den spezifischen Kontext hinaus klar wird.

In den folgenden Kapiteln plädieren wir für eine neue Herangehensweise ans Problemlösen. Wir formulieren einige Kernprinzipien, und wir liefern eine Schritt-für-Schritt-Erklärung, mit der wir ein Verfahren erklären, wie Sie diesen Ansatz auf Ihre schwierigsten eigenen Probleme anwenden können. Ob Sie nun schon lange ein Fan von *The Opposable Mind* sind oder dieses Konzept völlig neu für Sie ist, dieses Buch soll Ihnen die Werkzeuge an die Hand geben, mit denen Sie integratives Denken einsetzen können, um bei Ihrer eigenen Arbeit gute Entscheidungen zu treffen.

Teil I:
THEORIE

Kapitel 1: Integratives Denken 2.0

In *The LEGO Movie* gibt es einen kleinen Insiderwitz, bei dem Jørgen Vig Knudstorp immer lachen muss. Der Held des Films, eine kleine Arbeiterfigur namens Emmet, bewundert Batmans tolles Flugzeug. »Könntest du so eins wohl auch in Orange bauen?«, fragt Emmet. »Ich arbeite nur mit Schwarz«, grummelt Batman zurück, »und manchmal mit ganz, ganz dunklem Grau.«[1]

Angesichts Batmans bekannter Vorliebe für alles Schwarze ist das für alle Comic-Fans ein ganz lustiger Dialog. Aber für Knudstorp, den schlaksigen, bärtigen, Brille tragenden CEO der LEGO Group, ist er aus einem ganz anderen Grund lustig. »Als ich CEO wurde, war ich der junge ehemalige McKinsey-Berater – Sie wissen schon, der Mister Business«, sagt Knudstorp.[2] Er war der erste Außenstehende und auch der erste Nicht-Familienangehörige, der das dänische Spielzeug-Unternehmen in seiner 80-jährigen Geschichte führte. Seine Ehrfurcht einflößende Aufgabe bestand darin, bei dem geliebten, aber Verluste schreibenden Unternehmen einen Turnaround herbeizuführen. Er begann mit Stellenstreichungen und Rationalisierungen im Produktprogramm. »Wir hatten 13 000 verschiedene Farb- und Formvarianten«, erinnert er sich. »Bei diesem Maß an Vielfalt hatten wir nie alles auf Lager und mussten oft kämpfen, um Nachbestellungen unserer Kunden beliefern zu können.«

Eine der zur Streichung vorgesehenen Farben war Old Gray. Das war ein ganz, ganz dunkles Grau, das ihm überflüssig erschien, da das Unternehmen ja weiterhin Bausteine in Schwarz und dem helleren Standard Gray verkaufen würde. Aber die Fans der Marke – die sich online im LUGNET fanden, einem frühen Netzwerk für LEGO-Freunde – waren wütend. Wie sich herausstellte, verwendeten diese erwachsenen LEGO-Baumeister Old Gray, um Schatteneffekte zu erzielen, wenn sie Schlösser, Statuen und Wolkenkratzer bauten. Knudstorp verbrachte gehörige Zeit im Internet, um seine Entscheidung zu verteidigen, und lernte dabei die treuesten Fans seiner Marke kennen. (»Ich hatte zum ersten Mal Kontakt mit den Fans. Ich hatte mich auf diesen Dialog eingelassen, und ich glaube, ich habe ihn nicht gewonnen«, sagt er lachend.)

Knudstorp betrachtet Batmans lustige Bemerkung zumindest auch teilweise als Anspielung auf seinen eigenen frühen Kampf um das ganz, ganz dunkle Grau. Für ihn zeigt es, wie gut die Filmemacher das Wesen der Marke LEGO verstanden hatten: die Freude am Bauen, wie sie in den erwachsenen Baumeistern verkörpert wurde. Für Knudstorp als oberster Hüter der Marke LEGO war dies eine Reise von großer persönlicher Bedeutung.

Nun ein wenig Hintergrund. Kerngeschäft der LEGO Group sind natürlich die kleinen Steckbausteine aus Plastik. Seit 1999 betreibt sie aber auch ein höchst profitables Lizenzgeschäft. Zu Beginn bedeuteten diese Lizenzverträge, dass LEGO Baukästen und Minifiguren produzieren konnte, die auf beliebten Franchise-Marken wie *Star Wars* oder *Harry Potter* basierten. Aber bald begann das Unternehmen auch, diese Partnerschaften über die Bausteine hinaus zu Original-Entertainment auszubauen, und wurde Partner von Filmproduktionen, Fernsehshows und Computerspielen. Etwa um 2005 waren einige Kurzfilme wie *LEGO Star Wars: Revenge of the Brick* enorm erfolgreich geworden. Und schließlich fand die Idee eines Original-LEGO-Spielfilms Einzug ins Marken- und Innovationsgremium des Unternehmens. Knudstorp erinnert sich:»Ich glaube, dass wir alle irgendwie dachten: ›Ein bisschen verrückt ist es ja schon. Warum sollte das einer machen wollen?‹« Dennoch gab das Unternehmen grünes Licht für die Prüfung der Idee und schloss einen Optionsvertrag mit einem Hollywood-Studio ab.

Aber die Vorstandsmitglieder blieben skeptisch. Das Unternehmen hatte mit Marken-Entertainment zwar große Erfolge erzielt, wenn es mit einigen der stärksten Entertainment-Marken der Welt als Partner zusammengearbeitet hatte. Aber der erste eigene Vorstoß aufs Gebiet der Spielfilme, der direkt auf DVD vertriebene Film, *LEGO: The Adventures of Clutch Powers*, war enttäuschend verlaufen. »Er war so markentreu«, erklärt Knudstorp. »Er war so LEGO-loyal. Der Gute im Film hieß Kjeld [nach dem Chairman der LEGO Group Kjeld Kirk Kristiansen]. Aber ehrlich gesagt war der Film langweilig. Er war so echt, er hatte keinerlei Biss.«

Wie man einen guten Film macht

Aus dieser Erfahrung lernte Knudstorp, dass die LEGO Group selbst vielleicht nicht die beste Wahl als Geschichtenerzähler war. Er vergleicht die Situation mit der Aufgabe eines Drehbuchautors, der ein Buch für den Film aufbereiten soll: Was auf Papier funktioniert, muss nicht unbedingt auch auf dem Bildschirm funktionieren. »Wenn man möchte, dass jemand ein gutes Drehbuch schreibt und bei einem guten Film Regie führt, der auf einem Buch basiert, dann gehört mit zum Ersten, was diese Person macht, dass sie dem Buch Gewalt antut«, sagt er. »Vielleicht spielt in dem 300-seitigen Roman ein Onkel eine Hauptrolle. Wenn man dann aber den Film macht, dann ist der nur anderthalb Stunden lang, und für den Onkel bleibt kein Platz mehr. Also fliegt er raus.« Die Essenz des Buches bleibt, aber es wird im Hinblick auf seinen neuen Kontext überarbeitet. »Normalerweise lässt man einen Buchautoren oder eine Buchautorin nie das Drehbuch für den Film oder ein Computerspiel schreiben«, sagt er. Autoren sind viel zu nah am Buch, zu sehr den eigenen Worten und Bildern verhaftet, um das Buch effektiv an seinen neuen Kontext anzupassen.

Dasselbe galt auch für die Marke LEGO. »Es funktioniert nicht, wenn die LEGO Group sagt, worum es in dem Film gehen soll, weil wir dann viel zu dogmatisch werden«, sagt Knudstorp. »Wir werden zu klinisch. Weil wir nicht gut darin sind, Filme zu schreiben. Das ist nicht unser Geschäft.«

Zwei extreme Modelle

Das Problem besteht nun darin, wie man einen guten Film machen soll, der auf der Marke LEGO basiert. Es gibt viele mögliche Modelle, wie man in einer solchen

Partnerschaft vorgehen kann, aber lassen Sie uns für den Moment nur zwei Extreme betrachten. Einerseits könnte die LEGO Group in kreativer Hinsicht die totale Kontrolle behalten und Drehbuchautoren sowie Regisseure engagieren, die auf der Grundlage einer Vision des Unternehmens für den Film arbeiten. Dieses Vorgehen würde zwar gewährleisten, dass die Marke LEGO geschützt bliebe, es würde aber auch bedeuten, dass sich kein Top-Talent mit diesem Projekt befassen würde. Ein solcher Film ohne jeden Freiraum wäre eine unattraktive Angelegenheit für die besten Drehbuchautoren und Regisseure, denen die Vorstellung zuwider ist, Produzenten und Studios gegenüber zu etwas verpflichtet zu sein, geschweige denn gegenüber einem Großunternehmen. Überdies war dies im Wesentlichen auch die Strategie gewesen, die zu dem lahmen Film *Clutch Powers* geführt hatte.

Andererseits könnte die LEGO Group die gesamte Kontrolle auch an die Filmemacher abtreten und dem Hollywood-Team die vollen kreativen Rechte an Charakteren und Story überlassen, einschließlich der Art und Weise, wie die Marke präsentiert wird. Dieses Vorgehen könnte gute Talente ansprechen und einen erfolgreichen Film entstehen lassen. Aber es würde auch ein Risiko für die Marke darstellen, weil Außenstehende, je nachdem, wie die Marke präsentiert wird, bleibenden Schaden für das Kapital der Marke LEGO anrichten könnten.

Keine der beiden Alternativen erfüllte Knudstorp und seinen Vorstand mit Zuversicht. Bei der Abwägung der beiden Möglichkeiten kamen sie zu dem Schluss, dass sie eine neue Alternative bräuchten. Was sie letztlich wollten, war ein Film, der sowohl ein Triumph der Kreativität war als auch die Marke LEGO stärkte. Der Schlüssel zu einem großen Film ist großes Talent, daher war es wichtig, die kreative Kontrolle abzugeben. Wie aber könnten Knudstorp und sein Führungsteam dann dafür sorgen, dass die externen Kreativen die Marke mit genau dem richtigen Maß an Liebe einerseits und Respektlosigkeit andererseits behandeln würden? Es würde jedenfalls ein heikles Gleichgewicht werden, so viel war klar.

Ein heikles Gleichgewicht

Knudstorp musste die Outsider zu Insidern machen, aber ohne dadurch die Qualität ihrer Arbeit zu gefährden. Er erklärt, wie das erreicht wurde: »Wir räumten dem Produzenten und den Drehbuchautoren bei Warner Bros. wirklich völlige Freiheit bei der Erarbeitung ihres Drehbuchs ein. Wir hatten zwar jederzeit Gelegenheit, zu lesen und zu kommentieren, aber wir hatten keinerlei Rechte.« Die Führung der LEGO Group musste darauf vertrauen, dass es auch im besten Interesse des Film-Teams lag, einen Film zu machen, der das Wesen der Marke LEGO erfasste. Denn täte er das nicht, würde der Film schließlich auch bei den Fans floppen. Also beschloss Knudstorp, dass er es den Filmemachern leicht machen würde, die Marke korrekt zu behandeln und die Marke LEGO so lieben zu lernen, wie ihre Fans es tun.

Um das zu erreichen, bestand Knudstorp darauf, dass das Kreativteam, bestehend aus Phil Lord und Christopher Miller, einige Zeit mit den Superfans von LEGO verbrachte – den Kindern, ja, aber auch den Erwachsenen, die Knudstorp wegen Old Gray so viel Ärger bereitet hatten. Knudstorp erinnert sich:

Ich habe ihnen gesagt: »Ihr müsst diese Leute sehen. Ihr müsst mit ihnen sprechen. Ihr müsst mit mir zu den Tagungen gehen. Ihr müsst die Briefe lesen« – wir erhalten tausende Briefe von Kindern aller Altersklassen –, »und ihr müsst in unsere Kundenkontaktzentren gehen und euch neben unsere LEGO-Mitarbeiter setzen. Ihr müsst in die LEGO-Läden gehen, mit den Mitarbeitern reden und verstehen, wie echte LEGO-Fans sprechen.« [Die Filmemacher] haben das bereitwillig getan, und sie haben natürlich auch eine Menge Zeit mit unseren Konstrukteuren verbracht. Ich denke, sie waren echt überrascht, wie stark die Marke ist und wie viel Bedeutung sie hat.

Indem er Lord und Miller in Kontakt mit echten LEGO-Kunden brachte, verhalf er ihnen nicht nur dazu, die Marke zu verstehen, sondern auch, sich in die Marke zu verlieben.

Noch besser war, dass die Geschichten der Kunden dazu beitrugen, den Plot des Films mit Information zu unterlegen (und das nicht nur beim Batman-Witz). So erfuhren die Filmemacher beispielsweise: »Ein Punkt, der in der Fangemeinde sehr wichtig ist, ist, dass man niemals Klebstoff verwenden darf«, erklärt Knudstorp. »So etwas ist für einen echten LEGO-Fan ein absolutes No-Go.« Ein echter LEGO-Fan verwendet nie Klebstoff, weil das Wesen von LEGO eben in der Möglichkeit besteht, zu bauen und wieder neu zu bauen, sich etwas auszudenken und Neues zu erschaffen. Lord und Miller griffen dieses Thema auf und (Spoiler-Alarm!) machten Klebstoff zu einem der zentralen Themen des Films.

The LEGO Movie wurde ein Riesenerfolg. Er sorgte an den Kinokassen der Welt für Einnahmen von insgesamt mehr als 450 Millionen Dollar und ließ den Umsatz der LEGO Group durch Merchandising-Artikel zum Film wie etwa Emmet- und Batman-Figuren zweistellig wachsen. Ende 2014 war die LEGO Group das profitabelste Spielzeugunternehmen der Welt.

Eine neue Lösung

Der Weg zum Erfolg des *LEGO Movie* führte über einen alternativen Problemlösungsprozess, einen Prozess, der sich auf gegensätzliche Ideen und auf Chancen konzentrierte, statt auf eine richtige Lösung und die Qual der Wahl. Wie Knudstorp 2014 CNN erzählte: »Wenn man CEO ist, dann ist man irgendwie immer gezwungen, eine simple Hypothese zur Hand zu haben. Sie wissen schon: Es gibt eine Lösung … [Aber] statt alles immer nur auf eine Hypothese zu reduzieren, kann es oft viel klüger sein, unterschiedliche Hypothesen parat zu haben. Man erkennt dann Kompromisse, und man erkennt Chancen.«[3] Man gibt sich selbst die Möglichkeit, wie Knudstorp bemerkte, mithilfe der widerstreitenden Hypothesen eine überlegene Lösung hervorzubringen.

Dies ist das Herzstück des integrativen Denkens, einer Idee, die Roger zuerst 2007 in seinem Buch *The Opposable Mind: How Successful Leaders Win Through Integrative*

Thinking untersuchte. Darin beschreibt er das integrative Denken als eine Art zu denken, die ein Hervorbringen neuer Lösungen für unsere schwierigsten Probleme möglich macht, ein Vorgehen, das mithilfe der Spannung zwischen entgegengesetzten Ideen zum Hervorbringen transformativer neuer Lösungen führt.

In Knudstorps Fall nutzte der Firmenchef die Spannung zwischen zwei entgegengesetzten Entscheidungsmöglichkeiten, um eine Lösung hervorzubringen, die sein Problem weit effektiver löste als jede der ursprünglichen Alternativen. Die Entscheidungsmöglichkeiten waren, dass er einerseits auf kreativer Kontrolle bestehen könnte, damit die Marke LEGO geschützt bliebe, wodurch jedoch die Wahrscheinlichkeit bedeutend verringert würde, dass ernst zu nehmende Künstler zur Mitwirkung bereit wären, oder andererseits alle Kontrolle über den Film abgeben könnte, um dafür zu sorgen, dass das benötigte große Talent an Bord käme, das den Film kreativ erfolgreich machen könnte, dafür aber Risiken für das Ansehen der Firma eingehen müsste.

Viele Führungskräfte würden dies als ein Optimierungsproblem betrachten: Wie viel Kontrolle muss ich abgeben, damit ich gerade so viel Talent anziehe, dass der Film gut wird? Knudstorp lehnte eine solche Denkweise ab. Er wollte einen herausragenden Film, und er wollte einen Film, der die Marke LEGO nicht nur gut dastehen ließ, sondern förderte. Er formulierte seine Herausforderung als ein Problem der Integration, nicht der Optimierung. Er wollte eine Lösung, die ihm das Beste beider Welten geben würde, keinen schwachen Kompromiss zwischen beiden (siehe Abbildung 1.1). Mit anderen Worten betrachtete er es als seine Aufgabe, eine neue, überlegene Lösung hervorzubringen, statt zwischen zwei suboptimalen Lösungen zu wählen.

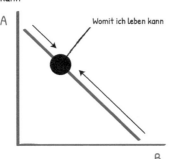
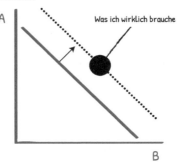

Abbildung 1.1: Optimieren und Integrieren

Eine Wahl treffen oder Wahlmöglichkeiten schaffen

Wie oft treffen Sie Entscheidungen? Wirklich *eigene* Entscheidungen? Und wie oft akzeptieren Sie nur eine von mehreren vorliegenden Wahlmöglichkeiten? Die meisten von uns begnügen sich meist mit ihnen. Wenn wir vor einer schwierigen Entscheidung stehen, wählen wir eine der vorliegenden Optionen, statt eine Antwort zu entwerfen, die das Problem auf neue, erfolgreichere Art und Weise löst. Typischerweise schauen wir uns unsere Optionen an, wägen ihr Pro und Contra ab und wählen dann diejenige aus, die nach unserer Analyse ein Stück weit in Führung liegt.

Es ist ganz natürlich, dass wir Kompromisse akzeptieren. Es passt zu unserem Verständnis der Welt und zu den Werkzeugen der Entscheidungsfindung, die aus diesem Verständnis heraus entstanden sind. Uns wird früh beigebracht, das Leben sei hart. »You can't always get what you want«, um die unsterblichen Worte der Rolling Stones zu zitieren. Und so lernen wir, auszuwählen und uns zu entscheiden. Wir analysieren eher die Optionen, als dass wir neue Möglichkeiten erschaffen. Wir entwickeln Werkzeuge für die Entscheidungsfindung, die eher evaluierend als kreativ funktionieren. So funktioniert die Welt, und dazu passt, wie wir in ihr funktionieren.

Manchmal, wenn wir Glück haben, gibt es eine offensichtlich richtige Lösung – eine Antwort, die das Problem löst und auf die wir uns alle einigen können. Aber oft gibt es auch keine offensichtlich richtige Lösung und keine alleinige Antwort, die alle begeistert. Vielleicht lösen die auf dem Tisch liegenden Optionen nur einen Teil des Problems, oder sie kurieren eher Symptome als Ursachen. Oder vielleicht sind die Leute, die mit uns um den Tisch sitzen, uneins, was die beste Lösung ist, und es entstehen Parteien, die sich bekämpfen und völlig unterschiedliche Lösungen befürworten. Oder möglicherweise gibt es auch mehrere gute Lösungen, aber die Wahl einer von ihnen bedeutet, dass man auf alles verzichtet, was die anderen an Gutem mit sich brächten.

In solchen Fällen kommt es oft dazu, dass wir unglückliche Kompromisse schließen, mit anderen streiten, um eine Entscheidung ringen und alles zielführende Handeln aufschieben. Wir begeben uns auf die Suche nach der mythischen richtigen Antwort, finden aber nur suboptimale Wahlmöglichkeiten und Kompromisse.

Der LEGO Group erschien die Wahl zwischen einem guten Film und einem Film, der die Marke LEGO stärkt, inakzeptabel. Knudstorp konnte sich nicht für nur eines dieser Ergebnisse entscheiden; er brauchte beide, um weiterzukommen. Um am Ende einen Film zu bekommen, der kreativ gut und auch gut für die LEGO Group war, musste er eine Lösung konstruieren, die ihm das Beste beider Welten lieferte. Und das tat er. Er stellte sich die Frage: »Wie kann ich ein Modell für die Zusammenarbeit mit den Filmemachern entwerfen, das ihnen zwar die kreative Kontrolle einräumt, die sie benötigen, dies aber auf eine Weise tut, die mich mit Zuversicht erfüllt, dass sie die Marke LEGO schützen werden?« Und statt nun Kompromisse zu schließen, komplexe legale Vereinbarungen zu treffen oder Kontrollkonferenzen anzuberaumen, brachte er die Baumeister ins Spiel – die Fans –, deren ansteckende Liebe für alles, was mit LEGO zu tun hat, sich unweigerlich auch auf die Filmemacher übertragen musste, mit der Folge, dass auch sie zu Fans wurden. Der entstandene Film hat die Fan-Basis größer gemacht als je zuvor.

Denkweise und Methodik

Die LEGO Group bot natürlich eine ganz besondere Herausforderung und einen besonderen Kontext. Und Knudstorp war CEO, noch dazu ein brillanter. Seine Situation, Herausforderung und Lösung weisen vermutlich wenig Ähnlichkeit mit den Herausforderungen auf, vor denen Sie bei Ihrer alltäglichen Arbeit stehen. Aber die Art und Weise, wie er dieses Problem durchdachte – seine Denkweise und Methodik –, ist weit über die Zentrale der LEGO Group in Dänemark hinaus anwendbar. Diese Denkweise und Methodik sowie die zugehörigen Werkzeuge sind das Thema dieses Buches.

Am Anfang und am Ende steht die Denkweise. Knudstorp hat eine Art und Weise, auf dieser Welt zu sein, eine Art und Weise, seine schwierigsten Entscheidungen zu durchdenken, die sich markant davon unterscheidet, wie wir anderen meist denken und entscheiden. Warum ist das so? Und was können wir aus dem mangelhaften Vorgehen und den schlechten Entscheidungen lernen, die für die meisten von uns kennzeichnend sind? In Kapitel 2 werden Sie diese Fragen untersuchen und einen Blick auf die Art und Weise werfen, wie unsere geistigen Modelle – die Linsen, durch die wir die Welt sehen und verstehen – unsere Entscheidungsfindung beeinflussen. Durch Beispiele für Vorurteile und Heuristiken, die unser Denken auf wenig hilfreiche Weise beeinflussen, werden Sie einiges über die besonderen Herausforderungen erfahren, vor denen wir stehen, wenn es um das Treffen von Entscheidungen geht: nämlich dass unser Denken implizit ist und nur selten explizit hinterfragt wird; dass unsere Modelle der Welt von Kräften beeinflusst werden, deren wir uns gar nicht bewusst sind; dass es schwierig sein kann, die Welt auch anders zu betrachten, wenn wir uns einmal auf eine bestimmte Betrachtungsweise festgelegt haben; dass wir uns automatisch auf simple Modelle der Welt einstellen und auf simple Heuristik setzen, um über den Tag zu kommen; und dass wir dazu neigen, für jedes sich stellende Problem die eine richtige Lösung zu suchen.

Diese Beschränkungen führen leicht zu einem impliziten, engstirnigen und fehlerhaften Vorgehen bei der Lösung von Problemen. Sie führen oft zu einem Insel-Denken, das andere Menschen und ihre abweichende Sichtweise außen vor lässt. Und sie führen zu schlechten Entscheidungen. Aber verlieren Sie nicht die Hoffnung: Sie werden auch untersuchen, wie die zentrale Lehre des integrativen Denkens – die Untersuchung der Spannung zwischen entgegengesetzten Modellen – dazu beitragen kann, diese Beschränkungen zu verringern und Ihre Entscheidungen zu verbessern.

In Kapitel 3 werden wir dann drei fehlende Komponenten skizzieren, die die Beschränkungen der üblichen Entscheidungsfindungsprozesse überwinden und zu besseren Ergebnissen führen können: Meta-Erkenntnis, Empathie und Kreativität. *Meta-Erkenntnis* ist die Fähigkeit, über unser eigenes Denken zu reflektieren und es zu verstehen. Um bessere Entscheider zu werden, müssen wir mit uns selbst und anderen darüber einig sein, wie wir denken und was hinter den Wahlentscheidungen steht, die wir treffen. *Empathie* ist die Fähigkeit, die Sichtweise anderer zu verstehen und zu würdigen. Andere Menschen sehen Dinge, die wir selbst nicht sehen, und so sind sie wichtig für unsere Fähigkeit, unser Verständnis der Welt zu verbessern. Um die Grenzen unserer bestehenden Entscheidungsfindungs-Verfahren zu überwinden, müssen wir auch lernen, tiefgreifend, aufrichtig und respektvoll zu erkunden, was andere Menschen denken und warum sie es denken. Und schließlich erfordert effektive Entscheidungsfindung, dass wir auf bescheidene, wiederholbare Weise *Kreativität* entfalten. Wir verstehen darunter, dass viele verschiedene Ideen erzeugt und zu Prototypen gemacht werden. Ein solches Verständnis von Kreativität holt den Begriff aus dem Reich des Mystischen – eine Eigenschaft, die nur geniale Künstler und Unternehmer aufweisen – und macht sie zu einer Fertigkeit, die durch Übung erlernt werden kann.

Mit diesen drei Komponenten als Grundzutaten für ein effektives Vorgehen bei der Entscheidungsfindung können Sie die Grundlagen für eine neue Denkweise legen und sich durch schwierige Probleme fast jeder Art hindurcharbeiten.

Schritt für Schritt

Teil II des Buches führt Sie Schritt für Schritt durch den Prozess des integrativen Denkens und erklärt detailliert, wie Sie mit integrativem Denken Ihre eigenen Probleme angehen und gute Entscheidungen hervorbringen können, statt sich mit schwachen Kompromissen abzufinden. In Kapitel 4 legen wir zunächst die komplette Methodik kurz dar; dazu verwenden wir ein einfaches Beispiel, das ihre vier Schritte verdeutlicht. Anschließend widmen wir jedem der vier Schritte ein eigenes Kapitel: einander widersprechende Modelle formulieren, die Modelle untersuchen, Möglichkeiten schaffen, Prototypen bewerten.

In Kapitel 5 geht es darum, das Problem zu verstehen. Hier definieren Sie das zu lösende Problem, benennen zwei extreme und einander widersprechende Lösungen, skizzieren sie zur Herstellung eines gemeinsamen Verständnisses und vertiefen sich schließlich in ihre jeweiligen Vorzüge für die wichtigsten Beteiligten. In diesem Kapitel und bei diesem Schritt des integrativen Denkens legen Sie die Grundlage für alles Folgende, da Sie die Gedanken hinter Ihren gegensätzlichen Lösungen erkunden. Außerdem lernen Sie, warum die Spannung zwischen entgegengesetzten Ideen (beziehungsweise Modellen) wichtig ist, und entdecken, wie Sie eine solche Spannung am effektivsten herbeiführen. Anschließend lernen Sie, was Sie tun müssen, um über die vor Ihnen liegenden Wahlmöglichkeiten anders zu denken.

Kapitel 6 geht zu einer Untersuchung der Modelle über. Bei diesem Schritt versuchen Sie ausdrücklich in der Spannung zu leben, die durch die einander widersprechenden

Lösungen verursacht wird. Ihr Ziel ist, mögliche Ansatzpunkte für eine kreative Auflösung dieser Spannung zu finden. Zur Unterstützung stellen wir Ihnen eine Reihe von Fragen zur Verfügung, mit denen Sie die gegensätzlichen Lösungen und die Spannung zwischen ihnen noch gründlicher untersuchen können. Anhand des Toronto International Film Festival als zentrales Beispiel untersuchen wir den Wert einer Beurteilung der echten Spannungspunkte zwischen den entgegengesetzten Lösungen, formulieren die Hauptannahmen hinter ihnen und verstehen, wie jede von ihnen ihr wichtigstes und wertvollstes Ergebnis hervorbringt. Insbesondere stellen wir auch ein Werkzeug vor, mit dem sich eingehender über Ursache-Wirkungs-Beziehungen nachdenken lässt, sodass Erkenntnisse über die gegensätzlichen Lösungen zutage gefördert und neue Überlegungsmöglichkeiten zur Verfügung gestellt werden. Denn das ist der nächste Schritt nach der Untersuchung der Modelle: Möglichkeiten schaffen, mit denen sich die Spannung zwischen den gegensätzlichen Antworten auflösen lässt, gute Wahlmöglichkeiten hervorbringen, die Ihr Problem lösen können.

Neue Möglichkeiten zu schaffen, steht im Fokus von Kapitel 7, das mit der Geschichte über die Gründung der Vanguard Group beginnt, der großen Investment-Management-Firma von Jack Bogle. In diesem dritten Schritt des Prozesses versuchen Sie, neue Wahlmöglichkeiten zu schaffen. Um einen Ausgangspunkt zu zeigen, präsentieren wir drei mögliche Wege, die zu verschiedenen integrativen Lösungen führen. Diese Vorgehensweisen beruhen auf übereinstimmenden Mustern, die wir an den Wegen entdeckt haben, die erfolgreiche integrative Denker beim Hervorbringen ihrer Lösungen eingeschlagen haben.

Diese Wege sollen als Suchmechanismen dienen. Es handelt sich im Wesentlichen um drei Fragen, die Ihrer Suche nach Lösungen für das zu lösende Problem einen festen Rahmen geben sollen. Hier besteht das Ziel darin, eine Reihe möglicher Lösungen hervorzubringen, die Sie im Weiteren zu Prototypen machen, testen und verbessern können. In diesem Kapitel sind Geschichten enthalten, die illustrieren sollen, wie jeder der drei Wege in der Praxis aussieht. Das Ziel besteht nicht darin, Ihnen Vorlagen zur Verfügung zu stellen, die Sie kopieren sollen, sondern Ihnen ein besseres Verständnis zu vermitteln, wie Sie diese drei Fragen am besten nutzen können, um in Ihrem eigenen Kontext die Möglichkeiten zu erkunden.

Der letzte Schritt des integrativen Denkprozesses wird in Kapitel 8 erläutert, in dem wir uns der Bewertung der neuen Möglichkeiten mittels Prototypen und Tests zuwenden. Dieser Schritt hat drei Bestandteile: die neuen Möglichkeiten klar definieren (mit Werkzeugen des Design Thinking wie Storytelling, Visualisieren, Modellieren), die Bedingungen verstehen, unter denen jede Ihrer neuen Möglichkeiten als Lösung des anstehenden Problems einen Gewinn darstellen würde, und schließlich Tests für die Möglichkeiten entwerfen und durchführen, die Ihnen bei der Auswahl helfen sollen. Bei diesem Schritt des Prozesses, der hauptsächlich mit einer Geschichte von Tennis Canada illustriert wird, verfeinern und verbessern Sie die Möglichkeiten, damit Sie die Auswahl zwischen ihnen näher erläutern sowie beginnen können, die gute Entscheidung umzusetzen, die Sie hervorgebracht haben.

Das Buch endet mit einem Abschlusskapitel zur Denkweise. Darin untersuchen wir eine Art und Weise, auf dieser Welt zu sein, die das integrative Denken machbarer werden lässt, unabhängig von der speziellen Situation, in der Sie sich befinden. Wir verwenden die Geschichte von Paul Polman, CEO bei Unilever, um zu illustrieren, welche Konsequenzen Ihre Einstellung für die Fähigkeit hat, gute Entscheidungen herbeizuführen. Wir untersuchen diese grundlegende Idee, wir diskutieren, warum ein Verständnis der Einstellung wichtig ist, und wir sprechen darüber, welcher Natur eine Einstellung pro integratives Denken ist; dies alles, um Ihnen den Kontext zur Verfügung zu stellen, in dem Sie Ihre eigene Denkweise untersuchen können. Wir enden mit dem Thema Denkweise, genau wie wir damit begonnen haben, um zu betonen, was nach unserer Hoffnung das Kernthema unserer Arbeit ist: dass integratives Denken selbst eine gute Entscheidung ist, eine Art und Weise, auf dieser Welt zu sein, die neue Möglichkeiten eröffnet, wo vorher keine waren.

Letztlich soll dieses Buch eine praktische Anleitung zum integrativen Denken sein. Verteilt über die Seiten finden Sie Gedankenexperimente und Aufgaben, die Sie veranlassen sollen, Theorie, Werkzeuge und Verfahren selbst auszuprobieren, ergänzt durch Vorlagen, die Sie für die Arbeit an echten Problemen mit Ihrem eigenen Team nutzen können. Unser Ziel ist es, Ihnen all das weiterzugeben, was wir über das Hervorbringen guter Entscheidungen gelernt haben, und Ihnen die Werkzeuge zur Verfügung zu stellen, die Sie dafür brauchen.

Kapitel 2: Wie wir uns entscheiden

>»Wir sind blind für unsere eigene Blindheit.
>Wir haben kaum eine Ahnung, wie wenig wir wissen.«
>*Daniel Kahneman*

Sehen wir der Tatsache ins Auge – die meisten von uns treffen jede Menge schlechte Entscheidungen, sei es, dass wir ein neues Produkt auf den Markt bringen, das am Ende erfolglos bleibt, sei es, dass wir uns dafür entscheiden, noch mal diese Folge von *Game of Thrones* anzuschauen, statt ins Fitnessstudio zu gehen. Unser Wissen, dass wir dazu neigen, Opfer schlechter Entscheidungsprozesse zu werden, hält uns auch nicht davon ab, dieselben schlechten Entscheidungen noch einmal zu treffen. Wenn wir darauf hoffen, irgendwann konsequent bessere Entscheidungen zu treffen, müssen wir also verstehen, wie und warum unsere gegenwärtigen Entscheidungsprozesse uns im Stich lassen.

Zum Teil gehen unsere Entscheidungen infolge von Denkfehlern daneben; dazu gehören auch tief verwurzelte Vorurteile, die mitunter zu erschütternden logischen Fehlleistungen führen. Solchen Denkfehlern fallen wir alle in gewissem Umfang zum Opfer, egal für wie logisch oder unvoreingenommen wir uns halten. Aber das gilt ja nur auf der individuellen Ebene; sobald wir uns als Gruppe zusammenfinden, können wir solche Denkfehler doch vermeiden und uns gegenseitig zu besseren Entscheidungen verhelfen, oder? Aber leider machen Unternehmen das Problem unabsichtlich oft noch schlimmer. Im Großen und Ganzen versagen betriebliche Entscheidungsfindungsprozesse nicht nur dabei, solche Fehler zu bereinigen, sondern sie summieren unsere individuellen Vorurteile und logischen Fehlleistungen sogar, sodass die schlimmsten Folgen noch verstärkt werden.

Die Wurzeln unserer schlechten Entscheidungen – seien sie nun individuell oder kollektiv – sind in der Art und Weise zu finden, wie unser Geist die Welt verarbeitet und versteht. Der menschliche Geist ist eine bemerkenswerte Einrichtung. Eine Ansammlung von um die 100 Milliarden Neuronen beherrscht alle unserer Gedanken, Gefühle und Handlungen. Sie sind es, die uns sprechen und einen Ball werfen lassen und die Erinnerung an unseren ersten Kuss aufbewahren. Damit erklären wir uns die Welt und unsere Funktion darin. Nach Descartes wissen wir so, dass wir existieren – der Existenzbeweis, der in unserer Fähigkeit zu finden ist, zu zweifeln, infrage zu stellen und zu denken. Dort residiert unsere Erinnerung, unsere Freude, unser Bewegungsvermögen, unsere Problemlösungsfähigkeit und Kreativität.

Der Geist ist das Mittel, mit dem wir die Welt verstehen. Aber wie sich zeigt, ist er weniger ein Fenster zur Welt als ein Filter. Und es ist auch gut und hilfreich, dass er als Filter dient. Die Welt ist ungeheuer komplex. Sie ist zu komplex, als dass wir sie in Echtzeit aufnehmen und uns erklären könnten. Unser Geist tut uns also einen großen Gefallen, dessen wir uns zum Glück gar nicht bewusst sind. Er filtert einen großen Teil der Komplexität aus und erschafft für uns ein vereinfachtes Modell der Welt (siehe

Abbildung 2.1). Jedes Mal, wenn wir auf etwas stoßen, sei es eine Person, ein Ort oder eine Idee, konstruiert unser Geist ein vereinfachtes Modell davon (und das ist letztlich auch genau die Definition eines *Modells:* die Wiedergabe einer Sache, typischerweise in kleinerem Maßstab).

Abbildung 2.1: Das Anfertigen geistiger Modelle

Mithilfe automatischer Unterprogramme baut unser Geist ständig Modelle. Dieser Prozess ermöglicht uns, systematisch einige Dinge zu beachten und andere nicht, unsere Wahrnehmungen mit Bedeutung zu belegen und uns unsere Erlebnisse im Lichte dessen zu erklären, was wir schon wissen. Er strukturiert unsere Welt, indem er, wie es Kenneth Craik nannte, »in kleinem Maßstab Modelle« der Wirklichkeit erzeugt, die der Geist verwendet, um Ereignisse vorherzusehen.[1] Diese Modelle sind mithin entscheidend wichtig; sie lassen uns in einer komplexen Welt überleben, ohne dass wir von ihrer Komplexität überwältigt werden.

Unsere *geistigen Modelle* – die Modelle der Wirklichkeit, die unser Geist erschafft – sammeln sich mit der Zeit an, und ihre Gesamtheit wird letztlich unsere Wirklichkeit. Der Modellbauprozess erfolgt automatisch, ständig und zum größten Teil unbewusst. Der Guru der Systemdynamik, John Sterman, erklärt: »Jede Entscheidung, die Sie treffen ... alles, was Sie wissen, und alles, was Sie tun, erfolgt auf der Grundlage irgendwelcher Modelle. Sie haben nie die Wahl, ob Sie sich ein Modell bauen wollen oder nicht; es geht immer nur darum, welche Art von Modell Sie bauen. Und meist sind die Modelle, mit denen Sie arbeiten, Modelle, die Sie ganz unbewusst verwenden.«[2]

Schlimmer noch: Diese Modelle sind falsch oder zumindest unvollständig. Das ist die Natur von Modellen: Sie lassen etwas weg. Charles Lave und James March haben es gut erklärt, als sie schrieben: »Ein Modell ist ein vereinfachtes Bild eines Teils der wirklichen Welt. Es hat einige der Charakteristika der wirklichen Welt, aber nicht alle. Es ist eine Ansammlung zusammenhängender Vermutungen über die Welt.«[3] Oder wie es der Philosoph Alfred Korzybski poetischer ausdrückte: »Die Karte ist nicht das Gebiet.«[4] Die Karte ist unsere Darstellung der Wirklichkeit – eine vereinfachte Version der Welt, die nur gerade so viel Ähnlichkeit mit der Wirklichkeit aufweist, dass sie zu etwas nütze ist. Aber es besteht immer eine Abweichung zwischen der Wirklichkeit und unserer Wahrnehmung.

Obwohl sie falsch sind, haben unsere geistigen Modelle starke Auswirkung auf unser Verhalten und unsere Entscheidungen, wie das wachsende Feld der Verhaltensökonomie zeigt. Unsere geistigen Modelle und die kognitiven Vorurteile, die sie beeinflussen, können uns dazu veranlassen, suboptimale Entscheidungen zu treffen, denn diese Modelle sind weitgehend unbewusst, leicht zu manipulieren, schwer zu ändern, stark vereinfacht und einzigartig. Lassen Sie uns nun diese fünf Arten untersuchen, wie unsere Modelle uns im Stich lassen und zu schlechten Entscheidungen beitragen können.

Unsere Modelle sind unbewusst

Wir sind uns der Modelle, die wir mit uns herumtragen, nur selten bewusst. Es fühlt sich an, als sähen wir die Wirklichkeit, daher denken wir nur selten darüber nach, wie unser persönlicher Blickpunkt beeinflusst, was wir sehen. Das tut er allerdings ganz stark. Denken Sie nur an Fußballspiele.

Es ist das Jahr 1951. Die Mannschaften der US-Universitäten Princeton und Dartmouth spielen American Football gegeneinander; es ist ein ziemlich raues Spiel. Im zweiten Viertel verlässt Dick Kazmaier, Halfback-Star von Princeton, das Feld mit gebrochener Nase. Im dritten Viertel erleidet ein Spieler von Dartmouth einen Beinbruch. Erhitzte Gemüter, Pfeifkonzerte, und am Ende sprechen die jeweiligen Campus-Medien besonders über die feindselige Atmosphäre des Spiels und die Knochenbrüche.[5]

Der *Daily Princetonian* nennt das Spiel eine empörende Vorstellung, für die »in erster Linie Dartmouth die Schuld zu geben ist. Princeton, das offenkundig bessere Team, hätte keinerlei Grund gehabt, Dartmouth aufzumischen.« Die Journalisten des *Dartmouth* sind anderer Meinung. Ja, es sei ein schmutziges Spiel gewesen, schreiben sie, aber die Schuld trage allein der Cheftrainer von Princeton, Charley Caldwell. Er sei es gewesen, der sein Team dazu angehalten habe, Rache für Kazmaiers Verletzung zu nehmen (die, wie das Blatt uns versichert, »nicht ernsthafter war, als sie praktisch jeden Tag in jedem beliebigen Übungsspiel vorkommt«).

Die Professoren Albert Hastorf und Hadley Cantril lasen beide Artikel und waren fasziniert. Und dann taten sie, was Sozialpsychologen halt so tun: Sie starteten ein Experiment. Sowohl in Princeton als auch in Dartmouth baten die Professoren Studenten, sich einen Film über das Spiel anzusehen und sich alle Regelverletzungen zu notieren, die sie sahen, und auch, ob die jeweiligen Fouls leicht oder schwer waren.

Als die Princeton-Studenten das Spiel sahen, beurteilten sie es als rau und dreckig, wobei sie doppelt so viele Vergehen seitens Dartmouth sahen wie von Princeton. Die Regelverstöße von Dartmouth wurden in Princeton auch mit höherer Wahrscheinlichkeit als schwer beurteilt als die Fouls von Princeton. In Dartmouth sahen die Studenten dagegen, dass die beiden Teams etwa die gleiche Zahl von Fouls begangen hatten, und dieselben Studenten aus Dartmouth »sahen, dass ihr eigenes Team nur halb so viele Regelverstöße begangen hatte, wie die Princeton-Studenten gesehen hatten«.[6]

Aus diesen unterschiedlichen Modellen des Spiels zogen die Autoren folgenden Schluss: »Es scheint klar zu sein«, so schrieben sie, »dass das ›Spiel‹ in Wirklichkeit mehrere verschiedene Spiele waren und dass jede Version der Ereignisse, die bekannt wurde, für die jeweilige Person genauso ›wirklich‹ war wie andere Versionen für andere.«[7] Ihrer eigenen impliziten Vorurteile unbewusst, hatten die Studenten aus Dartmouth und Princeton auf Informationen zum Spiel geachtet, die zu ihrem eigenen vorhandenen Weltverständnis passten. Das Spiel, das sie sahen, war für sie ganz wirklich, in ihrem eigenen Geist.

In dieser bedeutenden Studie war sich keiner der Studenten bewusst, wie stark das eigene Weltmodell das Erleben des Spiels beeinflusst hatte. Unsere Modelle befinden sich unter der Oberfläche und wir denken nur selten darüber nach, wie sie unser Handeln beeinflussen. Aber das tun sie. Und ein tieferes Verständnis dieser Modelle und davon, wie sie unser Verhalten beeinflussen, kann hilfreich sein, um die weitreichenden Konsequenzen im Hinblick auf das Treffen unserer Entscheidungen zu verstehen.

Denken Sie an das Team auf Ihrer Arbeitsstelle. Würden Sie die Leute fragen, wie ihr geistiges Modell für Erfolg aussieht, dürfte es eine Herausforderung werden, klare Antworten zu bekommen. Aber vielleicht können Sie die zugrunde liegenden geistigen Modelle ja auch aus ihrem Verhalten erkennen. So arbeitet eines der Mitglieder Ihres Teams, Jeff, einfach unermüdlich. Er isst mittags am Schreibtisch, bleibt fast jeden Abend länger und ist erkennbar stolz auf seine Arbeit. Was für ein geistiges Modell führt zu diesem Verhalten? Die Grundüberzeugung, dass fleißige Arbeit dich voranbringt. Jeffs geistiges Modell für Erfolg besagt, dass gute Arbeit und persönlicher Einsatz langfristig zum Ziel führen.

Dann wäre da Ashley. Sie ist nur selten allein an ihrem Schreibtisch zu finden. Sie ist entweder in Besprechungen oder unterhält sich in der Gemeinschaftsküche oder ist auf dem Weg, um mit einem Kunden eine Runde Golf zu spielen. Sie leitet das Sozialkomitee, arbeitet ehrenamtlich in einer Bürgerinitiative mit und verbringt ihre Abende eher bei Netzwerktreffen als mit Überstunden. Ashleys Modell für Erfolg ist erkennbar näher an der alten Weisheit »Wichtig ist nicht, was du weißt, sondern wen du kennst«. Ihre Grundüberzeugung ist, dass die Pflege von Beziehungen den Weg zum Erfolg bahnt. Ashleys geistiges Modell besagt, dass Zeit, die in den Aufbau von Kontakten investiert wird, gut verbrachte Zeit ist.

Der Punkt ist: Jeff und Ashley sind sich weder wirklich bewusst, dass sie diesen Modellen folgen, noch dass beide Modelle nicht wirklich richtig sind. Würden Jeff und Ashley einmal bewusst über ihre Modelle für Erfolg nachdenken und auch über das Verhalten, zu dem die Modelle führen, dann würden beide möglicherweise ein ausgewogeneres Vorgehen wählen. Dann könnte es auch weniger schmerzhaft enden, wenn eines der Modelle einmal in der Praxis versagt – wenn zum Beispiel jemand anderes befördert wird oder wenn Ashley und Jeff bei einem Projekt zusammenarbeiten müssen und sich in einem Dauerkonflikt über das richtige Vorgehen befinden (und sich gegenseitig für den Stillstand verantwortlich machen).

Kapitel 2: Wie wir uns entscheiden

> **Versuchen Sie einmal Folgendes:**
>
> Wie sieht Ihr eigenes Modell für Karriereerfolg aus? Fertigen Sie sich eine Mind-Map (eine grafisch dargestellte Gedanken-Übersicht; siehe Abbildung 2.2) Ihrer Überzeugungen an und fragen Sie sich dann: Woher kommen diese Überzeugungen? Wann und wie habe ich damit angefangen, zu glauben, was ich glaube? Inwieweit hilft mir dieses Modell? Inwieweit behindert es mich?

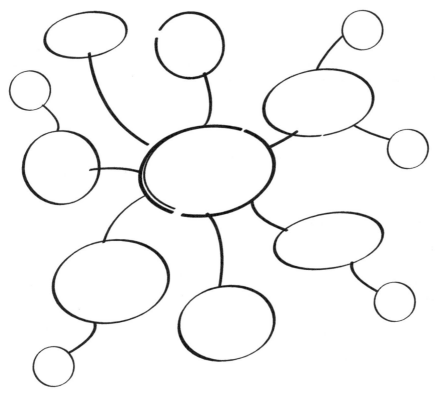

Abbildung 2.2: Schema einer Gedanken-Übersicht (Mind-Map)

Je impliziter unsere Modelle der Welt, desto wahrscheinlicher haben wir zu kämpfen, wenn wir verstehen wollen, warum wir tun, was wir tun, und warum wir zu den Ergebnissen gelangen, zu denen wir gelangen. Viele schlechte Entscheidungen können auf unausformulierte Modelle der Welt zurückgeführt werden und auf die unter der Oberfläche verborgenen Annahmen, die ihnen zugrunde liegen.

Unsere Modelle sind leicht zu manipulieren

Viele unserer geistigen Modelle entstammen unserer eigenen Lebenserfahrung. Sie entwickeln sich im Laufe der Zeit durch Dinge, die wir von unseren Eltern gelernt haben, in der Schule oder durch unsere Freunde. Aber manchmal werden unsere Modelle der Welt auch durch Einflüsterungen manipuliert, die wir kaum wahrnehmen und denen wir nie überhaupt auch nur eine Wirkung zugeschrieben hätten.

Dan Ariely schreibt in *Predictably Irrational* über eine ganz simple Manipulation geistiger Modelle.[8] Er erzählt die Geschichte eines Experiments, das er am MIT mithilfe von Leonard Lee, Shane Frederick und ein paar Runden Freibier durchgeführt hat. Die Bedingungen des Experiments waren denkbar einfach. Studenten wurde in dem Pub Muddy Charles die Auswahl zwischen zwei Biersorten angeboten: Budweiser und MIT Brew. Den Studenten wurden Proben von beiden vorgesetzt, dann erhielten sie ein volles Glas nach ihrer Wahl.

In einigen Fällen erhielten die Studenten die Kostproben ohne alle Informationen außer den Namen der Biersorten. Unter dieser Bedingung bevorzugten die meisten Studenten MIT Brew. Einer zweiten Gruppe von Studenten wurden die gleichen Biere angeboten, aber man verriet ihnen vorab den wirklichen Unterschied: Wie sich herausstellte, war MIT Brew einfach nur Budweiser mit ein paar Tropfen Balsamico-Essig pro Glas. Diese Studenten, die vor dem Essig gewarnt worden waren, schreckten nach dem ersten Schluck MIT Brew zurück und bevorzugten ganz eindeutig das normale Budweiser.

Und dann nahmen Ariely, Lee und Frederick noch eine weitere Änderung der Bedingungen vor. Einer abschließenden Gruppe von Studenten erklärten sie die wahre Natur des MIT Brew erst, nachdem sie probiert, aber noch bevor sie ihre Präferenz zum Ausdruck gebracht hatten. Unter dieser Bedingung mochten die Studenten MIT Brew genauso sehr wie die Studenten, die nur den Namen gekannt und nichts vom Essig gewusst hatten, und weit lieber als die Studenten, denen vorher vom Essig erzählt worden war.

Ariely und seine Kollegen waren daran interessiert gewesen, inwieweit Erwartungen unsere Wahrnehmung beeinflussen. Es hatte sich gezeigt, dass das Wissen um den Essig das Bier schrecklich schmecken ließ. Für die Teilnehmer hatte sich die »Wirklichkeit« infolge der Kenntnis oder Unkenntnis einer einzigen Information materiell anders dargestellt. Das Bier selbst war dasselbe gewesen.

Das ist ein einfaches Beispiel dafür, wie andere Menschen unsere geistigen Modelle, unser Verständnis der Welt auf jede mögliche Art und Weise beeinflussen können, ohne dass wir es überhaupt bemerken.

Ein weiteres derartiges Beispiel lieferten Chen-Bo Zhong und Geoff Leonardelli. In ihrem Experiment forderten sie eine Gruppe der Teilnehmer auf, sich an eine Zeit zu erinnern, in der sie sich sozial ausgegrenzt gefühlt hatten, und eine andere Gruppe, sich an eine Zeit zu erinnern, in der sie gut integrierter Teil einer sozialen Gruppe gewesen waren. Unter diesen Bedingungen wurden die Teilnehmer beider Gruppen dann aufgefordert, eine Reihe von Fragen zu beantworten. Eine dieser Fragen lautete: Was schätzen Sie, welche Temperatur in diesem Raum herrscht? Diejenigen, die sich daran erinnert hatten, wie sie sozial ausgegrenzt wurden, schätzten die Raumtemperatur im Durchschnitt drei Grad kälter ein als diejenigen, die sich an ihre Einbeziehung erinnert hatten.[9] Das Gefühl der Ausgrenzung führte bei den Teilnehmern tatsächlich dazu, dass es ihnen kälter vorkam. Eine simple Manipulation bewirkte einen messbaren Effekt bei den Weltmodellen der Teilnehmer.

Die Tatsache, dass Modelle manipuliert werden können, kann zum Guten (etwa zur Förderung einer gesunden Ernährung durch Verhaltensanstöße) wie zum Schlechten (etwa zur Förderung von Hass und Angst gegenüber Minderheiten durch unterschwellige Propaganda) verwendet werden. So oder so ist klar, dass kleine Veränderungen im Kontext zu ganz unterschiedlichen Entscheidungen führen können. Richter sind bei ihren Urteilen zum Beispiel früh am Tage oder direkt nach einer kleinen Zwischenmahlzeit milder als kurz vor der Mittagspause – was nahelegen könnte, dass Justitia weniger blind als vielmehr hungrig ist.[10] Oder nehmen Sie an, Sie fragen Leute, die einen Autounfall auf Video gesehen haben, nach der Geschwindigkeit der beteiligten Fahrzeuge. Sie bekommen die eine Art von Antwort, wenn Sie fragen »Wie schnell fuhren die Autos etwa, als sie zusammenkrachten?«, und eine ganz andere Art von Antwort, wenn Sie in derselben Frage »zusammenkrachten« durch »sich berührten« ersetzen. (66 Stundenkilometer bei »zusammenkrachten« [*smashed*], 50 Stundenkilometer bei »berührten« [*contacted*].)[11] Männliche Skateboarder, die dazu aufgefordert werden, vor einem Richter Tricks vorzuführen, führen weit riskantere und spektakulärere Moves vor, wenn dieser Richter weiblich und, ganz wichtig, attraktiv ist.[12] Vielleicht benötigen Sie nach dieser schockierenden Information erst mal eine kleine Erholungspause.

All das soll Ihnen sagen, dass es viel leichter ist, unsere Modelle – zumindest kurzfristig – zu beeinflussen, als wir vielleicht denken. Die beiläufige Bemerkung eines Kollegen, die Raumtemperatur, das Vorhandensein oder Nichtvorhandensein von Snacks – scheinbar kleine Veränderungen im Kontext können als Information in unser geistiges Modell einfließen und Vorurteile verursachen, ohne dass wir uns dessen bewusst wären. Unsere Modelle unterliegen mehr Einflüssen, als wir uns vorstellen können, und unsere Entscheidungen erfolgen dann im Rahmen dieser Modelle.

Scheinbare Irrationalität – das Treffen einer Entscheidung in dem einen Kontext, einer entgegengesetzten im anderen Kontext – kann teilweise so verstanden werden, dass sie durch den Einfluss externer Kräfte auf unsere Modelle im jeweiligen Kontext verursacht wurde. Angesichts der ganzen unterschiedlichen Einflüsse in unserem Leben ist es kein Wunder, dass wir manchmal inkonsequent sind!

Und trotzdem sind unsere Modelle auch schwer zu ändern

Sobald wir einmal ein als gut empfundenes und fest verankertes Modell der Welt haben, ist es aber auch kompliziert, es nennenswert und dauerhaft zu ändern. Warum? Weil wir von Natur aus auf der Suche nach Informationen sind, die zu unserem vorhandenen Modell passen. Es ist viel leichter, nach Lösungen zu suchen, die mit unserer Weltsicht übereinstimmen und sie bestärken, als aktiv nach einer Widerlegung dessen zu suchen, was wir wissen.

Nehmen Sie zum Beispiel Steve. Er ist seit Langem der festen Überzeugung, dass Menschen, die Audi fahren, Blödmänner seien (seien Sie versichert, dass wir in der Frage, ob das wahr oder falsch ist, vollkommen neutral sind). Wenn Steve im Auto sitzt, weist er stets auf Missetaten und Fehlverhalten von Audi-Fahrern hin: »Guck dir das an, der Typ da in dem Audi hat die Frau glatt geschnitten. Typisch!« Fest im Griff seines Bestätigungsfehlers ist Steve unterbewusst auf der Suche nach Daten, die seine bestehende Weltsicht stützen. Wenn ein Audi-Fahrer ihn einmal vorlässt oder ein, sagen wir, BMW-Fahrer sich schlecht verhält, dann ignoriert Steve solche Vorkommnisse. Dabei handelt es sich dann lediglich um Rauschen und Anomalien, nicht um das »wirkliche« Muster übler Audi-Fahrer. Jedes Mal, wenn er unterwegs ist, wird sich Steve seiner Überzeugung sicherer.

So sind viele unserer Modelle. Sobald wir uns eine Überzeugung hinsichtlich der Welt gebildet haben, neigen wir dazu, daran festzuhalten. Wir werden immer sicherer in Bezug auf seine Gültigkeit, während wir unseren Bestätigungsordner mit weiteren Belegen füllen. Persönliche, intensive und neue Ereignisse sind von besonderer Bedeutung und nähern unser Modell scheinbar immer stärker der Wirklichkeit an. Und sobald ein Modell erst einmal real erscheint, ist es nur noch schwer zu erschüttern, ganz gleich wie viele Belege fürs Gegenteil vorgelegt werden.

Belege fürs Gegenteil können uns sogar veranlassen, noch stärker an unseren bestehenden Ansichten festzuhalten. Dafür gibt es einen Namen: *Backfire-Effekt* (in etwa: Nach hinten losgehen). Erklärt wurde er 2006 in einem Experiment von Brendan Nyhan und Jason Reifler.[13] Für dieses Experiment entwarfen Nyhan und Reifler eine Reihe von Zeitungsartikeln zu polarisierenden Themen. Die Artikel enthielten Äußerungen politischer Persönlichkeiten, die einen verbreiteten Irrglauben bestätigten. So enthielt ein Artikel beispielsweise ein Zitat des US-Präsidenten George W. Bush, der behauptete, Irak habe vor der US-Invasion des Landes im Jahr 2003 Massenzerstörungswaffen besessen. Sofort nachdem die Versuchspersonen einen falschen Artikel zu Ende gelesen hatten, überreichten die Forscher ihnen eine Korrektur – eine empirisch wahre Aussage, die den Fehler des ersten Artikels berichtigte. In diesem Fall wurde in der Korrektur die Veröffentlichung des *Duelfer-Reports* besprochen, der das Nichtvorhandensein irakischer Lager mit Massenvernichtungswaffen sowie eines aktiven Produktionsprogramms vor der US-geführten Invasion dokumentierte. Wie nicht anders zu erwarten, widersprachen Gegner des Krieges und Personen mit stark liberalen Neigungen in der Regel dem Ursprungsartikel und glaubten der Korrektur. Im Gegensatz dazu stimmten Bürgerlich-Konservative und Kriegsbefürworter in der Regel dem ersten Artikel zu und widersprachen der Korrektur vehement.

Und das Überraschende? Nachdem sie die Korrektur gelesen hatten, die erklärte, dass es keine Massenvernichtungswaffen gegeben habe, wurden die Konservativen in ihrer ursprünglichen Überzeugung noch sicherer. Nach Lektüre der Korrektur angesprochen, berichteten sie, dass sie nun noch überzeugter seien, dass es Massenvernichtungswaffen gegeben habe.

Unsere Überzeugungen sind mit anderen Worten schwer zu ändern. Sobald wir die Welt einmal auf eine bestimmte Art sehen, bedarf es ernsthafter Anstrengung – und der ausdrücklichen Absicht –, sie anders zu sehen. Die meisten von uns bevorzugen den leichteren Weg und glauben einfach weiter, was sie bisher geglaubt haben. Die Konsequenzen für unsere persönlichen Entscheidungen sind weitreichend: Wir neigen dazu, dieselben Entscheidungen auf Grundlage derselben Überzeugungen und Annahmen immer wieder zu treffen. Wenn wir die Überzeugung rechtfertigen müssen, dass unser gegenwärtiges Vorgehen korrekt ist, dann suchen wir einfach nach Belegen, die unsere Ansicht stützen, und ignorieren alles, was ihr widersprechen könnte. Wir verlassen uns auf Informationen, die sich leicht in unsere bestehende Weltsicht einordnen lassen. Als Ergebnis sind Interaktionen mit Personen, die unseren Ansichten widersprechen, konfliktbeladen und von Misstrauen geprägt, wodurch Silomentalität und Gruppenbildung gefördert werden.

Unsere Modelle sind stark vereinfacht

Unser Geist ist auf Effizienz bedacht (oder weniger freundlich ausgedrückt: Unser Geist ist faul), daher haben wir die Tendenz, unsere Überlegungsprozesse abzukürzen und uns mit äußerst einfachen Modellen der Welt zu begnügen. Als Ausgangsmaterial für unsere Modelle suchen und verwenden wir Informationen, die leicht verfügbar, gut zu behalten und einfach zu verstehen sind, und wir forschen kaum einmal nach den wirklichen, tieferen Gründen unserer Überzeugungen.

Hier sind viele kognitive Vorurteile mit im Spiel, die unsere Modelle der Welt einfacher halten, als vielleicht optimal wäre. Aber betrachten wir im Moment nur eine Art, die Welt zu verstehen: Kausalität. Wir haben die Tendenz, die einfachste und direkteste Ursache zu suchen, um uns die Ergebnisse zu erklären, die wir vor uns sehen. Dieselbe einfache kausale Logik verwenden wir dann auch, um zu erklären, warum unser Handeln die Ergebnisse hervorbringen wird, die wir sehen wollen.

Diesem Kurs folgten auch die Manager von Tata Motors. 2008 brachte das Unternehmen den Tata Nano auf den Markt. Er sollte das erschwinglichste Auto der Welt sein. Chairman Ratan Tata erklärte die Gedanken, die zu seiner Erschaffung führten: »Ich habe beobachtet, wie Familien auf Zweirädern fuhren – der Vater lenkte den Roller, sein Jüngster stand vor ihm, seine Frau saß hinter ihm und hielt dabei auch noch ein Baby auf dem Arm. Das brachte mich zum Überlegen, ob man für eine solche Familie nicht ein sicheres, erschwingliches, wettertaugliches Verkehrsmittel entwerfen könnte.«[14] Dieses Fahrzeug wurde der Nano. Er sollte ein Auto für die wachsende indische Mittelschicht werden und nur 100 000 Rupien kosten (rund 2 300 US-Dollar). Das Unternehmen war so zuversichtlich, dass dieses neue Auto ein Erfolg würde, dass es Produktionskapazitäten für 250 000 Autos pro Jahr aufbaute.

In Wirklichkeit wurden im ersten Jahr nur 60 000 Autos verkauft. Zum Teil war das auf Qualitäts- und Sicherheitsmängel zurückzuführen. Aber der Hauptgrund, warum das Auto floppte, war, dass seine Erschaffer nur in einfachen Ursache-Wirkungs-Beziehungen gedacht hatten und sich nicht vorstellen konnten, dass noch komplexere Kausalitäten am Werk sein könnten. Das Modell, nach dem Tata vorging, sah im Wesentlichen so aus: Wenn man endlich ein Auto baut, das arme Leute sich leisten können, dann kaufen sie es auch. Die zugrunde liegende Annahme war, dass der einzige Grund, warum Menschen ein anderes Verkehrsmittel wählen, die Erschwinglichkeit war. Wollte nicht schließlich jeder gern ein Auto haben? Ein erschwingliches Auto würde daher eine gewaltige latente Nachfrage erfassen und den Nano zum Riesenerfolg machen.

Und wo war nun in dieser logischen Kette der Fehler? Ein Auto ist zwar eine funktionale Anschaffung; es ist eine Möglichkeit, von A nach B zu kommen. Aber für eine aufstrebende Mittelschicht ist es auch eine ehrgeizige Anschaffung; es ist eine Möglichkeit zu zeigen, dass man es »geschafft« hat. Und ein Nano war alles andere als ehrgeizig. Das war ein Auto für arme Leute. Der Kauf eines Nano konnte sehr gut das Gefühl vermitteln, dass man sich mit weniger als seinen ehrgeizigen Zielen abgefunden hatte. Da war es dann schon besser, wenn man weiter auf ein »richtiges« Auto sparte. Und das taten die meisten Inder auch.

> **Versuchen Sie einmal Folgendes:**
>
> Versuchen Sie Ihr eigenes Ursache-Wirkungs-Modell auf Papier zu erfassen. Unser liebster Ausgangspunkt: Ihr Modell dafür, was eine Person veranlasst, sich in eine andere Person zu verlieben. Konstruieren Sie die einfachste Version, die Sie sich vorstellen können und die einige Ursache-Wirkungs-Kräfte erfasst. Und dann geben Sie sich etwas mehr Mühe und ergänzen noch weitere Kräfte, Ergebnisse und sogar Wahrscheinlichkeiten.

Wenn wir auf dieser Welt gut funktionieren wollen, sollten unsere Modelle so einfach wie möglich sein, aber auch nicht einfacher. Wenn sie zu stark vereinfacht sind, verlieren unsere Modelle ihre Erklärungs- und Vorhersagekraft. Sie funktionieren nicht. Leider haben wir, wenn unsere Modelle nicht funktionieren, eine Tendenz, uns ihr Nichtfunktionieren durch Kräfte von außen zu erklären (Ereignisse außerhalb unseres Modells, die sich einer Erklärung entziehen). Statt unser Modell verantwortlich zu machen, machen wir also die Welt verantwortlich. Aber das ist ein Missverständnis. Wie John Sterman erklärt: »Es gibt keine Nebenwirkungen – nur Wirkungen. Diejenigen Wirkungen, an die wir vorher gedacht haben und die uns passen, die nennen wir die Hauptwirkungen oder beabsichtigten Wirkungen und dafür streichen wir das Lob ein. Diejenigen, die wir nicht vorhergesehen haben, die sich angeschlichen und uns in den Hintern gebissen haben, die nennen wir die ›Nebenwirkungen‹.«[15] Wir tun die Nebenwirkungen als irrelevant ab, und somit werden unsere Modelle mit der Zeit keinen Deut besser.

Die zu starke Vereinfachung unserer Modelle kann uns auch deswegen in Schwierigkeiten bringen, weil wir im Hinblick auf unser Verständnis der Welt zu zuversichtlich werden. Genauso wie die Menschen dazu neigen, ihre Führungsqualitäten, ihren Sinn für Humor und ihre Fahrkünste zu überschätzen, neigen sie auch dazu, ihr Denkvermögen zu überschätzen. Schlimmer noch, sie werden in ihren Einschätzungen übertrieben zuversichtlich. Zu Beginn ihres Wirtschaftsgrundkurses bittet Jennifer die Studenten jedes Jahr, aufzuschreiben, ob sie erwarten, mit ihren Noten am Ende in der oberen Hälfte oder der unteren Hälfte des Kurses zu landen, und dann auch noch, wie zuversichtlich sie hinsichtlich ihrer Prognose sind (auf einer Skala von eins bis fünf). Und jedes Jahr erwartet die überwältigende Mehrheit, in der oberen Hälfte zu landen (was natürlich schon rein statistisch unmöglich ist), und ist sich dabei auch äußerst sicher. Schon ein kurzes Innehalten, um einmal den Kontext zu durchdenken (natürlich sind sie schlau, allerdings befinden sie sich auch in einem Raum voller schlauer Studenten), könnte die Studenten zu einem tieferen Verständnis der Wahrscheinlichkeiten in Bezug auf ihre möglichen künftigen Noten veranlassen, zumindest aber zu einem vernünftigeren Maß an Zuversicht.

Wir lieben die Einfachheit. Sollten Sie auf einer Konferenz schon einmal auf ein Problem hingewiesen haben und Ihnen wurde einfach nur entgegengehalten: »Sie verkomplizieren die Sache unnötig«, dann haben Sie genau dieses Vorurteil in Aktion erlebt. Leider kann unser Drang zur Vereinfachung dazu führen, dass wir entscheidende Informationen ignorieren und abweichende Sichtweisen unterdrücken und daraufhin schlechte Entscheidungen treffen.

Unsere Modelle sind auf eine wenig hilfreiche Weise einzigartig

Unsere Modelle sind in der Regel beschränkt und einzigartig. Einzigartig zwar nicht in dem Sinn, dass sie wörtlich nur einen einzigen bestimmten Fall abbilden. Belege zeigen aber, dass wir das Ausmaß überschätzen, in dem ein Modell, das für eine Situation gilt, auch darüber hinaus Verwendung finden kann.

Betrachten Sie zum Beispiel das Black-Scholes-Theorem zur Bewertung von Finanzoptionen. Dieses 1973 entwickelte Modell dient zur Ermittlung des Preises einer Aktionoption.[16] Myron Scholes und Fischer Black verwendeten einige Mühe darauf, genau zu bezeichnen, in welchem Bereich ihr Modell Anwendung finden sollte: europäische Kaufoptionen (die nur am Ende der Laufzeit ausgeübt werden können), für die während der Laufzeit keine Dividende gezahlt wird, auf denen keine Provision liegt, in einem effizienten Markt, auf dem der risikofreie Zinssatz und die Volatilität bekannt und konstant sind. Man muss kein Experte für Derivate sein, um zu erkennen, dass dies ein recht eng gefasster Satz von Bedingungen ist. Und dennoch ist Black-Scholes zum Standardmodell für die Preisermittlung bei allen Arten von Optionen geworden. Wie Warren Buffett 2008 in einem Brief an die Aktionäre von Berkshire Hathaway schrieb: »Die Black-Scholes-Formel hat in der Finanzwirtschaft inzwischen fast den Status einer heiligen Schrift erreicht ... Wenn diese Formel aber auf längere Zeiträume angewendet wird, kann sie absurde Ergebnisse produzieren. Fairerweise muss gesagt werden, dass Black und Scholes das mit ziemlicher Sicherheit klar war. Ihre treu ergebenen Gefolgsleute jedoch ignorieren möglicherweise sämtliche Warnhinweise, die diese beiden Männer selbst angebracht hatten, als sie die Formel vorstellten.«[17] Fischer Black selbst zum Beispiel stimmte dem zu. Er schrieb 1990: »Ich wundere mich manchmal, warum die Leute die Black-Scholes-Formel immer noch verwenden, denn sie beruht doch auf so simplen Annahmen – unrealistisch simplen Annahmen.«[18]

> **Versuchen Sie einmal Folgendes:**
>
> Denken Sie an ein weit verbreitetes Modell, das bei Ihrer Arbeit verwendet wird, etwa den Kapitalwert, die Incentive-Theorie für die Motivation, die Maslow'sche Bedürfnispyramide oder die Theorie zur Maximierung des Shareholder Value. Beantworten Sie dann folgende Fragen:
> - Was ist das Ziel dieses Modells? Wofür wurde es entworfen?
> - Was sind die Schlüsselannahmen, die diesem Modell zugrunde liegen?
> - Unter welchen Bedingungen funktioniert dieses Modell am besten?
> - Unter welchen Bedingungen scheitert es?
>
> Überlegen Sie nun abschließend, welche Konsequenzen diese Antworten für Ihre weitere Verwendung des Modells haben.

Modelle werden in einem bestimmten Kontext konstruiert. Oft werden sie dann aber auch in vielfältigen anderen Kontexten verwendet. Je weiter sich der Einsatz vom ursprünglichen Zweck entfernt, desto weniger geeignet sind sie für ihren neuen Zweck. Wenn wir also sagen, dass unsere Modelle einzigartig sind, dann meinen wir damit, dass unsere eigenen Modelle uns allen wie die einzig richtige Lösung vorkommen. Lave und March sagen uns, dass das nicht stimmt – dass die Art, wie wir die Welt modellieren, impliziert, dass es mehrere mögliche Arten gibt, sie zu verstehen. Sie schrieben: »Da ein Modell nur einige Charakteristika der Realität aufweist, ist es nur natürlich, dass es mehrere verschiedene Modelle derselben Sache gibt, von denen jedes einen ganz eigenen Aspekt betrachtet.«[19] Die Welt stellt von Natur aus verschiedene Modelle derselben Sache her – in den Köpfen verschiedener Menschen (siehe Abbildung 2.3). Warum ist dann das Gefühl so stark, dass es nur ein einziges richtiges Modell geben sollte?

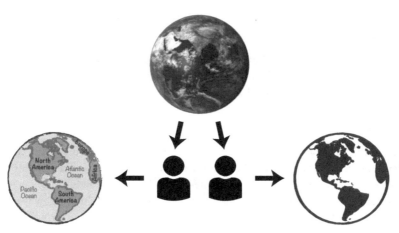

Abbildung 2.3: Von Natur aus unterschiedliche Modelle

Zum Teil spiegelt das die Art wider, wie wir ausgebildet werden. In der Schule gibt es typischerweise auf jede Frage genau eine richtige Antwort: die Antwort, die im Buche steht. Alles, was von dieser Antwort abweicht, ist per definitionem falsch. Überdies haben wir auch schnell heraus, dass es eine materielle Belohnung gibt, wenn wir die eine richtige Antwort finden und sie vor den Lehrern voller Überzeugung nachplappern. Die Schule vermittelt uns, dass es richtige Antworten gibt und dass es falsche Antworten gibt. Unsere Aufgabe besteht darin, die richtige Antwort zu finden. Und wenn eine falsche Antwort auftaucht? Dann haben wir zuzusehen, dass sie wieder verschwindet.

Viele von uns haben diese Dynamik auch schon bei ihrer Arbeit erlebt. Wir gehen in eine Besprechung, folgen aufmerksam der Diskussion und sind uns beim Verlassen völlig im Klaren, was nun zu tun ist. Beim Hinausgehen wenden wir uns an eine Kollegin, um uns zu bestätigen, was wir verstanden haben. Aber was sie uns dann mitteilt, ist ein Verständnis der Sache, das von unserem so stark abweicht, dass wir uns fragen: »Meine Güte, auf welcher Besprechung ist die denn gewesen?« Diese Kollegin hat sich ein völlig anderes Modell der Konferenz konstruiert, ein Modell, das zu ihren vorhandenen Modellen der Welt passt, zu ihren Vorurteilen, ihren Gedanken, ihren Erfahrungen. Für uns, die wir in einer Welt der einen richtigen Antwort großgeworden sind, fühlt es sich allerdings nicht so an, als hätte sie sich ihr eigenes Modell gebaut, sondern als läge sie schlicht falsch.

Zwei weitere kognitive Vorurteile verstärken die negativen Effekte dieser Dynamik. Das erste ist das *Affinitäts-Vorurteil*. Wir fühlen uns in der Regel wohler in der Gesellschaft von Menschen, die wir als uns ähnlich empfinden. Die mögen wir. Mit denen verbringen wir mehr Zeit als mit anderen. Die stellen wir ein, und die befördern wir. Dieses Vorurteil führt allerdings auch dazu, dass diejenigen, die die Welt anders betrachten als wir, in uns geringere Gefühle der Affinität, der Verbundenheit hervorrufen. Die mögen wir nicht. Mit denen verbringen wir keine Zeit. Die stellen wir nicht ein, und die befördern wir nicht. Menschen, die mit uns nicht einer Meinung sind, empfinden wir eher als unangenehm. Wir neigen eher dazu, ihre Ansichten auszublenden, als dass wir versuchen, sie zu verstehen.

Und dann gibt es noch das *Projektions-Vorurteil*. Wir neigen zu der Überzeugung, andere Menschen dächten so wie wir. Wenn andere also Zugang zu denselben Informationen haben wie wir, dann nehmen wir auch an, dass sie zu denselben Ergebnissen kommen. Gelangt jemand aber zu einem anderen Ergebnis, dann haben wir zu kämpfen, um uns darauf einen Reim zu machen.

Wenn wir mit einer Person konfrontiert sind, die ein anderes Modell der Welt verwendet, tendieren wir automatisch, zumindest implizit, zu einer von zwei möglichen Erklärungen: Zum einen können wir annehmen, dass sie nicht so klug ist wie wir. Drastischer ausgedrückt halten wir sie für dumm. Zum anderen können wir annehmen, dass diese Person durchaus nicht dumm ist, sondern die richtige Antwort ohne Weiteres versteht, aber aufgrund einer persönlichen, verborgenen Agenda die falsche Antwort vertritt; Erklärung Nummer zwei lautet also, dass diese Person »böswillig« ist. Im Falle der Annahme »dumm« erklären wir der Person die richtige Antwort ganz langsam, so als wäre sie geistig unterbelichtet. Im Falle der Erklärung »böswillig« starten wir einen Gegenangriff, suchen Verbündete, die unsere Sichtweise unterstützen, schließen die Person vom weiteren Vorgehen aus und halten unsere Informationen zurück. Keine der beiden Annahmen und keine der beiden Reaktionen ist dazu angetan, Freunde zu gewinnen und Menschen zu überzeugen.

Jede dieser Charakterisierungen fällt in Wirklichkeit auf uns selbst zurück, auf die Überzeugungen und Vorurteile, die unser Denken bestimmen. Andere als entweder dumm oder böswillig einzustufen, ist ein Mangel an Empathie – es spiegelt unsere eigene Unfähigkeit wider, zu verstehen, wie ein anderer denkt oder empfindet. Und Personen, die anderer Meinung sind als wir, als entweder dumm oder böswillig abzutun – und sei es auch nur implizit –, macht die Entscheidungsfindung in einer Gruppe extrem schwierig.

Entscheidungsfindung in Unternehmen

Denken Sie einmal an die Art und Weise, wie Ihr Unternehmen seine bedeutendsten Entscheidungen trifft, zum Beispiel die Entwicklung einer Strategie. In unserer Arbeit sehen wir oft, wie Unternehmen einem linearen Prozess folgen, der dem in Abbildung 2.4 skizzierten ähnelt. Stellen Sie sich einmal die geistigen Modelle und die Vorurteile vor, die bei einem solchen Vorgehen gedeihen können.

Zunächst einmal: Was ist das Ziel dieses Prozesses? Es besteht darin, die richtige Antwort zu finden, das Problem zu lösen, das zu Beginn erkannt wurde. Um dorthin zu gelangen, folgen wir einem Prozess, der linear und konsensgesteuert ist, mit wenig Raum, das Ausgangsproblem zu hinterfragen, kreative Alternativen zu untersuchen oder zu früheren Stadien zurückzuspringen, ohne dass es sich wie eine gefürchtete Überarbeitung anfühlt.

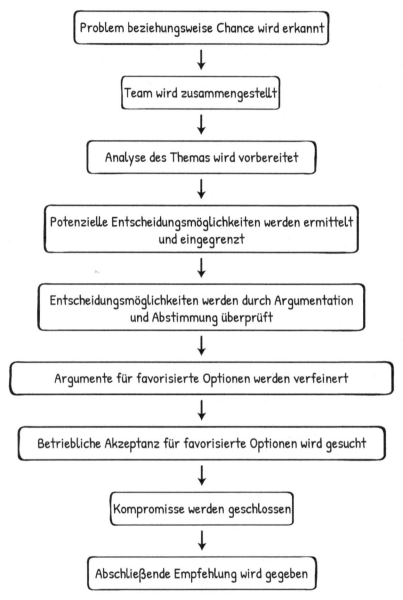

Abbildung 2.4: Entscheidungsfindung in Unternehmen

Dann stellen wir ein Team zusammen. Wie wird das Team ausgewählt? Zunehmend wird auf funktionsübergreifende Zusammensetzung geachtet, die Fachwissen und Fähigkeiten aus dem ganzen Unternehmen zusammenbringt. Aber da Fachwissen bereichsspezifisch ist, besteht auch die Übereinkunft, dass jede teilnehmende Person nur hier ist, um das eigene Fachwissen beizusteuern, nicht etwa das Fachwissen anderer zu hinterfragen. Das Team wird in dem Verständnis gebildet, dass die Mitglieder gut zusammenarbeiten sollen. Allem Gerede über die Wertschätzung konstruktiven Widerspruchs zum Trotz lautet die klare Botschaft also: Konflikt ist schlecht. Er ist gefährlich. Er könnte zum Zerbrechen des Gruppenzusammenhalts führen und zum Scheitern des Projekts. Daher lächeln wir und nicken und arbeiten höflich zusammen. Statt eine Vielfalt von Ansichten zusammenzutragen, um das Problem anzugehen, zerteilen wir das Problem in kleine Bestandteile, um die sich jeweils einzelne Experten kümmern und die dann hinterher wieder zusammengesetzt werden können.

Als Nächstes folgt die Analyse. Wir entscheiden, welche Daten gesammelt und analysiert werden sollen, und die Analyse wird dann zur Ausgangsbasis für alles Folgende. Die Analyse wird zu den »Fakten«, auf denen wir alles Weitere aufbauen. Aber der Datensatz, den wir hier erzeugen, ist notwendigerweise ein Modell der Welt – ein Modell, das wir konstruiert haben, indem wir uns auf bestimmte Daten konzentriert haben statt auf andere; indem wir von der Vergangenheit ausgegangen sind und angenommen haben, dass die Zukunft ganz ähnlich wird; indem wir Daten gesucht haben, die unsere Sicht der Welt bestätigen; indem wir die Kausalität im Rahmen des Problems vereinfacht haben; und indem wir minimiert haben, was für unsere Lösung von Bedeutung ist. Die Analyse-Phase führt uns auf einen festgelegten Weg hin zu einer eng umgrenzten Antwort, die auf einer vereinfachten Sicht der Welt beruht, während wir uns dabei gleichzeitig selbstgefällig so fühlen dürfen, als wären wir in unserer Methodik präzise und nachvollziehbar vorgegangen.

Nur eine Lösung ist richtig

Etwa an diesem Punkt taucht oft eine neue Herausforderung auf. Wenn wir anfangen, mögliche Lösungen zu ermitteln, weichen die Meinungen darüber, welche denn die richtige Lösung sei, zwischen einzelnen Personen im Team voneinander ab. Das ist ein Problem, denn es kann in diesem Prozess ja nur eine einzige richtige Antwort geben. Entgegengesetzte Ansichten bremsen uns, schaffen interpersonelle Konflikte und bringen uns von unserem schönen linearen Lösungsweg ab. Es besteht also erheblicher Druck, sich auf eine einheitliche Lösung zu einigen.

An diesem Punkt kommen Argumentation und Abstimmung ins Spiel. Wenn wir mit mehreren Optionen konfrontiert sind, neigen wir dazu, auf eine von zwei Vorgehensmöglichkeiten zurückzugreifen. Entweder argumentieren wir so lange, bis die »falsche« Antwort vom Tisch ist, oder wir greifen auf demokratische Prinzipien zurück und lassen die Mehrheit gewinnen. Im ersten Fall erklären wir den Kollegen, die anderer Meinung sind, die richtige Lösung. Und wenn sie es nicht gleich kapieren, erklären wir es noch einmal, diesmal langsamer und lauter. Dasselbe machen die anderen womöglich auch mit uns. Schließlich gibt eine Gruppe auf: »Schön, dann machen wir es halt so, wie ihr wollt!« Beachten Sie, es heißt nicht: »Schön, ihr habt recht.« Oft geben wir nicht deshalb nach, weil wir überzeugt wären, dass unser Modell falsch ist, sondern weil unsere Gegner mehr Macht haben oder mehr Spaß am Streiten oder sich von uns trennen könnten, wenn wir noch lange so weitermachen.

Ein solches Vorgehen, das zu einer Vernichtung oder Kapitulation der Gegner führen soll, hat das Potenzial, feindliche Gefühle hervorzurufen, die noch weit über die Diskussion hinaus bestehen bleiben. Sobald wir einmal öffentlich unsere Präferenz für eine bestimmte Lösung zum Ausdruck gebracht haben, wird es auch sozial und kognitiv schwierig, unseren Kurs wieder zu ändern. Es bedeutet, dass wir vor unseren Kollegen das Gesicht verlieren, und es stellt kognitive Dissonanz her: das unangenehme Gefühl, wir wären inkonsequent.

Daher haben Unternehmen Möglichkeiten gefunden, wie sich mit einer scheinbar produktiveren Methodik Konsens herstellen lässt. In diesem Fall werden die unterschiedlichen Antworten Optionen genannt. Als Team legen wir dann alle Optionen auf den Tisch. Und analysieren sie. Und analysieren. Und ermitteln sämtliche Pros und Kontras aller Optionen, bis wir des ganzen Diskutierens schließlich müde sind und alle Begeisterung für jede der vorliegenden Optionen allmählich geschwunden ist.

Die am wenigsten schlechte Option

Manchmal wählen wir an diesem Punkt diejenige Option, die durch den ganzen Analyse-Prozess am wenigsten zerfleddert wurde (Roger spricht hier von der »am wenigsten schlechten Option«). Wir wählen eine Option aus und machen weiter. Oft erkennen wir jetzt aber auch, dass eigentlich keine der Optionen gut genug ist, keine der Optionen das Problem wirklich löst, dass es jetzt aber eine Aufsplitterung in Gruppen gibt, die jeweils hinter bestimmten Optionen stehen. Würden wir jetzt eine der Optionen wählen, hätten wir zum einen das Problem nicht wirklich gelöst, zum anderen riskierten wir aber auch eine Revolte der unterlegenen Gruppen. Also quetschen wir ein paar Optionen zusammen, nehmen das Gute und das Schlechte und fabrizieren einen ziemlich jämmerlichen Kompromiss, mit dem keiner wirklich zufrieden ist – aber wenigstens gibt es am Ende nicht Mord und Totschlag.

Kein Wunder, dass die Ergebnisse unserer typischen Entscheidungsfindungsprozesse in der Regel mittelmäßig sind. Wenn eine richtig gute Entscheidungsmöglichkeit zur Debatte steht, werden wir sie zwar wohl ergreifen. Aber oft kommt es angesichts gegensätzlicher Modelle, nötiger Kompromisse und interpersoneller Konflikte zu Kämpfen. Wir suchen Konsens, enden aber bei suboptimalen Kompromissen und tiefster Unzufriedenheit. Das ist einer der Gründe, warum viele Menschen die Idee einer Konsenslösung hassen. Der Prozess ist typischerweise schmerzhaft und führt überdies selten zu guten Entscheidungen.

Ein besseres Vorgehen

Um bessere Entscheidungen zu erreichen, brauchen wir einen besseren Prozess. Wir brauchen für das Durchdenken und Hervorbringen von Entscheidungsmöglichkeiten ein Verfahren, das die Auswirkungen unserer tief verwurzelten geistigen Modelle und Vorurteile ausgleicht statt verstärkt. Ein entscheidender Schritt in diese Richtung besteht darin, explizit gegensätzliche Lösungen zu erwägen, stark divergierende

Möglichkeiten zur Lösung des Problems zu untersuchen. Zum Teil geht es bei diesem Vorgehen darum, die Idee infrage zu stellen, dass es nur eine einzige richtige Antwort gäbe. Und es geht darum, Konflikte zielgerichtet dazu einzusetzen, unser Verständnis des Problems zu verbessern und die Möglichkeiten zu seiner Lösung zu erweitern.

Dies ist ein Vorgehen, das Peter Drucker schon vor 50 Jahren beschrieben hat. In seinem Buch *The Effective Executive* schreibt Drucker ausführlich über das Entscheiden und vertritt die Meinung, dass dies eine zentrale Aufgabe des Managements sei. Ein effektiver Entscheider, sagt er, konzentriere sich auf die wichtigsten Entscheidungen, erarbeite sich ein vertieftes konzeptuelles Verständnis und lege keinen übersteigerten Wert auf Geschwindigkeit. Drucker weist außerdem auf eine besondere Eigenheit effektiver Entscheider hin und schreibt: »Das Verständnis, das die richtige Entscheidung trägt, erwächst aus dem Konflikt abweichender Meinungen und der ernsthaften Erwägung der widerstreitenden Alternativen.«[20] Effektive Entscheider, so sagt er, ignorieren konventionelle Weisheiten über Konsens und arbeiten stattdessen darauf hin, Uneinigkeit und Meinungsverschiedenheiten herbeizuführen. Als Beispiel verweist Drucker auf Alfred P. Sloan, den ehemaligen CEO von General Motors:

> *Sloan soll bei einer Besprechung eines seiner Top-Komitees gesagt haben: »Meine Herren, mir scheint, wir sind uns bei dieser Entscheidung hier alle vollkommen einig.« Alle am Tisch nickten zustimmend. »Dann«, fuhr Mr. Sloan fort, »schlage ich vor, wir vertagen die weitere Diskussion dieses Themas auf unsere nächste Besprechung, damit wir alle etwas Zeit haben, Uneinigkeit zu entwickeln und vielleicht ein wenig Verständnis dafür zu erlangen, worum es bei dieser Entscheidung überhaupt geht.«*[21]

Sloan, so Drucker, »wusste, dass die richtige Entscheidung eine angemessene Uneinigkeit voraussetzt«. Mit anderen Worten wusste er, dass es die Spannung zwischen widerstreitenden Ideen ist, die uns die wahre Natur eines Problems verstehen lässt und Möglichkeiten zu einer kreativen Lösung sichtbar macht.

Natürlich kann kein einziger Prozess unsere kognitiven Vorurteile und unproduktive Heuristik vollkommen überwinden. Ein Bewusstsein dieser Vorurteile kann zwar bis zu einem gewissen Maße helfen. Aber die größte Wirkung auf die Ergebnisse unserer Entscheidungen wird die Wahl eines Vorgehens haben, das diese wenig hilfreichen Fehler erkennt und bei seinen Entwürfen zielgerichtet um sie herum arbeitet.

Mit anderen Worten: Solange wir diese Welt als gegeben hinnehmen, unsere Aufgabe im Finden der richtigen Antwort sehen und uns zur Lösung dieser Aufgabe um die Zustimmung der anderen bemühen, werden wir tendenziell eine steigende Zahl schlechter Entscheidungen beobachten. Wir werden dazu neigen, Kompromisse zu machen und ein bisschen vom Guten, ein bisschen vom Schlechten der vorliegenden Entscheidungsmöglichkeiten zu nehmen. Wir werden dazu neigen, suboptimale Kompromisse zu akzeptieren.

Um dieses Ergebnis zu ändern, brauchen wir einen anderen Weg, der zu einer Gestaltung der Welt um uns herum führt, zum Hervorbringen neuer, überlegener Lösungen und zur Herstellung echter Übereinstimmung. Wir brauchen einen Prozess, der mehr kann, als die Gefahren unserer impliziten geistigen Modelle, unserer tief verwurzelten kognitiven Vorurteile und unserer unglücklichen Entscheidungsmuster zu erkennen. Wir brauchen einen Prozess, der uns neue Werkzeuge an die Hand gibt, mit denen wir unser Denken explizit machen können, der uns dabei hilft zu verstehen, wie andere die Welt anders sehen, und uns Raum gibt, gute Entscheidungen hervorzubringen. Diese drei Prinzipien eines besseren Entscheidungsfindungsprozesses – Meta-Erkenntnis, Empathie und Kreativität – sind das Thema von Kapitel 3.

Kapitel 3: Eine neue Art zu denken

»Wenn du nur meine Gedanken lesen könntest, Liebste, was für eine
Geschichte meine Gedanken dir dann erzählen könnten.«
Gordon Lightfoot

2015 führten wir im Rahmen unserer Arbeit am Martin Prosperity Institute eine Reihe von Interviews mit US-Amerikanern aus der Mittelschicht. Unser Wunsch war, Erkenntnisse darüber zu gewinnen, wie es ist, heute in Amerika zu leben, indem wir Gespräche mit Menschen aus den verschiedensten Gesellschaftsschichten führten – einem Feuerwehrmann in Florida, einer Lehrerin in North Carolina, einem LKW-Fahrer in Illinois, einer Schulungsleiterin in Utah und so weiter. Via Skype saßen wir mit jeder Person stundenlang zusammen und hörten uns Geschichten aus ihrem Leben an.

Im Rahmen der Interviewvorbereitung hatten wir die Teilnehmer auch gebeten, sich ein Artefakt auszusuchen – einen Gegenstand, der für sie repräsentierte, was es heißt, Amerikaner zu sein. Viele dieser Artefakte entsprachen dem, was zu erwarten war: So hatten wir eine ganze Reihe Fußbälle und Flaggen, Familienandenken, ein Examensfoto und eine geschäftliche Visitenkarte. Und dann interviewten wir eine junge Friseurin aus einer Stadt im Mittleren Westen, mit herzlichem Lächeln und wundervollen Highlights.

Kelli, wie wir sie hier nennen wollen, sagte uns zu Beginn des Interviews, dass sie nur dann teilnehmen würde, wenn wir ihr versprechen könnten, dass nichts von dem, was sie sagte, so verdreht werden würde, dass es ein schlechtes Licht auf Amerika würfe. Sie sei stolz darauf, Amerikanerin zu sein, erklärte sie uns, und war besorgt, ihre Worte könnten dazu verwendet werden, ihr Heimatland schlechtzumachen. Wir konnten sie beruhigen, sie entspannte sich sichtlich, und wir fuhren mit dem Interview fort. Unsere Kollegin Quinn Davidson bat Kelli dann nach einer kurzen Vorstellung, uns ihr Artefakt zu präsentieren.

»Ich muss Sie warnen: Es ist ein bisschen klischeehaft«, sagte Kelli. »Aber es steckt eine tiefere Bedeutung dahinter. Also bevor Sie Ihr Urteil fällen …« Kleine Pause, während der sie hinter die Kamera griff. »Hier, da hätte ich also mein Jagdgewehr. Ich weiß schon, Klischee, Klischee.« Sie fuchtelte mit einem glänzenden Gewehr vom Kaliber 7,62 x 63 herum.

Wir unterdrückten den Reflex, uns zu ducken und wegzurennen, und machten weiter. »Sagen Sie uns mehr dazu«, forderte Jennifer sie auf und erwartete eine vehemente Verteidigung des Rechts, Waffen zu tragen.

Kelli fuhr fort: »Ich habe nachgedacht und nur eine halbe Sekunde gebraucht, bis ich wusste, mit welchem Gegenstand ich mich wirklich als Amerikanerin fühle. Ja, ich bin eine typische waffentragende Amerikanerin, aber es steckt noch so viel mehr dahinter.« Sie lächelte. »Es laufen in Amerika zurzeit so viele Auseinandersetzungen über das Recht,

Waffen zu tragen, und über die Waffengesetze. Ich finde es toll, in einem Land zu leben, in dem ich sagen darf, was ich dazu denke. Wir haben in Amerika Meinungsfreiheit, wir haben die Freiheit zu sagen, was wir von den Dingen halten. Etliche Länder haben das nicht.«

Sie erklärte weiter, sie sei sich sehr wohl bewusst, dass es das Recht, ihre Meinung zu sagen, nur deshalb gebe, weil schon so viele Frauen vor ihr ihre Meinung gesagt hätten. »Ich denke einfach: Das ist so toll. Und ich denke, das ist es, was es heißt, Amerikaner zu sein: Streit zu haben, und dann sagen ganz viele Leute ihre Meinung dazu.«

Kurz: Statt der von uns erwarteten entschlossenen Verteidigung des zweiten Verfassungszusatzes der USA (das Recht, Waffen zu tragen) hatten wir in Wirklichkeit eine wohlüberlegte und durchdachte Würdigung des ersten Verfassungszusatzes gehört (Meinungs- und Versammlungsfreiheit).

Die Leute können einen doch immer wieder auf wundervolle Art und Weise überraschen – aber nur, wenn man ihnen auch die Gelegenheit dazu gibt. Raum für solches Verständnis zu schaffen und für die Empathie, die daraus erwächst, ist eines der drei Kernprinzipien eines besseren Entscheidungsfindungsprozesses – der drei Elemente, die in den meisten Standardverfahren zur Entscheidungsfindung fehlen. Das erste Prinzip lautet, dass wir einen besseren Zugang zu unserem eigenen Denken brauchen, um unsere vorhandenen geistigen Modelle und ihre Beschränkungen zu verstehen. Das ist Meta-Erkenntnis. Zweitens brauchen wir ein tieferes Verständnis für die Denkweise anderer, ein Verständnis, das die Lücken in unserem eigenen Denken zum Vorschein bringt und die Möglichkeit zur Kooperation schafft. Das ist Empathie. Und drittens brauchen wir einen Funken Fantasie, die Fähigkeit, neue und bessere Lösungen hervorzubringen, statt einfach nur zwischen vorhandenen Optionen zu wählen. Das ist Kreativität. Zusammen haben Meta-Erkenntnis, Empathie und Kreativität das Potenzial, die Grundlage für einen fruchtbareren Entscheidungsprozess zu bilden.

Meta-Erkenntnis: Über unser eigenes Denken nachdenken

Die Idee der Meta-Erkenntnis – des Nachdenkens über das Denken – ist sehr alt. Philosophen wie Aristoteles, Spinoza und Locke legten hier Grundlagen, als sie versuchten, die Natur des Geistes zu erklären. Der heilige Augustinus schrieb vor mehr als 1 500 Jahren über die Suche des Geistes nach seiner eigenen Natur und argumentierte, der Geist, der versuche, sich selbst kennenzulernen, müsse sich in einem gewissen Sinne bereits kennen. Zumindest kenne er sich selbst als Suchenden.[1]

Wir Menschen wollen also schon lange unseren eigenen Geist verstehen. Aber erst Ende der 1970er-Jahre gab der Entwicklungspsychologe John Flavell dieser Idee einen Namen. Er definierte als *metacognition* (Meta-Erkenntnis) das Erfassen unseres Wissens über das Erkennen sowie unsere Steuerung des Erkenntnisprozesses. Bei Meta-

Erkenntnis geht es also um ein Verstehen unseres eigenen Denkens und auch um das Kontrollieren dieses Denkens. Der Begriff trägt sowohl die Selbsterkenntnis als auch die Selbstbeherrschung in sich.

Wie bei praktisch jeder Fähigkeit, sind auch in Meta-Erkenntnis einige von uns besser als andere. Ob nun durch explizite Übung oder durch natürliche Disposition, manche Menschen haben eine stärkere Fähigkeit und Neigung, über ihr eigenes Denken nachzudenken. Aber wie bei anderen Fähigkeiten auch, können sich die Fähigkeiten zur Meta-Erkenntnis durch wiederholtes Üben und umsetzbares Feedback auch entwickeln. Das Problem ist nur, dass wenige von uns systematische Übung in Meta-Erkenntnis haben und wir nur selten Feedback dazu bekommen, nicht einmal in der Schule. Bildungsexperten verstehen zwar zunehmend die wichtige Rolle der Meta-Erkenntnis für Lernen und Entwicklung, aber Lehrer haben wenig Spielraum und geringen Anreiz, sie ins Klassenzimmer zu bringen. Die meisten Länder haben nach wie vor Lehrpläne, die mehr auf dem »Was« des Lernens beruhen als auf dem »Wie«. Die Lehrer sind gehalten, nach Lehrplan zu unterrichten, und bekommen eher den Anreiz, den Schülern beim Bestehen standardisierter Tests zu helfen, als dass sie ermuntert würden, den Schülern beim Lernen-lernen zu helfen. Und so machen die meisten von uns ihr Examen, ohne vermittelt bekommen zu haben, wie wir auf gehaltvolle Weise über unser eigenes Denken nachdenken können, geschweige denn Meta-Erkenntnis zu nutzen, um mit der Zeit unser eigenes Denken zu verbessern und unsere eigenen Probleme effektiver zu lösen.

Wir sind interessiert am Hervorbringen von Entscheidungen. Für uns ist Meta-Erkenntnis wichtig, weil wir damit Natur und Grenzen unseres eigenen Denkens verstehen können. Das heißt zu verstehen, warum und wie wir glauben, was wir glauben. Sie bringt Klarheit nicht nur hinsichtlich unserer Schlussfolgerungen und Handlungen, sondern auch über die Daten und Überlegungen, die ihnen zugrunde liegen. Über unser Denken nachzudenken, stellt, wie wir schon festgestellt haben, eine Herausforderung dar, da bei unseren Denkprozessen vieles automatisch, unbewusst und abstrakt abläuft. Daher brauchen wir Werkzeug und Rüstzeug, das uns hilft, tief in unser eigenes Denken einzutauchen und besseren Zugang zum Denken anderer zu erhalten.

Der Harvard-Managementtheoretiker Chris Argyris hat ein solches Werkzeug entworfen, er nannte seine Idee »Die Leiter des Schlussfolgerns (the ladder of inference)«, siehe Abbildung 3.1.[2] Damit verwendet er eine kluge Metapher, die den Prozess des Modellbauens in eine Reihe von Schritten eine Leiter hinauf zerlegt.

Argyris erklärt, dass die Welt voller Daten sei – überprüfbare Fakten, die direkt beobachtet und erlebt werden können. Aber da der Pool dieser Daten so riesig sei, hätten wir keine andere Möglichkeit, als auszuwählen und nur einem Teil von ihnen unsere Aufmerksamkeit zu widmen. Jeder von uns wähle seine Daten aufgrund der eigenen Erfahrungen, Bedürfnisse und Vorurteile aus – und das unbewusst, ohne dass wir uns im Klaren über die Auswahl wären, die wir da treffen.

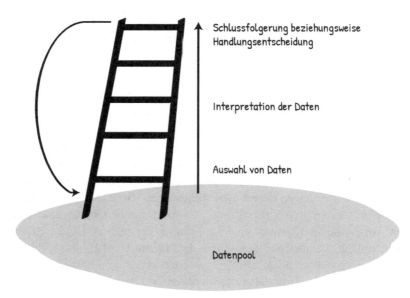

Abbildung 3.1: Die Leiter des Schlussfolgerns

Aus diesen Daten leiten wir dann Bedeutung ab. Wir interpretieren die Informationen, machen uns darauf einen Reim und kommen dann über logisches Folgern zu Schlüssen und bauen uns unsere Modelle der Welt. Diese Schlussfolgerungen können eine weite Spanne von Überzeugungen umfassen: Ich sollte meinen Job kündigen. Die Rolling Stones waren besser als die Beatles. Microsoft ist ein böses Imperium. Tiere zu essen, ist falsch. *Citizen Kane* ist der beste Film aller Zeiten. Die Toronto Maple Leafs werden dieses Jahr den Stanley Cup gewinnen. (Okay, die letzte von diesen Schlussfolgerungen vielleicht nicht.)

Ein entscheidender Fehler unserer gegenwärtigen Entscheidungsfindungsprozesse besteht darin, dass sie in der Regel ergebnisorientiert sind. Wir argumentieren zugunsten der richtigen Antwort, haben aber wenig Anreiz zu hinterfragen, warum oder wie wir daran glauben, und auch nicht, unsere Schlussfolgerungen zu hinterfragen und Lücken in unserer Logik zu entdecken. Ein überlegener Entscheidungsfindungsprozess würde verlangen, dass wir unsere Daten und Überlegungen expliziter machen, sowohl für uns selbst als auch für andere. Er würde uns herausfordern, Folgendes zu verstehen: Wie sind wir zu dieser Schlussfolgerung gelangt? Welche Daten haben wir ausgewählt? Wie haben wir uns darauf einen Reim gemacht? Und wo haben wir einen großen Sprung von konkreten Daten zum abstrakten Schlussfolgern gemacht? Und wie könnten wir unsere Logik klarer und unsere Schlussfolgerungen gehaltvoller machen?

In Teil II dieses Buches werden wir eine Reihe von Werkzeugen untersuchen, mit denen wir unser Denken expliziter machen können, aber für den Augenblick geben wir Ihnen hier nur kurz das Beispiel einer Grundschullehrerin. Beth Grosso unterrichtet die Klassen vier und fünf an der Central Public School in Hamilton, einer traditionellen Arbeiterstadt südwestlich von Toronto/Kanada. Um ihren Schülern bei der Entwicklung ihrer metakognitiven Fähigkeiten zu helfen, hat sie die Leiter des Schlussfolgerns und insbesondere die Metapher vom Datenpool aufgegriffen und ausgebaut.

Im Klassenzimmer hat Grosso den Datenpool in einen Ozean verwandelt, in dem ganz viele Fische schwimmen. Sie schrieb Fakten über die Welt auf die Fische und verteilte sie im ganzen Raum. Einige Fische waren auf den ersten Blick zu sehen, andere versteckten sich hinter Pflanzen oder unter Schulbänken. Sie ließ ihre Schüler die Fische einsammeln und dann ermitteln, zu welchen unterschiedlichen Schlussfolgerungen sie wohl gelangen könnten, je nachdem, welche Fische sie gefunden hatten. Sie sorgte dafür, dass einige der wichtigsten Fische, also solche, die zur Abrundung der ganzen Geschichte beitrugen oder zu einer radikal anderen Schlussfolgerung führen konnten, am schwierigsten zu finden waren. Zum Beispiel konnten die Fische Fakten über einen bestimmten Schüler enthalten. Einige leicht zu findende Fischfakten konnten sein, dass der Schüler Türen zuknallte, mit den Füßen stampfte und seinen Kopf auf die Schulbank legte. Aus diesen Fakten könnten wir schlussfolgern, dass der Schüler ein wütender Mensch ist oder schlechte Laune hat; wir könnten folgern, dass der Schüler eine Auszeit bekommen sollte. Aber wenn wir dann einen versteckten Fisch fänden, der zeigte, dass der »wütende« Schüler in der Pause geärgert worden war, dann könnten wir stattdessen auch schlussfolgern, dass der Schüler frustriert und gestresst ist, und folgern, dass er eher Hilfe und Rat braucht als Strafe.

Grossos Übung führte zu einer Reihe von Diskussionen über die eigenen »Fische« der Schüler – die Daten, die als Informationen in ihre geistigen Modelle flossen –, was wiederum zur gemeinsamen Erkenntnis führte, wie wertvoll es ist, das Denken anderer ebenso wie das eigene zu verstehen. Im Laufe des Jahres kehrte Grosso immer wieder zu den Metaphern vom Daten-Ozean und der Leiter des Schlussfolgerns zurück, bis es für ihre Schüler zur zweiten Natur wurde, über die Welt und ihr eigenes Denken in diesen Begriffen zu denken. Wie es einer von Grossos Schülern ausdrückte: »Das ist schon etwas Schwieriges, aber wenn man erst mal daran gewöhnt ist, kann es einem auch leicht vorkommen.«[3]

Die Leiter des Schlussfolgerns ist ein nützliches begriffliches Werkzeug, mit dem man unabhängig vom Kontext übers Denken nachdenken kann. Wenn Sie damit arbeiten, kann Ihnen das helfen, klareren Zugang zu der Art und Weise zu bekommen, wie Sie denken, und es bereitet Sie auf die Art der metakognitiven Aufgaben vor, die im Prozess des integrativen Denkens enthalten sind.

> **Versuchen Sie einmal Folgendes:**
>
> Hier eine Aufgabe, die wir oft unseren Studenten an der Uni stellen. Ermitteln Sie eine Ihrer festen Überzeugungen (eine Überzeugung, die Sie mit einiger Bestimmtheit vertreten, die aber nicht so zentral für Ihr Leben ist, dass ihr Hinterfragen zur Existenzkrise führen könnte). Stellen Sie für diese Überzeugung kurz eine Leiter auf: Ihre Schlussfolgerung, die zugrunde liegenden Überlegungen und Ihre Daten. Gehen Sie dann online und recherchieren Sie die Argumente, die für die entgegengesetzte

> Sichtweise sprechen. Stellen Sie auch für diese Schlussfolgerung eine Leiter auf. Vergleichen und unterscheiden Sie die beiden Leitern im Hinblick auf Klarheit, Logik und Ihr Empfinden darüber. Denken Sie über Ihre Gedanken und Gefühle im Verlauf dieses Prozesses nach. Was stellen Sie fest? Am Ende dieses Kapitels finden Sie eine leere Mustervorlage, die Sie für diese Übung verwenden können.

Meta-Erkenntnis ist eine entscheidende Grundlage für erfolgreiches Entscheiden. Für das Hervorbringen guter Entscheidungen brauchen wir einen Prozess, der uns in die Lage versetzt – oder sogar zwingt –, im Hinblick auf unser Denken klar und explizit zu werden. Eine der wichtigsten Lehren, die sich für Grossos Schüler ergab, bestand darin, dass ein Explizitmachen des eigenen Denkens uns auch dabei hilft, den Wert der Gedanken anderer zu verstehen. Wenn wir anfangen, die Lücken und Vorurteile zu verstehen, die in unseren Modellen der Welt enthalten sind, wird uns klar, dass andere Menschen etwas Wertvolles sehen können, das wir nicht sehen. Der Schlüssel zum Finden dieser Fische und der Leitern, die wir von ihnen ausgehend aufstellen, besteht darin, echte Neugier und Empathie für andere zu entwickeln.

Empathie: Die Gedanken und Ideen anderer wertschätzen

Empathie ist eine kraftvolle Fähigkeit. Es handelt sich darum, Dinge so mitzuerleben, als steckten wir in der Haut des anderen. Empathie heißt nicht, die anderen zu mögen oder nett zu ihnen zu sein oder sich mit ihren Modellen der Welt einverstanden zu erklären. Sondern es heißt, aufrichtig verstehen zu wollen, wer die andere Person ist, was sie denkt, wie sie fühlt.

Um noch besser zu verstehen, was Empathie ist (und was nicht), lohnt es sich, ein wenig Zeit auf den Unterschied zwischen Empathie und Sympathie zu verwenden. Stellen Sie sich vor, eine Freundin erzählt Ihnen, ihre Mutter sei gestorben. Darauf können Sie mit Sympathie oder mit Empathie reagieren. Sympathie heißt, Ihre Freundin tut Ihnen leid, Sie sind ihretwegen traurig, weil auch Sie traurig wären, wenn die eigene Mutter gestorben wäre. Zur Empathie dagegen gehört eine Würdigung, dass Trauer nur eine der möglichen Reaktionen auf diesen Tod ist. Ihre Freundin könnte auch wütend sein. Oder aber erleichtert, dass das Leiden ihrer Mutter endlich vorbei ist. Oder sie könnte sich wie betäubt fühlen. Empathie heißt nicht, sich zu fragen, wie man sich selbst in dieser Situation fühlen würde, sondern wie sich Ihre Freundin ganz tatsächlich jetzt, in diesem Moment fühlt.

Empathie zu empfinden, ist nicht immer leicht, aber wir haben durchaus eine gewisse Starthilfe, biologisch betrachtet. Elemente der Empathie scheinen durch die Neuronen in unserem Gehirn fest angelegt zu sein. Ein *Neuron* ist eine Nervenzelle, die durch elektrische und chemische Signale Informationen verarbeitet und übermittelt. Wir haben Neuronen in unserem ganzen Nervensystem, und es gibt zwei Typen: *Sensorische*

Neuronen erhalten Stimuli aus der Welt und senden Signale an verschiedene Teile des Gehirns; *motorische* Neuronen erhalten Signale aus verschiedenen Teilen des Gehirns und veranlassen das Anspannen oder Entspannen von Muskeln, damit wir uns auf bestimmte Art bewegen können. Wenn wir Ihr Gehirn scannen könnten, während Sie einen Ball auffangen, würden wir Neuronen feuern sehen; bestimmte Bereiche Ihres Gehirns würden aktiv, während Neuronen Signale senden und empfangen.

Das Interessante ist nun, einem Team unter der Leitung des Wissenschaftlers Giacomo Rizzolatti zufolge, dass auch mein Gehirn sich einschaltet, wenn ich sehe, wie Sie diesen Ball fangen; in meinem Gehirn feuern die gleichen Neuronen wie in Ihrem.[4] Es ist, als ob ich selbst den Ball gefangen hätte. Das ist die Kernidee von Empathie: »als ob.« Ich verstehe Ihr Erlebnis so, als ob ich Sie wäre.

Die Existenz dieser *Spiegel*-Neuronen legt nahe, dass einige Grundformen der Empathie automatisch erfolgen. Sie haben so etwas wahrscheinlich auch selbst schon erlebt: Ein Freund erzählt Ihnen, wie er sich am Abend zuvor etwas zu essen gemacht hat. Er berichtet, wie er beim Gemüseschneiden abgelenkt wurde und dann spürte, wie die scharfe Messerklinge in seinen Ringfinger eindrang. Viele von uns zucken zusammen, wenn Sie solche Geschichten hören. Wir sehen das Messer vor uns oder fühlen sogar den Schnitt. Wir bekommen einen Adrenalinschub, wenn wir solche Geschichten hören, besonders, wenn sie lebhaft vorgetragen werden. Beim Zuhören wirkt automatische Empathie auf uns ein und verbindet unser Erleben mit dem des Erzählers.

Aber wie schon besprochen, können unsere höheren Überlegungsprozesse die Fähigkeit, echte Empathie mit anderen zu fühlen, auch unterbrechen. Unsere kognitiven Vorurteile machen es für uns leichter, Empathie für Menschen zu fühlen, die wir als »so wie wir« empfinden, und schwerer, Empathie für Angehörige anderer Gruppen zu fühlen. Es bedarf kaum der Erwähnung, dass speziell dieses Vorurteil für eine Menge schlechten Verhaltens auf der Welt verantwortlich ist. Die Menschen sind komplex und fehlerbehaftet, ein schlichtes Sichverlassen auf automatische Impulse zur Empathie genügt also nicht, um die Art von klugem Verständnis herbeizuführen, die wir zum Hervorbringen guter Entscheidungen brauchen.

Um gute Entscheidungen hervorzubringen, müssen wir vielmehr eine kontrollierte Empathie entwickeln – den absichtsvollen und zielgerichteten Versuch, andere und ihre Erfahrungen zu verstehen. Die Neugier auf andere und der Wunsch, die Welt so wie sie zu sehen, sind der Schlüssel, wenn wir wirklich darauf hoffen, zusammenzuarbeiten und unterschiedliche Ansichten nutzbringend zu verwenden. Auch hier gilt: Die Sache ist nicht einfach, aber Werkzeuge können äußerst hilfreich sein. Hier können wir eine Menge aus der Welt des Design Thinking lernen.

Design Thinking beginnt mit dem Versuch, zu verstehen. Studiensubjekt bei dem Ziel, Produkte oder Erfahrungen zu designen (zu entwerfen, zu konstruieren), ist in den meisten Fällen der Endverbraucher (typischerweise der potenzielle Kunde). Der Design-Prozess beginnt mit einer ausgiebigen Vertiefung in diese Nutzer – ihren

Kontext, ihr Verhalten, ihre Erfahrungen –, um ihre Bedürfnisse zu verstehen. Die Werkzeuge, die Designer oder Konstrukteure für das Erreichen des Nutzerverständnisses und den Aufbau von Empathie meist verwenden, lassen sich grob in drei Kategorien einteilen, die aus der Tradition der ethnografischen Forschung übernommen wurden.

1. *Beobachten:* Das ist der Prozess, Menschen in ihrem natürlichen Lebensraum genau zu studieren. Im wirtschaftlichen Bereich gehört zu einem solchen Beobachten, Hausbesuche bei Konsumenten vorzunehmen (zum Beispiel zu beobachten, wie ein Vater beim Hausputz vorgeht) und das Einkaufsverhalten zu studieren (indem man echten Kunden hinterherläuft oder entsprechende Videos anschaut). Zu einem nicht geringen Teil geht es bei der ethnografischen Beobachtung auch darum, es mitzubekommen, wenn Menschen etwas Unerwartetes tun, zum Beispiel das System hacken, um es für sich selbst zu einem besseren Funktionieren zu bringen.

2. *Anteilnehmen:* Hier rührt das Verstehen daher, dass man an einer Person direkt Anteil nimmt und sich Geschichten aus ihrem Leben erzählen lässt. Geschichten sind wichtig, weil sie echte Momente illustrieren und ein detailreicheres Bild einer Person erzeugen können, als sich durch einfaches Fragen nach ihrer Meinung erzielen ließe. Für unser Projekt zu Amerikanern aus der Mittelschicht haben wir zum Beispiel nach Geschichten gefragt, die den Einfluss von Wirtschaft und Regierung auf das Leben der Leute schilderten, nach Geschichten über Familie, Bildung und den amerikanischen Traum. Diese Geschichten – über die Teilnahme an Rathaussitzungen, Kündigungen, das Erleben von Rassismus am Arbeitsplatz – vermittelten uns ein reichhaltigeres Verständnis der erlebten Erfahrungen der Menschen, denen wir begegnet sind.

3. *Erleben:* Manchmal besteht die beste Möglichkeit, um Verständnis und Empathie hervorzurufen, auch darin, tatsächlich selbst zu erleben, was eine andere Person mitmacht. Wenn Sie einen Prozess neu designen, das heißt entwerfen oder konstruieren, können Sie auch versuchen, diesen Prozess so zu durchleben, wie es ein Kunde tun würde, und sich während dieses Ausflugs ausdrücklich auf Stolperfallen und Momente der Wahrheit konzentrieren. Manchmal ist es natürlich unmöglich, etwas mit anderen Augen zu sehen, weil man es zu gut kennt; Sie wissen dann einfach zu viel darüber, was eigentlich passieren soll, um es so zu erleben, als wüssten Sie es nicht. In solchen Fällen können Sie einen Trick der Design- und Innovationsfirma IDEO übernehmen. Mitarbeiter von IDEO führen oft Stellvertreter-Erlebnisse herbei, die dazu angetan sind, augenblicklich Empathie zu erzeugen. Um zum Beispiel Telekommunikations-Managern verstehen zu helfen, wie verwirrt, überwältigt und, ja, dumm sich Kunden oft in ihren Telekom-Läden vorkommen, schickte IDEO die männlichen Manager los, um Lippenstifte für ihre Töchter zu kaufen. Wenn sie sich durch diesen Vorgang einmal hindurchgekämpft hatten, mit einem Gefühl der Ahnungslosigkeit, dankbar für jede Hilfe, die sie bekommen konnten, empfanden die Manager schließlich Empathie für ihre eigenen Kunden.

> **Versuchen Sie einmal Folgendes:**
>
> Romane zu lesen, kann Ihre Empathie stärken. In einer Studie haben unsere Freundin Maja Djikic und ihr Co-Autor Keith Oatley kürzlich gezeigt, dass Menschen, die mehr Literatur lesen, auch besser darin sind, Emotionen anderer zu lesen.[5] Überdies erhöht der Umgang mit Literatur die Wahrscheinlichkeit altruistischen Handelns, dass wir zum Beispiel einem Forscher beim Aufsammeln von Stiften helfen, die ihm auf den Boden gefallen sind. Liebesromane fördern die Empathie am sichersten. Also ran an *Pride and Prejudice!*

Jedes der drei ethnografischen Werkzeuge kann Ihnen helfen, Verständnis und Empathie zu entwickeln. Jedes lohnt einen Versuch bei Kunden, Kollegen und, wenn Sie ganz mutig sind, Familie. Je mehr Sie mit diesen Werkzeugen üben, desto mehr werden Sie Ihre Fähigkeit zur Empathie entwickeln. Sie werden feststellen, dass Sie immer neugieriger auf andere werden, insbesondere wenn diese die Welt anders sehen als Sie.

Das Gute ist, dass Empathie keine Einbahnstraße darstellt. Je offener und neugieriger Sie sich gegenüber anderen zeigen, desto wahrscheinlicher werden diese auch neugierig und offen Ihnen gegenüber sein. Hier können Sie ein kognitives Vorurteil zu Ihren Gunsten nutzen. Sozialpsychologen zufolge teilen wir alle eine Norm, die mit Gegenseitigkeit zu tun hat. Sie besagt, dass man in gleicher Weise zurückgeben soll, was eine andere Person einem gegeben hat. Wer diese Norm verletzt, riskiert nicht nur soziale Kritik, sondern hat in der Regel auch ein unangenehmes, nagendes Gefühl der Verpflichtung, das so lange anhält, bis man sich tatsächlich in irgendeiner Form revanchiert hat. Das ist auch der Grund, warum es bei wiederholter Interaktion schwer ist, unfreundlich gegenüber Menschen zu sein, die freundlich zu uns sind. Ganz ähnlich machen wir es anderen leichter, Empathie uns gegenüber zu verspüren, wenn wir selbst Empathie zeigen.

Fehlende Empathie führt in der Regel zu engstirnigen, unbeirrten Lösungen. Nur mit Empathie haben wir eine ernsthafte Chance zu verstehen, wie andere denken, und aus ihrer Sichtweise tatsächlich etwas zu lernen. Damit wird Empathie zur zweiten Schlüsselkomponente unseres integrativen Verfahrens beim Herbeiführen von Entscheidungen. Das dritte und letzte Element ist kooperative Kreativität – die Zusammenarbeit mit anderen, um neue Lösungen für leidige Probleme zu finden.

Kreativität: Das Neue suchen und das Besondere mit offenen Armen aufnehmen

> »Sofort strömen die Ideen auf mich ein, direkt von Gott, ich sehe nicht nur bestimmte Themen vor meinem geistigen Auge, sondern auch die richtige Form, in die sie gekleidet sind, die Harmonien und die Orchestrierung.«
> *Johannes Brahms*

Man sieht es beinahe vor sich: das einsame kreative Genie, beschenkt mit einem Moment der göttlichen Inspiration, wie es einer neuen Idee Ausdruck verleiht, mit der die Welt verändert wird. Das ist Brahms an seinem Klavier, Steve Wozniak in einer Garage in Los Altos, Thomas Edison an seiner Werkbank in Menlo Park. Und vielleicht ist es für diese wenigen Glücklichen auch tatsächlich die Art und Weise, wie es zur Kreativität kommt.

Und welche Hoffnung bleibt uns anderen? Keine – solange wir diesen poetischen Mythos als Wahrheit akzeptieren. Er ist schön, klar, aber es ist auch genau dieser Mythos, der viele Menschen dazu bringt, sich von jeder Kreativität fernzuhalten und sich selbst als »kein kreativer Mensch« zu bezeichnen. Die Wahrheit ist aber: Kreativität ist nicht nur etwas für einsame Genies. Mit den Worten der Tänzerin und Choreografin Twyla Tharp: »Kreativität ist nicht nur etwas für Künstler. Sie ist auch etwas für Geschäftsleute, die nach einer neuen Möglichkeit suchen, Verkäufe zu tätigen; sie ist etwas für Ingenieure, die versuchen, ein Problem zu lösen; sie ist etwas für Eltern, die möchten, dass ihre Kinder die Welt auf mehr als eine Weise sehen.«[6] Kreativität ist keine Gabe, und sie ist kein einsamer Akt. Sie ist fleißige Arbeit, und sie ist ein kooperativer Prozess. Und sie ist etwas, was jeder von uns entwickeln kann.

Einer der Schlüssel zur Kreativität, wie wir sie sehen, besteht darin, eine Art Gegenprogramm aufzuziehen. In einem TED Talk gibt Tim Brown von IDEO 2008 seinem Publikum eine Aufgabe: Sie sollen sich 30 Sekunden Zeit nehmen und die Person neben sich im Publikum zeichnen. Fast augenblicklich bricht im Publikum nervöses Gelächter aus. »Höre ich hier das ein oder andere ›sorry‹?«, fragt Brown. »Das ist genau das, was passiert, wenn man so etwas mit Erwachsenen macht – jede Menge ›sorry‹.«[7] Damit weist er darauf hin, was der Punkt bei dieser Aufgabe ist: Wir werden verlegen. Diese Verlegenheit, die über eine solche einfache Zeichenaufgabe hinaus auch viele andere Kontexte betrifft, wird verursacht durch die Furcht, beurteilt zu werden.

Diese Furcht hält uns davon ab, in Konferenzen unsere Ideen mitzuteilen, neue Aufgaben zu übernehmen und uns aufzuraffen, Neues zu lernen. Es ist ja nicht so, dass wir keine Ideen hätten; es ist nur so, dass wir derart empfindlich gegenüber dem Urteil anderer sind, dass wir die Ideen lieber für uns behalten. Es ist nicht so, dass wir nichts lernen wollten; es ist nur, dass wir uns ganz bequem damit eingerichtet haben, dass wir in dem gut sind, was wir machen – und wenn wir etwas Neues versuchen, dann sind wir nur selten gut darin. Unsere Verlegenheit steht in deutlichem Kontrast zur Reaktion von Kindern, denen die gleiche Zeichenaufgabe gestellt wird; Kinder stürzen sich voll Begeisterung darauf und zeigen ihre Arbeit dann voller Stolz herum. Wir alle beginnen kreativ. Das Leben treibt es uns wieder aus.

Daher brauchen wir Werkzeuge, die uns helfen, wieder Kontakt zu dem fünfjährigen Kind in uns aufzunehmen. Zum Teil geht es um die Herstellung kreativen Selbstvertrauens. Wichtig für diese Aufgabe ist das Verstehen des Begriffs *Selbstwirksamkeit*, den der Psychologe Albert Bandura geprägt hat: »Menschen, die zur Überzeugung gelangen, dass sie eine Veränderung bewirken können, erreichen auch mit höherer

Wahrscheinlichkeit, was sie sich vornehmen ... Menschen mit Selbstwirksamkeit setzen ihre Ziele höher, bemühen sich mehr, bleiben länger dabei und zeigen bei Fehlschlägen mehr Widerstandsfähigkeit.«[8] Zum Teil geht es beim Kreativsein ums Entwickeln von Selbstwirksamkeit: zu glauben, dass man kreativ sein kann, und sich auch zu erlauben, es zu versuchen.

Wenige betriebliche Prozesse haben ausdrücklich Kreativität zum Ziel. Es mag durchaus einmal sein, dass von einem Denken außerhalb der gewohnten Bahnen die Rede ist, aber angesichts der Risikotoleranz und der Erfolgskriterien moderner Unternehmen müssten Führungskräfte schon verrückt sein, wenn sie so etwas wirklich wagten. Unsere Standard-Entscheidungsprozesse sind darauf angelegt, Konvergenz hinsichtlich einer machbaren, realistischen Lösung zu erzielen. Und das bekommen wir dann am Ende auch.

Um dieses Resultat zu ändern, müssen wir Kreativität neu definieren als eine Fähigkeit, die jeder von uns besitzt. Aber wir müssen uns auch dafür entscheiden, das wirklich zu wollen. Dafür brauchen wir einen Prozess, der jede Person bei dieser Entscheidung unterstützt. Wenn wir beim gegenwärtigen Konstrukt mit einer schwierigen Entscheidung konfrontiert sind, verstehen die meisten von uns es als ihre Aufgabe, unter den gegebenen Optionen die richtige Antwort auszuwählen. Ein gehaltvoller Entscheidungsprozess steckt dagegen den Rahmen für unsere Aufgabe weiter: Es geht nicht darum, eine Option auszuwählen, sondern darum, eine bessere Lösung zustande zu bringen, die das Problem effektiv löst.

Mit Selbstwirksamkeit und einer in dieser Form neu formulierten Aufgabenstellung wird Kreativität eine Sache der Übung. Es geht darum, praktische Verfahren zu finden, wie regelmäßig am Hervorbringen neuer Ideen gearbeitet werden kann – selbst oder in Kooperation mit anderen. Hier fünf Prinzipien, die Sie nach unserer Empfehlung beim praktischen Hervorbringen (und Mitteilen) neuer Ideen im Kopf behalten sollten:

1. *Beginnen Sie beim zu lösenden Problem.* Kreativität findet nicht im luftleeren Raum statt. Eine klare Definition des zu lösenden Problems kann ein Ansporn zur Kreativität sein und auch ein hilfreicher Bezugspunkt für potenzielle Lösungen. Das ist die Kraft der zentralen Frage beim Design Thinking: »Wie können wir ...?« Wie können wir den Umsatz in dieser Abteilung des Ladens steigern? Wie können wir die Mitarbeiter mit dem höchsten Potenzial halten? Wie können wir dieses Kundenbedürfnis auf überzeugende neue Weise befriedigen? Die Definition einer klaren Frage ist ein wichtiger Schritt, um die Bedingungen zu schaffen, unter denen eine gute Antwort entstehen kann.
2. *Entziehen Sie sich der Tyrannei des weißen Blattes.* Wie schon angesprochen, lautet einer der beliebtesten, aber auch nutzlosesten Ratschläge beim Versuch, ein Problem zu lösen: »Denken Sie außerhalb der gewohnten Bahnen.« Typischerweise heißt das, Sie sollen mit Ihrer Fantasie schon bei den Grundprinzipien ansetzen und mit einem weißen Blatt beginnen. Leider bringt der Versuch, ohne jeden Input kreativ zu sein, erhebliche Nachteile. Warum denn nicht alle zur Verfügung stehenden Ressourcen, einschließlich der vorhandenen Modelle der Welt, als Rohmaterialien zur

Stimulierung neuer Ideen nutzen? Wie Maria Popova es ausdrückt: »Um wirklich kreativ zu sein und einen Beitrag für die Welt zu leisten, müssen wir in der Lage sein, zahllose Punkte miteinander zu verbinden, Ideen in einer reichen Vielzahl von Disziplinen ›fremdzubestäuben‹, diese Elemente zu kombinieren und wieder neu zu kombinieren und damit neue Burgen zu bauen.«[9] Dieses Verständnis von Kreativität als ein Verbinden und Neukombinieren lässt das weiße Blatt nicht nur wenig hilfreich, sondern sogar kontraproduktiv erscheinen. Werfen Sie es einfach weg.

3. *Erkennen Sie den Wert schlechter Ideen.* Die allerwichtigste Regel beim kreativen Hervorbringen von Ideen lautet: Warten Sie, bevor Sie ein Urteil fällen. Denn wenn eine Idee erst einmal als schlecht bezeichnet wurde, bleiben viele weitere Ideen unausgesprochen. Das Interessante an abenteuerlichen, dummen und sogar schlechten Ideen ist, dass sie den Samen für etwas Gutes in sich tragen können. Um dieses Argument in unseren Kursen zu illustrieren, zeigen wir oft das Bild einer viereckigen Wassermelone. Das ist natürlich eine lächerliche Idee. Wassermelonen sind nun mal wassermelonenförmig. Das ist ein Teil dessen, was sie zu Wassermelonen macht. Allerdings sind ovale Wassermelonen auch schlecht zu transportieren, schlecht zu lagern und definitiv schlecht zu schneiden. Eine viereckige Wassermelone wäre also tatsächlich eine ganz gute Idee – und sie lässt sich auch tatsächlich produzieren, indem man sie in Kisten anbaut. Ernsthaft. Was zuerst wie eine schlechte Idee aussieht, trägt das Versprechen von etwas Gutem in sich.

4. *Denken Sie konstruktiv.* Abstraktion ist für das Hervorbringen neuer Ideen nicht sonderlich hilfreich. Auch hier können wir wieder aus der Welt des Designs beziehungsweise der Konstruktion lernen, in der die Konstrukteure, statt über Ideen zu reden, rasch Prototypen bauen. Dabei handelt es sich um Skizzen oder Modelle, die eine Idee konkret und überprüfbar machen. Nun sind physische Prototypen zwar vielleicht nicht immer möglich, wenn es um strategische Probleme geht, aber Sie können Storyboards und Rollenspiele verwenden oder sogar Geschichten erzählen, um auszudrücken, was Sie meinen, wenn Sie neue Ideen vorbringen. Mehr dazu in Kapitel 8.

5. *Nehmen Sie sich Zeit.* Die Welt ist auf Action ausgerichtet. Die Auswirkungen dieser Denkweise sehen wir bei unserer Zusammenarbeit mit Unternehmen – ein Bestreben, schnell und entschlossen zu einer Schlussfolgerung zu gelangen, damit die eigentliche Arbeit beginnen kann. In dieser Welt wird Denken gegenüber dem Handeln oft als nachrangig betrachtet. »Denken Sie nicht zu viel. Bleiben Sie auf dem Critical Path.« Wir haben schon wiederholt gehört, wie Manager sich beklagten, sie hätten nicht genug Zeit zum Nachdenken. Selten erkennen sie aber, dass sie durchaus die Wahl haben, sich Zeit zum Nachdenken zu nehmen oder eben nicht. Zu glauben, es gäbe keine Zeit, heißt sich selbst einzuschränken. Wenn wir handeln, als gäbe es keine Zeit zum Nachdenken, dann gibt es auch keine Zeit zum Nachdenken. Zeit ist eine entscheidende Größe, wenn es um Kreativität geht. Es geht nicht darum, Ewigkeiten zu brauchen, um zu einer Entscheidung zu gelangen. Sondern es geht darum, sich etwas Spielraum zu geben, die Chance, eine Zeitlang auch über anderes nachzudenken, zuzulassen, dass dabei neue Erkenntnisse auftauchen.

> **Versuchen Sie einmal Folgendes:**
>
> Um zu verdeutlichen, welchen Wert auch schlechte Ideen haben, könnten Sie mit Ihrem Team folgende Übung veranstalten. Ermitteln Sie per Brainstorming zuerst so viele schlechte Geschäftsideen, wie Sie nur können. (Denken Sie zum Beispiel an ein Parfüm, das nach Müll duftet.) Wählen Sie dann paarweise je eine richtig schlechte Idee aus. Alle Paare bekommen fünf Minuten, um sich für ihr auf dieser Idee basierendes neues Unternehmen einen Werbespruch auszudenken, mit dem sie erklären, warum diese schlechte Idee in Wirklichkeit eine brillante, tolle, Geld bringende Geschäftsidee ist. (Dieses Parfüm wäre doch ideal, um unerwünschte Verabredungen zu beenden oder um sich ein wenig Bewegungsfreiheit in der U-Bahn zu verschaffen, oder?)

Eine neue Art zu denken

Wir finden, wie gesagt, dass ein produktives Vorgehen bei der Entscheidungsfindung auf Meta-Erkenntnis, Empathie und Kreativität beruht. Theoretisch gibt es viele Vorgehensweisen für die Nutzung dieser drei Grundideen. Praktisch haben wir gefunden, dass integratives Denken Schritte aufweist, die sowohl von diesen Fähigkeiten profitieren als auch diese Fähigkeiten fördern. Sie werden durch Meta-Erkenntnis, Empathie und Kreativität also zum besseren integrativen Denker. Und Sie werden durch das integrative Denken auch besser in Meta-Erkenntnis, Empathie und Kreativität.

Integratives Denken ist ein Prozess zum Hervorbringen neuer Lösungen und Entwerfen guter Entscheidungen. Wir haben ihn als Alternative zu vorhandenen Prozessen entwickelt, die unser Denken kurzschließen, unsere Vorurteile verstärken, einen Keil zwischen Personen treiben und die Kreativität minimieren können. Im Laufe des letzten Jahrzehnts haben wir die Methodik verfeinert, wie integratives Denken bewusst und zielgerichtet eingesetzt werden kann. Es handelt sich dabei nicht wirklich um ein Rezept. Es ist eher eine *Heuristik:* eine Daumenregel, die Ihnen bei der Bearbeitung schwieriger Probleme weiterhilft, denen Sie bei Ihrer Arbeit begegnen. Wenn Sie diesem Prozess folgen, wird das nicht notwendigerweise immer integrative Erfolgslösungen hervorbringen, aber der Prozess zeigt Ihnen einen klaren Weg, auf dem Sie mit höherer Wahrscheinlichkeit zu einer kreativen Lösung kommen. In Teil II vertiefen wir uns in jede Phase dieses Prozesses im Einzelnen.

Mustervorlagen

Abbildung 3.2 ist eine Blanko-Vorlage für eine Leiter des Schlussfolgerns, und Abbildung 3.3 zeigt eine ausgefüllte Beispiel-Leiter, die Ihnen als gedankliche Anleitung dienen kann.

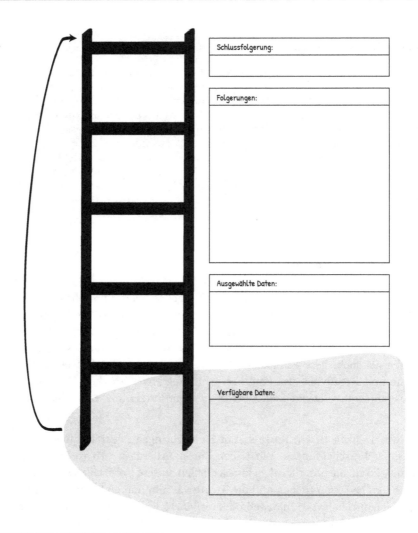

Abbildung 3.2: Mustervorlage: Die Leiter des Schlussfolgerns

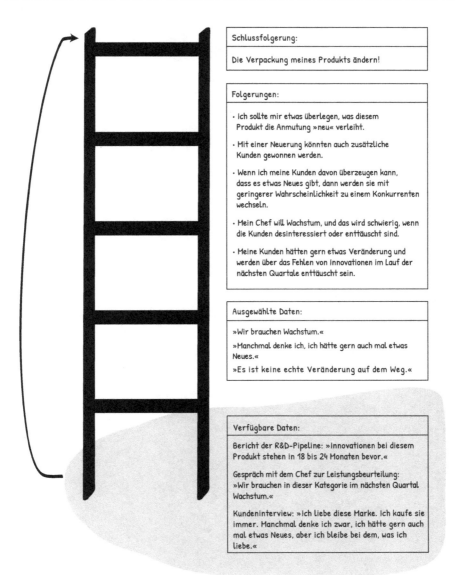

Abbildung 3.3: Beispiel: Die Leiter des Schlussfolgerns

Teil II:
PRAXIS

Kapitel 4: Eine Methodik

»Ungelogen, ich will euch nur sagen, ich habe mein Schicksal selbst in die Hand genommen; ich bin an die Weggabelung gekommen und bin geradeaus gefahren.«
Jay Z

Ist Jay Z ein integrativer Denker? Der Rapper, Produzent und Unternehmer fällt sicher in die Kategorie der höchst erfolgreichen Führungskräfte, da er 100 Millionen Platten verkauft, mehr als 20 Grammys gewonnen und ein Privatvermögen von über 600 Millionen Dollar angehäuft hat. Aber wir müssen zugeben, dass keiner von uns zuvor groß über seinen Ansatz beim Treffen von Entscheidungen nachgedacht hatte – bis einer unserer MBA-Studenten uns einen Auszug aus Jay Zs Memoiren mit dem Titel *Decoded* schickte. Adam, unser Student, war überzeugt, der Rapper sei genau die Art integrativer Denker, über die wir in unserem Kurs gesprochen hätten.

Sein Beleg dafür? In dem Buch bespricht und erklärt Jay Z die Texte seiner Songs, und darunter sind auch zwei Verse aus »Renegade«, in denen es darum geht, dass er an eine Weggabelung gekommen und geradeaus gefahren sei. Es folgt die Anmerkung: »Ich liebe diese Idee: Statt sich eine Sch…-Wahl aufzwingen zu lassen, bei der du in beiden Fällen nur verlieren kannst, gehst du deinen eigenen Weg. Die Weggabelung, an die ich kam, bedeutete, in meinen Taschen künftig entweder nichts als Flusen zu haben oder aber Drogen. Ich ging zwar den legalen Weg – hörte auf, Drogen zu verkaufen –, ließ mich aber auch nicht auf die falsche Wahl zwischen Armut und Illegalität ein. Ich habe meinen eigenen Ausweg gefunden, und mit meiner Musik versuche ich nun anderen zu helfen, dass auch sie ihren Weg finden.«[1]

In dieser Bemerkung hatte Adam ein Echo integrativen Denkens vernommen. Nach seiner Ansicht hatte Jay Z dasselbe Vorgehen gewählt wie A. G. Lafley oder Isadore Sharp, nur in anderem Kontext. Wie seine CEO-Kollegen auch, wollte Jay Z zunächst die vor ihm liegende Wahlmöglichkeit verstehen, hat dann diese vorliegenden Alternativen verworfen und sich selbst einen dritten Weg erarbeitet. Da wir Jay Z noch nie getroffen haben, können wir auch nicht mit Sicherheit sagen, ob er ein integrativer Denker ist. Aber Adam hatte seine Sache sehr überzeugend vertreten, und so wurde Jay Z einer der bekanntesten Namen auf unserer langen Liste potenzieller integrativer Denker, mit denen Studenten, Kollegen und Freunde uns versorgen. Schon seit wir integratives Denken unterrichten, erzählen uns Menschen, wie sie in den Entscheidungen aller möglichen Leute integratives Denken erkannt hätten, von Barack Obama über Bill Gates bis zu sich selbst.

Es ist natürlich für jede Theorie ein gefährliches Spiel, in erfolgreichen Ergebnissen der Vergangenheit das Wirken eines bestimmten Denkansatzes zu sehen. Dennoch ist für uns klar, dass etliche Führungskräfte in diversen Kontexten und auf unterschiedlichsten betrieblichen Ebenen Wege gefunden haben, wie sie Kompromisse zurückweisen und gute Entscheidungen für sich und ihr Team treffen konnten. Genauso klar ist, dass viele dieser Führungskräfte das unbewusst getan haben, ohne die bewusste Entscheidung, anders zu denken, und ohne zu verstehen, wie sie nun genau zu ihrer anderen Lösung gekommen waren. Bei einigen, wie Jay Z, wirkt es, als sei die Entscheidung ein Willensakt im Angesicht einer unmöglichen Situation gewesen. Bei anderen war es wohl ein langsames, wiederholtes experimentelles Problemlösen. In beiden Fällen war nur wenigen der Führungskräfte, die wir studiert haben, ausdrücklich beigebracht worden, wie man im integrativen Modus denkt – auf systematische, wiederholbare Weise.

Für uns bestand die Herausforderung also darin, Anekdoten in eine Methodik zu übersetzen. Weitgehend durch Versuch und Irrtum haben wir einen Prozess für das Durchdenken von Problemen entwickelt, der Ihnen eine bessere Chance bietet, falsche Wahlentscheidungen abzulehnen und Ihren eigenen Weg zu einer guten Entscheidung zu finden (siehe Abbildung 4.1). Im Verlauf des letzten Jahrzehnts haben wir den Prozess dadurch verfeinert, dass wir unsere Studenten dabei beobachtet haben, wie sie diese Methodik auf vertrackte Probleme anwendeten, und diesen Prozess auch für Gruppen von Managern bei ihren schwierigsten Herausforderungen geleitet haben.

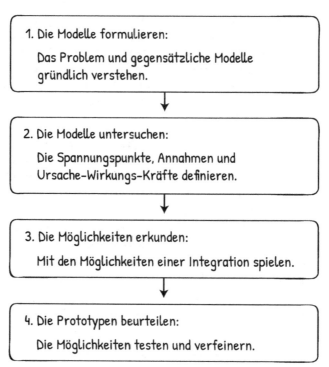

Abbildung 4.1: Ein Prozess des integrativen Denkens

Der Prozess, den wir entwickelt und verfeinert haben, hat vier Hauptphasen, von denen jede wiederum aus einzelnen Schritten besteht. Dieses Kapitel erklärt den Prozess vom

Anfang bis zum Ende zunächst im Überblick, bevor wir in den folgenden Kapiteln jede Phase genauer untersuchen.

Es dürfte keine große Überraschung mehr sein, dass der Prozess des integrativen Denkens mit gegensätzlichen Modellen beginnt. In der ersten Phase heißt es *die Modelle formulieren* – das Problem eingrenzen und zwei gegensätzliche Lösungs-Modelle herausarbeiten. Die zweite Stufe besagt: *die Modelle untersuchen* – gedanklich tief in diese Modelle einsteigen, die dabei in ihrem Spannungsverhältnis zueinander betrachtet werden. In diesen beiden Phasen kommen Meta-Erkenntnis und Empathie zum Einsatz: Sie versuchen die Natur des Problems zu verstehen, Ihre eigenen Gedanken dazu zu analysieren und gründlich zu verstehen, wie andere darüber anders denken könnten.

In den Phasen drei und vier gehen Sie dann von Ihrem Versuch, die gegensätzlichen Modelle zu verstehen, zum Entwurf neuer Modelle über, die Sie kreativ aus den beiden gegensätzlichen Modellen zusammensetzen, um auf diese Weise eine Lösung zu konstruieren, die letztlich beiden überlegen ist. In der dritten Phase heißt es dabei zunächst *die Möglichkeiten erkunden* – fragen, welche Arten von integrativen Lösungen möglich sein könnten. Das ist ein Beschreiten auseinander führender Wege, bei dem Sie eine Reihe verschiedener Lösungen erkunden. Die letzte Phase bedeutet: *die Prototypen beurteilen* – verschiedene mögliche Antworten testen, bevor es weitergeht. Diese letzte Phase dient dazu, eine Lösung hervorzubringen, die nicht nur gedanklich elegant, sondern auch praktisch umsetzbar ist (und umgesetzt wird). Wie Peter Drucker sagte: Solange eine Entscheidung nicht in die Tat umgesetzt ist, »ist sie bestenfalls eine gute Absicht.«[2] Diese beiden Phasen setzen stark auf Kreativität und Empathie – die Zusammenarbeit mit anderen, um neue Lösungen zu entwickeln und sie mit Nutzern zu testen.

Auf den ersten Blick sieht dieser Prozess des integrativen Denkens linear aus. In der Praxis ist er aber nicht ganz so einfach. Denn oft kommen die besten Erkenntnisse erst beim Wiederholen wichtiger Einzelschritte, worauf eine Rückkehr zu früheren Phasen erfolgt, sofern sich nun das Verständnis verändert und vertieft hat. Iteration (Wiederholung) ist ein inhärenter und wichtiger Bestandteil des Prozesses. Einstweilen gehen wir jedoch von einem schrittweisen Voranschreiten durch die Phasen aus und erklären eine nach der anderen.

Phase eins: Die Modelle formulieren

Als Erstes definieren Sie das Problem, vor dem Sie stehen. Hier geht es darum, schnell – und ohne allzu penibel auf sprachliche Feinheiten zu achten – den Prototypen eines Problemberichts herzustellen. Einziges Kriterium ist, dass das Team das Problem für lösenswert erachten muss. Davon ausgehend ermitteln Sie zwei extreme und gegensätzliche Lösungen für das Problem, womit Sie aus einem allgemeinen Problem ein zweiseitiges Dilemma machen.

Um konkreter zu werden, lassen Sie uns hier einmal die Herausforderung betrachten, die uns ein guter Freund geschildert hat, nachdem er zum Leiter Aus- und Weiterbildung bei einem Finanzdienstleistungsunternehmen ernannt worden war. Er war vor einigen Jahren von einem geschäftlichen Bereich in die Personalabteilung gewechselt, hatte aber keinen offiziellen Background im Bereich Aus- und Weiterbildung. Eine der bedeutendsten Herausforderungen, vor denen er stand, war ein Kompetenzgerangel zwischen dem zentralen Ausbildungsteam in New York und den Leitern der einzelnen Regionen und Geschäftszweige. Es war ein laufender Streit darüber, wer bei der Weiterbildungs-Agenda des Unternehmens (und den finanziellen Mitteln dafür) das Sagen haben sollte. Das vorliegende Problem bestand darin, wie sich die Weiterbildung in einem großen multinationalen Konzern effektiver und kooperativer gestalten ließe. Die gegensätzlichen Antworten, die unser Freund ermittelte, lauteten: a) die gesamte Weiterbildung beim Leiter Ausbildung zentralisieren; oder b) die Weiterbildung vollkommen dezentralisieren und die Zuständigkeit auf die einzelnen Funktionen und Regionen übertragen.

Es gibt außer diesen beiden Optionen natürlich noch viele weitere Alternativen, wie sich die Weiterbildung organisieren ließe. Wir haben aber in der Praxis festgestellt: Wenn zwei extreme Alternativen gewählt werden, erfassen diese beiden Ausgangsoptionen naturgemäß meist eine große Zahl dazwischen liegender Alternativen mit (in diesem Fall passen viele Alternativen für das Ausbildungsproblem in ein Spektrum zwischen »alles zentral erledigen« und »alles lokal erledigen«). Wir haben festgestellt, dass die Untersuchung einer grundlegenden Spannung zwischen zwei extremen und gegensätzlichen Optionen in der Regel die besten Informationen für die Entwicklung neuer Möglichkeiten zutage fördert. Daher ist das unser Ausgangspunkt.

Als Nächstes ist wichtig, dass Sie Ihre beiden gegensätzlichen Modelle in einer so hohen Auflösung skizzieren, dass auch ein externer Beobachter das Wesentliche der beiden Ideen verstehen kann. Das heißt, dass Sie sich die Zeit nehmen sollten, in ein paar Sätzen zu erklären, wie jedes der Modelle in der Praxis funktionieren würde; in unserem Beispiel könnte man Zentralisierung so erklären, dass die Entwicklung und inhaltliche Gestaltung der Ausbildungsprogramme komplett in der Zentrale und auf Grundlage der Unternehmensprioritäten erfolgen würde; Dezentralisierung würde bedeuten, dass jede Einheit die Mittel erhält, ihre eigene lokale Ausbildung selbst zu entwickeln oder auszuwählen, wodurch die spezifischen Bedürfnisse angesprochen würden, die sie selbst als am dringendsten empfindet. Diese einfache Beschreibung der Modelle trägt dazu bei, zu gewährleisten, dass das Team über dasselbe redet, in einem Maß von Konkretheit, das hilfreich ist, wenn die Zeit kommt, tiefer in die Modelle einzusteigen.

Wenn die gegensätzlichen Modelle klar sind, erkunden Sie jedes Modell für sich, um zu verstehen, wie das Modell funktioniert, welche Vorteile es mit sich bringt und warum diese Ergebnisse eine Rolle spielen. Für unser Beispiel fassen die Abbildungen 4.2 und

4.3 die wichtigsten Vorteile von Zentralisierung beziehungsweise Dezentralisierung für die wichtigsten Beteiligten an der Entscheidung zusammen. Für die Aufstellung dieser Tabellen schauen Sie tief in die Modelle hinein, um zu verstehen, was sie den wichtigsten Beteiligten zu bieten haben, und damit Sie sehen können, warum jemand die Ergebnisse schätzen könnte, die jedes der Modelle hervorbringt.

So könnten Sie zum Beispiel erkennen, dass eine zentralisierte Personal-Funktion zu geringeren Kosten, stärkerer Kontrolle und größerer Einheitlichkeit führen würde. Sie könnte eine globale Firmenkultur stärken und Personen über Funktionen und Abteilungen hinweg verbinden. Dezentralisierung könnte dagegen zu einer Ausbildung mit genauerer Abstimmung auf die Marktbedürfnisse, besserer Geschäftsleistung auf jedem Markt, höherer Ausführungsgeschwindigkeit und stärkerem Teamzusammenhalt vor Ort führen. Alle diese Ergebnisse sind wertvoll. Wenn Sie sich nur für eines der Modelle entscheiden, geben Sie viele Vorzüge des anderen auf. Sie wollen aber das Beste aus beiden Modellen, und daher gehen Sie jetzt zu Phase zwei über.

Abbildung 4.2: Was bringt Zentralisierung?

Mitarbeiter	Zentrale Personalabteilung	Unternehmen

- Ausbildung auf spezifischen Kontext abgestimmt
  - Zweckentsprechend; leichtere Übertragbarkeit der Fertigkeiten auf Job-Kontext und Einsetzbarkeit
- Schnellerer, einfacherer Zugang zu lokaler Ausbildung
  - Kein Reisen
  - Weniger Unterbrechung
- Networking (Möglichkeit, mit Kollegen bei lokalen Themen eng zusammenzuarbeiten)
  - Gemeinsames Lernen kann Aufnahme des Lernstoffs verbessern
- Können Chance haben, lokale Ausbildung zu leiten (Ausbau persönlicher Fähigkeiten)
	- Möglichkeit, Bedürfnisse einzelner Einheiten effektiver zu erfüllen
	  - Höhere Zufriedenheit auf Ebene der Einheiten
	- Verringerung der Verwaltungsarbeit in der Zentrale ⟶ mehr Zeit, sich auf wichtige strategische Initiativen sowie Weiterbildungsprogramme für Führungskräfte zu konzentrieren
	- Gelegenheit, mit Funktionen und Geschäftseinheiten bei den Trainingszielen zusammenzuarbeiten
	  - Kann Neues lernen und die eigene Arbeit verbessern
	  - Kann engere Verbindungen knüpfen und eigenes Netzwerk aufbauen
		- Flexibilität in puncto Angebot, Termine und Art der Durchführung
		  - Spezielle geschäftliche Erfordernisse schnell erfüllt
		- Kann Kommunikation und Weitervermittlung optimaler Verfahren fördern
		- Kann direkte Kosten pro Programm verringern (Reisen etc.)

Passgenauigkeit: Auf Geschäftszweig und Region abgestimmte Ergebnisse

Abbildung 4.3: Was bringt Dezentralisierung?

Phase zwei: Die Modelle untersuchen

Integratives Denken nutzt die Spannung zwischen Modellen, um etwas Neues zu erschaffen. Nachdem Sie nun die gegensätzlichen Modelle jeweils für sich formuliert haben, besteht der nächste Schritt darin, die Modelle mithilfe einer Reihe von Erkundungs-Fragen gemeinsam zu betrachten und sie dabei ausdrücklich in ihrem Spannungsverhältnis zu halten. Diese Fragen sollen keine Schritt-für-Schritt-Checkliste darstellen, sondern eher eine Reihe von Aufforderungen, ein gehaltvolles Gespräch über die Modelle zu beginnen.

Fragen Sie sich zunächst, *inwiefern sich die Modelle ähneln und unterscheiden.* Ähnlichkeiten: In unserem Beispiel ist Networking ein Vorzug, der sowohl dem zentralisierten als auch dem dezentralisierten Modell eigen ist. Im dezentralisierten Modell besteht dieser Vorzug darin, dass engere Beziehungen zu direkten Kollegen geschaffen werden; bei Zentralisierung lautet der Vorzug, dass Leute aus dem gesamten Unternehmen getroffen werden können. Wie werden die verschiedenen Beteiligten diese unterschiedlichen Vorzüge wohl jeweils gewichten? – Und was die Unterschiede angeht, könnten Sie feststellen, dass es in dem einen Modell Vorzüge gibt, wie etwa die Skalenerträge infolge der Zentralisierung, die in dem entgegengesetzten Modell fehlen. Was sind die Konsequenzen solcher Unterschiede für den weiteren Weg?

Überlegen Sie dann, was Ihnen an den Modellen, so wie sie formuliert sind, *das meiste wert* ist. Die Antwort wird bei den verschiedenen Mitgliedern Ihres Teams unterschiedlich ausfallen. Der eine wird Flexibilität und einheitliche Ausrichtung hoch bewerten; die andere legt Wert auf bessere Geschäftsergebnisse und Skalenerträge. Notieren Sie sich in dieser Phase die unterschiedlichen Präferenzen, damit Sie diese später als Ausgangspunkte für den Entwurf unterschiedlicher möglicher Lösungen verwenden können.

Als Nächstes fangen Sie an, die Modelle, so wie Sie sie formuliert haben, sowie die Vorzüge, die Sie definiert haben, zu hinterfragen. Sie fragen, *was wirklich zur Spannung zwischen den Modellen führt*. Im Beispielfall könnten Sie hier feststellen, dass Zentralisierung den Vorzug einer Einheitlichkeit im Unternehmen ermöglicht, was im Spannungsverhältnis zur Fähigkeit des dezentralen Modells steht, sich speziell um lokale Bedürfnisse zu kümmern. Es ist schwierig, Einheitlichkeit und marktspezifische Lösungen zugleich zu bekommen; jeder Versuch, eine bessere Lösung zu entwerfen, sollte dieses Spannungsverhältnis berücksichtigen.

Sie können auch die *Annahmen* untersuchen, die dem jeweiligen Modell zugrunde liegen. Eine Annahme des dezentralisierten Modells könnte beispielsweise lauten, dass die Mitarbeiter einer Region sich untereinander ähnlicher sind als den Kollegen anderer Regionen. Eine Annahme des zentralisierten Modells könnte darin bestehen, dass sich organisatorische Erfordernisse am besten auf einer globalen Ebene erfassen und erfüllen lassen. Was ist, wenn diese Annahmen nicht zutreffen? Wie würden Sie dann über das Problem denken?

Auch zu den *Ursache-Wirkungs-Beziehungen* der einzelnen Modelle können Sie Fragen stellen. So könnten Sie zum Beispiel die Beziehung zwischen Autonomie und Lernen untersuchen. Sie könnten sich fragen, wie lokale Entscheidungen das Umsetzungstempo erhöhen können. Sie könnten aufzeichnen, wie jedes Modell Lernergebnisse produziert. Indem Sie sich in diese Beziehungen vertiefen, können Sie beginnen, die Wirkungen neuer Modelle vorwegzunehmen.

All diese Fragen zielen darauf ab, tiefer in die Funktionsweise der Modelle einzudringen, herauszufinden, wo sie versagen, zu ermitteln, wie sie anders verstanden werden könnten. Diese Fragen können auch dazu beitragen, dass Sie an den Modellen diejenigen Aspekte verstehen, auf die Sie beim künftigen Entwurf neuer Lösungen nicht verzichten möchten.

Phase drei: Die Möglichkeiten erkunden

Die dritte Phase des integrativen Denkprozesses signalisiert einen Wechsel. Nachdem die Modelle definiert und untersucht sind, versuchen Sie nun, sie durch eine neue, überlegene Lösung zu integrieren. Eine Möglichkeit, diese Phase anzugehen, besteht darin, dass Sie über Ihre eigenen Gedanken nachdenken und sich einfach fragen: Wie könnte ich diejenigen Komponenten der Modelle, auf die ich am meisten Wert lege, zu einem neuen Modell zusammensetzen, das mein Problem besser löst? Wie könnte das aussehen? Unser Ausbildungsleiter zum Beispiel könnte sich fragen: Wie könnte ich ein Ausbildungsmodell schaffen, das sowohl flexibel als auch einheitlich ist?

Es ist keine einfache Aufgabe, die Möglichkeiten zu erkunden; es erfordert Kreativität, Verständnis und auch ein bisschen Glück. Wenn sich keine Antworten einstellen wollen oder die Zeit drängt, können Sie sich die Aufgabe zum Glück ein wenig erleichtern, indem Sie den folgenden drei Leitfragen nachgehen:

1. Wie könnten wir zu einem neuen Modell gelangen, indem wir je einen Baustein der beiden gegensätzlichen Modelle nehmen und auf den Rest verzichten?
   Hier ermitteln Sie eine wertvolle Komponente jedes Modells (zum Beispiel »Inhalt auf den Kontext abgestimmt« bei Dezentralisierung und »Skalenerträge« bei Zentralisierung) und fragen sich, wie Sie diese Elemente auf eine neue und interessante Weise produktiv kombinieren könnten, während Sie den Rest der Ausgangsmodelle weglassen. Könnte zum Beispiel ein Online-Modell sowohl die Kosten niedrig halten als auch leicht auf den jeweiligen Kontext abgestimmt werden?

2. Unter welchen Umständen könnte eine stark ausgebaute Version des einen Modells möglicherweise entscheidende Vorzüge des anderen Modells miterzeugen?
   Stellen Sie sich vor, wie Sie das eine Modell so erweitern könnten, dass es einen wichtigen Vorzug des entgegengesetzten Modells miterfassen würde. Vielleicht legen Sie ja besonders großen Wert auf die kulturstärkende Wirkung der Zentralisierung; wie könnten Sie dann das dezentrale Modell so erweitern, dass es beginnt, etwas für die Unternehmenskultur Wichtiges zu stärken? Könnte zum Beispiel ein hoch dezentralisiertes Modell dazu beitragen, dass eine Kultur der individuellen Autonomie entsteht und gestärkt wird?

3. Wie könnte das Problem auf eine Weise neu zerlegt werden, dass auf diese Einzelteile jeweils eines der Modelle im Ganzen angewendet werden könnte?
   In diesem Fall erkunden Sie, wie Sie über das Problem an sich anders denken könnten, und zerlegen es entlang einer sinnvollen Bruchkante, sodass Sie die beiden entgegengesetzten Modelle jeweils auf eine Hälfte anwenden können. So könnten Sie das Ausbildungsproblem zum Beispiel zerlegen in verschiedene Aufgabenbereiche (lassen sich etwa Konzeption und Durchführung der Ausbildung so trennen, dass man jeweils das Beste aus einem zentralen Konzept und einer dezentralen Ausführung erhält?) oder in verschiedene zeitliche Bereiche (ist Weiterbildung früh in der Karriere etwas anderes als später? Sind neue Programme etwas anderes als etablierte?).

Ein Team ist dann bereit, von Phase drei zur nächsten überzugehen, wenn es sich ernsthaft bemüht hat, sich durch diese drei Fragen hindurchzuarbeiten, und mehrere Möglichkeiten gefunden hat, die nach Ansicht der Gruppe das Potenzial haben, mehr Wert zu erzeugen als jedes der ursprünglichen gegensätzlichen Modelle.

Phase vier: Die Prototypen beurteilen

Die abschließende Phase des integrativen Prozesses besteht darin, dass Sie Ihre Prototyp-Lösungen testen, um sie dann entweder zu verwerfen oder auszubauen. Die einfachste Methodik für den Test von Prototypen besteht darin, die jeweiligen Ideen – so klar und konkret wie möglich – Kunden vorzulegen. In unserem Ausbildungs-Beispiel waren die Kunden Mitarbeiter, und das Ausbildungsteam holte sich tatsächlich Mitarbeiter in seine Ideenwerkstatt, damit sie Feedback gaben. Die grob ausgeführten Prototypen der Lösungen wurden dabei via Storyboard und Rollenspiel vorgestellt.

Aber ganz gleich wie Ihre Testmethoden auch aussehen, Ihr Ziel besteht immer darin, dass die in dieser Phase entworfenen Tests Ihnen erkennen helfen, wie gut jede der Möglichkeiten in der Praxis funktionieren würde und wie effektiv jede der Möglichkeiten Ihr Problem lösen könnte. Im Falle des Ausbildungs-Beispiels könnten Sie, neben früh anberaumten Sitzungen für gemeinsame Entwicklung und Feedback, ein Pilotprogramm zur Ausbilder-Ausbildung entwerfen, Modellrechnungen für die Kosten der verschiedenen Möglichkeiten vornehmen und Sekundärforschung zu Lernergebnissen unter verschiedenen Durchführungsmodellen erkunden.

Am Ende des Prototypen-Test-Prozesses schauen Sie sich dann die ermittelte Analyse an und setzen davon ausgehend auf eine der Möglichkeiten, auf deren konkrete Umsetzung Sie anschließend hinarbeiten. Das ist der Moment eines Management-Urteils, bei dem Ihr Team die Testergebnisse gewichten, Risiken und Wahrscheinlichkeiten einschätzen und eine Entscheidung über das weitere Vorgehen treffen muss. Das Team wird niemals sicher wissen, ob die gewählte Möglichkeit auch so funktionieren wird wie prognostiziert, aber die vierte Phase soll dabei helfen, die kollektive Zuversicht zu stärken und die Wahrscheinlichkeit zu erhöhen, dass die gewählte Möglichkeit auch umgesetzt wird. Das Ziel besteht jetzt darin, einen echten und wohlüberlegten Konsens zu erzielen.

Der Entscheidungsprozess

Zusammen sind das die vier Phasen, aus denen der Prozess des integrativen Denkens besteht: gegensätzliche Möglichkeiten zur Lösung eines belastenden Problems formulieren; sich in diese gegensätzlichen Modelle vertiefen, um sie gründlich zu verstehen; versuchen, das Spannungsverhältnis zwischen den gegensätzlichen Modellen zu lösen, indem neue Modelle geschaffen werden, die einerseits Elemente der

Ausgangs-Alternativen enthalten, andererseits aber beiden überlegen sind; und die potenziellen neuen Lösungen testen, um Zuversicht und Begeisterung für das weitere Vorgehen zu wecken.

In den folgenden vier Kapiteln steigen wir tiefer in jede der vier Phasen des integrativen Denkens ein und präsentieren Ihnen dabei auch persönliche Geschichten und Beispiele von Studenten, Freunden und Kollegen, die illustrieren sollen, wie jede Phase in der Praxis aussehen kann. Wenn Sie sich selbst durch diesen Prozess hindurcharbeiten, sollten Sie immer im Kopf behalten, dass er als Daumenregel für integratives Denken gedacht ist, nicht aber als todsicheres Rezept. Überlegt angewandt, gibt Ihnen diese Methodik aber eine reelle Chance, herausfordernde Probleme zu lösen und gute Entscheidungen hervorzubringen. Letztlich besteht das Ziel darin, etwas zu finden, was David Taylor, CEO von P&G, oft bezeichnet als: »der dritte und bessere Weg« – eine Lösung, mit der Sie eine Wahl treffen, die den anfangs gesehenen Entscheidungsmöglichkeiten weit überlegen ist.

Kapitel 5: Gegensätzliche Modelle formulieren

Anfang 2013 wurde Jennifer gebeten, im Rahmen eines Fortgeschrittenen-Programms für Führungskräfte im Gesundheitswesen zu unterrichten. Es war eine Last-Minute-Anfrage und sie war eine Spur nervös. Es war das erste Mal, dass sie unser Material zum Thema integratives Denken auf den Bereich Gesundheitswesen anwenden sollte, und sie hatte die Befürchtung, dass unsere typischen Beispiele aus dem Wirtschaftsleben bei den Ärzten, Krankenschwestern und sonstigen Teilnehmern dieses Kurses nicht verfangen könnten. Sie suchte daher Rat bei unserer Freundin Melanie Carr, einer Psychiaterin, die schon früh zu unseren wichtigen Mitarbeitern an der Theorie des integrativen Denkens gezählt hatte. Carr hatte mit Erfolg ein paar Jahre lang in ähnlichen Programmen des Gesundheitswesens unterrichtet, und ihr Rat war eindeutig: Vermeide auf jeden Fall Beispiele aus der Unternehmenswelt und beziehe die Übungen so weit wie möglich auf den Kontext Gesundheitswesen! Sie schlug sogar ein Übungsthema vor: Impfungen.

Für die meisten von uns stellen Impfungen einen der größten medizinischen Fortschritte des letzten Jahrhunderts dar. Bei Amerikanern, die zwischen 1994 und 2013 geboren sind, werden Impfungen schätzungsweise 322 Millionen Krankheitsfälle, 21 Millionen Krankenhausaufenthalte und über 700 000 frühe Todesfälle verhindern.[1] Einst hatten bis zu vier Millionen Menschen pro Jahr die Masern bekommen. Dank der Einführung eines wirksamen Impfstoffs im Jahr 1963 sowie Jahrzehnten intensiver Arbeit der im Gesundheitswesen Tätigen konnten die Centers for Disease Control and Prevention (CDC) im Jahr 2000 erklären, dass die Krankheit ausgerottet sei.

Aber halt, nicht so schnell! Kurz vor dieser Erklärung hatte Andrew Wakefield in der medizinischen Fachzeitschrift *Lancet* einen Artikel veröffentlicht, der den Impfstoff gegen Masern, Mumps und Röteln (MMR) mit Autismus in Verbindung brachte.[2] Auch wenn der Artikel später gründlich diskreditiert und Wakefield vom Ausüben der medizinischen Tätigkeit ausgeschlossen wurde, hatte er doch ausgereicht, um einer aufkommenden Anti-Impf-Bewegung Auftrieb zu geben. In den Jahren danach ist die Anti-Impf-Bewegung dramatisch gewachsen, zumal Anhänger wie Robert Kennedy oder Jenny McCarthy die Sicherheit von Impfstoffen im Allgemeinen und des MMR-Impfstoffs im Besonderen öffentlich infrage stellten.

Die Folgen – Eltern, die ihre Kinder nicht impfen lassen – sind besorgniserregend, auch wenn die absoluten Zahlen gering erscheinen. In den USA als Ganzes bleibt die MMR-Impfrate zwar bei über 90 Prozent, in 17 Bundesstaaten aber fiel sie unter die Marke von 90 Prozent, mit der eine *Herdenimmunität* erreicht wird (die Rate, bei der so viele Menschen geimpft sind, dass die gesamte Gemeinschaft vor Krankheitsausbrüchen geschützt ist, einschließlich Personen, die zu jung oder zu krank zum Impfen sind).[3] Interessanterweise sind niedrige Impfraten breit gestreut, einschließlich privilegierter Gegenden; so sind nur 84 Prozent der Kinder im reichen Marin County (Kalifornien) beim Eintritt in den Kindergarten vollständig geimpft.[4] Die ölreiche Provinz Alberta/ Kanada hat bei Masern eine Immunisierungsrate von etwas unter 86 Prozent.[5] In beiden Regionen ist es in den letzten Jahren zum Ausbruch von Masern gekommen. Angesichts der Anti-Impf-Bewegung erleben die Masern ein Comeback.

All dieser Kontext überzeugte Jennifer, dass dies ein interessantes Thema für eine Untersuchung gegensätzlicher Modelle wäre, und so verkündete sie in einem Raum voller Gesundheitspraktiker unbekümmert, Thema dieses Nachmittags werde die Impfdebatte. Es trat eine Pause ein, dann dröhnte eine Stimme aus dem Hintergrund: »Entschuldigen Sie bitte, aber übers Impfen gibt es keine Debatte!« Kopfnicken, zustimmendes Gemurmel.

Aber dann meldete sich doch ein Teilnehmer tapfer zu Wort: »Ja, aber gibt es die nicht vielleicht doch? Ich meine, wir tun zwar so, als gäbe es da keine Debatte, und medizinisch gesehen ist das ja auch völlig richtig. Aber warum lassen dann immer weniger Eltern ihre Kinder impfen? Vielleicht müssen wir einfach zugeben, dass es da doch eine Debatte gibt. Und dass wir dabei sind, sie zu verlieren.« Zwei Jahrzehnte lang hatte die medizinische Gemeinde eine wissenschaftliche Tatsache nach der anderen zugunsten des Impfens präsentiert. Sie hatte Menschen, die ihre Kinder nicht impfen lassen, geradezu verteufelt. Und trotzdem hatte sich die Anti-Impf-Bewegung auf die Hinterbeine gestellt und war sogar gewachsen. Vielleicht, so stimmte die Gruppe schließlich zu, wäre es ja an der Zeit für ein anderes Vorgehen. Um diejenigen beeinflussen zu können, die sich dem Impfen verweigern, so beschlossen sie, könnte es immerhin sein, dass die medizinische Gemeinde das Welt-Modell der Anti-Impf-Bewegung zumindest gründlich verstehen sollte.

Gegensätzliche Modelle zu verstehen – auch und vielleicht besonders solche, die uns zutiefst beunruhigen – ist das, worum es in der ersten Phase des integrativen Denkprozesses geht. Es beginnt mit einer Definition des Problems, dann folgt eine Ermittlung zweier gegensätzlicher Modelle, die das Problem lösen könnten, und schließlich wird untersucht, wie jedes dieser gegensätzlichen Modelle funktioniert, mit dem Ziel, zu einer Formulierung des jeweils wichtigsten Werts zu gelangen, den die beiden Modelle erbringen können. Und die Absicht ist dabei nicht, die Auswahl zwischen den gegensätzlichen Modellen zu erleichtern, sondern vielmehr mithilfe dieser gegensätzlichen Modelle das Hervorbringen einer guten neuen Entscheidungsalternative zu ermöglichen.

Diese erste Phase kann ziemlich hart sein, wie das Impf-Beispiel illustriert. Das Problem bei gegensätzlichen Modellen ist, dass manchmal nur eines überhaupt als mögliche richtige Lösung erscheint. Für die Leute aus dem Gesundheitsbereich lautete diese richtige Lösung Impfen. Eltern, die sich für das Recht aussprechen, selbst zu entscheiden, ob ihre Kinder geimpft werden sollen oder nicht (oder in welchem Umfang oder nach welchem Zeitplan), werden als wissenschaftsfeindlich, verantwortungslos, unlogisch und unmoralisch bezeichnet. Angesichts dessen, was Sie bereits über kognitive Vorurteile gelernt haben, dürfte es Sie nicht überraschen, dass die Anhänger der

Anti-Impf-Bewegung diese Beurteilung von sich weisen und sich weigern, auf diejenigen zu hören, die sie auf diese Weise charakterisiert haben.

Erinnern Sie sich an die weiter oben zitierte Studie, der zufolge ein Präsentieren von Belegen für das Gegenteil bei stark überzeugten Menschen tatsächlich ein Beharren auf ihrer ursprünglichen Überzeugung bewirkt, statt ihre Meinung zu ändern. Eltern, die sich wegen des Impfens Sorgen machen, wissenschaftliche Fakten an den Kopf zu werfen, hatte genau diesen Effekt erzielt. Dass das medizinische Establishment das auch weiterhin tut – wiederholt und auf die immer gleiche Weise –, ist ein Mangel an Empathie. So wie es viele von uns in einer ähnlichen Situation vielleicht selbst auch tun würden, fahren sie fort, anderen aufzuzwingen, was sie selbst für überzeugende Beweise halten, und somit auch ihre eigenen Modelle, ohne zu überlegen, was andere glauben und warum. Ein solches Vorgehen wird höchstwahrscheinlich nie andere Ergebnisse produzieren als die bisher produzierten.

Überwinden Sie Charakterisierungen wie »dumm« und »böse«

Ein blindes Losschimpfen auf jene, die anderen Modellen folgen, gibt es auch in anderen Kontexten, etwa in Politik und Wirtschaft. Da betrachten etwa in der Politik die Bürgerlichen die Linken gern als hoffnungslos naiv, weil sie Pläne für Ansprüche entwerfen, die sich das Land überhaupt nicht leisten könne. Und die Linken betrachten die Bürgerlichen typischerweise als herzlos und egoistisch, einzig an Geld und nicht an Menschen interessiert. Solche Charakterisierungen sind nicht so furchtbar weit entfernt von »dumm« (für Linke) und »böse« (für Bürgerliche).

Ein ähnliches Spannungsverhältnis hat Jonathan Haidt in seinem Buch über den Kapitalismus ausgemacht. Er sagt, in der Ökonomie finde eine offene Feldschlacht zwischen zwei gegensätzlichen Sichtweisen statt: Die eine Seite des Spektrums betrachte den Kapitalismus als Ausbeutung, die andere Seite als Befreiung.[6] Die eine Seite sagt, wir brauchen eine starke Hand, um die schlimmsten Auswirkungen freier Märkte zu verhindern; die andere Seite sagt, wir seien am besten dran, wenn wir die Märkte so agieren lassen, wie sie wollen. Haidt dagegen meint, wir brauchen eine neue Sichtweise, die diese beiden sich bekämpfenden ersetzt. Denn was wäre das natürliche Ergebnis der Grundspannung, die in den bestehenden Sichtweisen angelegt ist, wenn keine integrierte, alternative Sichtweise geschaffen wird? Politische Blockade, eine größer werdende Kluft zwischen Links und Rechts und das Ende eines gehaltvollen Dialogs über das politische Spektrum hinweg. Wir reden dann schließlich nur noch mit jenen, die ohnehin unserer Meinung sind, und brechen den Kontakt zur anderen Seite ab. Das ist dann schlichter Pragmatismus. Warum jemandem zuhören, der ohnehin unrecht hat? Was soll das bringen?

Wie sich zeigt, könnte das eine ganze Menge bringen. Wenn wir nur denjenigen zuhören, die mit uns einer Meinung sind, verfestigen sich unsere bestehenden Ansichten, wir werden blind für Fehler in unserem eigenen Denken, und die Kreativität unseres Denkens wird beschränkt. Und es kann auch negative Auswirkungen auf persönliche und betriebliche Leistungen in der wirklichen Welt haben. Forscher haben in einer Studie ermittelt, dass CEOs sich gern übermäßig auf den Rat von Managern verlassen, mit denen sie den gleichen funktionalen Background, Freundschaftsbande oder die Zugehörigkeit zur gleichen Branche teilen, und das besonders, wenn ihr Unternehmen schlecht läuft. Je mehr solche Führungskräfte aber den Rat Gleichgesinnter suchen, desto unwahrscheinlicher wird es, dass sie die Strategie der Firma ändern werden, trotz schlechter Ergebnisse. »Es scheint«, so schreiben die Autoren, »dass bei schlecht laufenden Firmen letztlich die Wahrscheinlichkeit für Verbesserungen sinkt und die Wahrscheinlichkeit von Verschlechterungen steigt, wenn die CEOs Rat bei Managern anderer Firmen suchen.«[7]

Das ist keine Überraschung. Freunde und Kollegen mit ähnlichem Background werden uns meist zustimmen. Das ist ein Beispiel für *Gruppendenken;* dabei erreicht eine Gruppe ihre Konsensentscheidung ohne eine kritische Prüfung alternativer Standpunkte, ja abweichende Standpunkte werden oft aktiv unterdrückt. Studien zeigen, dass es zu Gruppendenken meist dann kommt, wenn eine Gruppe homogen und gegen eine Außenperspektive abgeschirmt ist. Denken Sie einmal über diese Bedingungen nach, und denken Sie dann an die meisten Vorstandsbüros von Unternehmen und die meisten Führungsteams; wie viel Diversität in Kontext, Erfahrung und Perspektive ist da wohl zu finden? Und wie stark zielen Diskussionsprozesse hier wohl darauf ab, Meinungsverschiedenheiten aufzudecken? Praktisch gar nicht. Nach unserer Erfahrung bedeutet das Konsensstreben in den meisten Vorstandsbüros, dass sich der Vorstand rasch um eine Mehrheitsmeinung versammelt. Ein Zyniker könnte auch sagen, in solchen Büros finde recht wenig Denken statt.

Im Gegensatz dazu bringt uns die Konfrontation mit Minderheitenmeinungen, wie Charlan Nemeth feststellte, dazu, schärfer nachzudenken. »Wer Minderheitenmeinungen ausgesetzt ist, wird stimuliert, auf eine größere Zahl von Aspekten der Situation zu achten, denkt auf stärker voneinander abweichenden Bahnen und entdeckt mit höherer Wahrscheinlichkeit neuartige Lösungen oder gelangt zu neuen Entscheidungen«, schrieb sie.[8] Das gilt sogar dann, wenn, wie im Fall der Impfungen, die Minderheitsmeinung nach den meisten Standards »unzutreffend« ist. Wie Adam Grant es in seinem Buch *Originals* (Im Deutschen erschienen unter dem Titel: *Nonkonformisten: Warum Originalität die Welt bewegt*) ausdrückt: »Abweichende Meinungen sind nützlich, selbst wenn sie falsch sind.«[9]

Wieder zurück zu unseren Gesundheits-Praktikern: Jennifer bat die Gruppe, sich einmal eingehend gegensätzliche Modelle für das Impfen anzusehen. Auf der einen Seite stand hier ein Modell, in dem Impfungen vollständig von der Regierung angeordnet werden. (Kanada hat ein öffentlich finanziertes Gesundheitssystem, daher ist dieses Verfahren nicht weit entfernt vom gegenwärtig praktizierten Modell.) In diesem System ordnen die Entscheidungsträger des öffentlichen Systems eine Reihe und Abfolge von Impfungen für alle Kinder an, und die Eltern haben keine andere Wahl, als sich zu fügen. (Zum Beispiel werden ungeimpfte Kinder nicht an öffentlichen Schulen zugelassen, und den Eltern droht eine Reihe von Strafen.) Auf der anderen Seite stand ein Modell, bei dem keinerlei Impfungen angeordnet werden und alle Impfentscheidungen den Eltern überlassen bleiben.

Mit diesem zweiten Modell fühlten sich die Gesundheitsbediensteten äußerst unbehaglich. Aber nachdem sie eine Weile damit gekämpft hatten, konnten sie am Modell der Elternentscheidung schließlich doch ein paar wichtige potenzielle Vorzüge erkennen. (Das Modell der Elternentscheidung berücksichtigt beispielsweise, dass letztlich die Eltern die Hauptverantwortlichen für das Wohl des Kindes sind. Bei einem solchen Modell würden die im Gesundheitswesen Tätigen sich stärker um skeptische Eltern bemühen und neue Möglichkeiten zur Einflussnahme finden müssen, da es ja keine Pflicht mehr gäbe.) Am Ende der Diskussion war die Gruppe sich zumindest einig, dass ein tieferes Verständnis des Modells der Elternentscheidung dazu beitragen könnte, die Art und Weise zu verändern, wie wir gegenüber der breiten Öffentlichkeit über Impfungen reden, und den Anti-Impf-Trend umzukehren.

> **Versuchen Sie einmal Folgendes:**
>
> Wer sind in Ihrem Unternehmen die Leute, die völlig anders denken als Sie? Wer sind die Leute, die möglicherweise ganz gegensätzlichen Modellen folgen als Sie? Wer sind die hilfreichen, wenn auch leicht naiven Außenseiter, die die Welt von einem völlig anderen Standpunkt betrachten? Wenn Sie das nächste Mal mit einer Entscheidung zu kämpfen haben, sollten Sie einen von diesen Leuten bitten, sie zusammen mit Ihnen zu durchdenken. Fragen Sie: »Was sehen Sie, was ich nicht sehe?« Oder bitten Sie die Person, sich zusammen mit Ihrem Team dem Problemlösungsprozess anzuschließen. Wir bevorzugen hier in der Regel Fachwissen und die Insider-Perspektive. Dieses Verfahren stößt jedoch dann an seine Grenzen, wenn wir nur noch diese eine Perspektive sehen. Außenseiter können oft implizite Annahmen und geistige Modelle zum Vorschein bringen, die die Experten innerhalb der Gruppe nicht sehen.

Um abweichende Meinungen zum Vorschein zu bringen und zu untersuchen, brauchen wir Grundregeln, die es in der Gruppe jedem ermöglichen, das Problem zu diskutieren, unabhängig von der jeweiligen Perspektive auf die vorhandenen Modelle. Den Leuten einfach nur zu sagen, dass sie einen produktiven Dialog führen sollen, ist nicht genug. Ohne brauchbare Werkzeuge dafür fällt diese Aufforderung in die gleiche Kategorie unausführbarer Ratschläge wie etwa: »Wachs doch noch ein Stück!« Das würden wir ja gern, wenn wir nur könnten! Das ist der Punkt, an dem der integrative Denkprozess ins Spiel kommt.

Hier, zu Beginn des Prozesses, begeben Sie sich daran, über ein vorliegendes Problem anders zu denken. In dieser Phase unternehmen Sie folgende Schritte:
1. Definieren Sie das Problem.
2. Ermitteln Sie zwei extreme und gegensätzliche Lösungen für das Problem.

3. Skizzieren Sie die gegensätzlichen Ideen.
4. Stellen Sie dar, wie die beiden Modelle funktionieren.

Jeder dieser Schritte ist wichtig für den sozialen Prozess des Problemlösens und für das Nutzen unterschiedlicher Perspektiven, um überlegene Lösungen hervorzubringen. Alles beginnt mit der Definition des Problems.

Definieren Sie das Problem

Als er 1938 seine *Theorie des Forschung* schrieb, bemerkte John Dewey: »Eine bekannte und gehaltvolle Redensart besagt, dass ein Problem, das gut gestellt ist, schon halb gelöst sei ... Ohne ein Problem erfolgt nur blindes Herumtappen im Dunkeln.«[10] Dem stimmen wir zu. Ohne eine zumindest provisorische Einigung, worin das zu lösende Problem besteht, kommt es in Gruppen in der Regel nur zu Streit und nicht zu Fortschritten. Man beißt sich an Symptomen und Einzelbeiträgen fest, klagt, die Welt sei zu komplex, und unterteilt das Problem dann in kleine, leichter zu handhabende Abschnitte. Wie A. G. Lafley gern sagt, schafft diese Gruppe es nicht, die Realität in den Griff zu kriegen.

Beim integrativen Denken steht am Beginn die Suche nach einer einfachen Formulierung, das Setzen eines Rahmens für ein lösenswertes Problem. Ein lösenswertes Problem ist ein Problem, das von Bedeutung ist. Es ist ein Problem, das für die mit der Lösung betrauten Personen wichtig ist. Es muss sich dabei nicht um ein Problem mit weltbewegenden Konsequenzen handeln und auch um keines, vor dem nur die CEOs von *Fortune*-500-Unternehmen stehen.

Hier ein Beispiel für die Problemformulierung einer Gruppe von Studenten, die den Verwalter eines Gemeinschaftsgartens berieten. Dem Verwalter war aufgefallen, dass Obst außer der Reihe gepflückt wurde. Das war zwar keine furchtbar große Sache, aber es störte ihn doch, weil es die Vermutung nahelegte, dass Mitglieder der Gemeinschaft nach Feierabend in den Garten gingen und sich selbst bedienten. Wenn das stimmte, stellte sich die heikle Frage, wie man darauf reagieren sollte. Würde er den Zugang beschränken, würde damit das Gefühl gemeinschaftlichen Eigentums und gemeinsamer Verantwortung vermindert. Würde er aber nichts tun, würde er damit Schnorrer auf Kosten derjenigen belohnen, die ihre Zeit und Energie für den Garten opferten. Wenn man sich der Situation nicht annahm, könnte es letztlich zu Misstrauen und Störungen kommen, bis schließlich das ganze Projekt aufgegeben werden müsste.

Wie also sollte der Verwalter über das Eigentum am und den Zugang zum Garten denken, um die Chancen für den langfristigen Erfolg des Projekts zu verbessern? Dieses Problem war für die Studenten und den Manager eines, das sich zu lösen lohnte.

Bei der Formulierung des Problems geht es darum, eine kurze Aussage zu finden, die das Wesentliche an dem zu lösenden Problem erfasst. Beißen Sie sich nicht daran fest, die perfekt richtigen Worte zu finden; Sie können die Problemformulierung bei Bedarf später immer noch verfeinern. Konzentrieren Sie sich an dieser Stelle erst einmal darauf, zu gewährleisten, dass Ihr Team ein gemeinsames vorläufiges Verständnis des Problems sowie den gemeinsamen Willen hat, es zu lösen. Feilen Sie also nicht an Formulierungen; überlegen Sie stattdessen lieber, ob Sie nicht vielleicht eine wunderbar hilfreiche Formulierung aus dem Design Thinking übernehmen wollen. Versuchen Sie Ihre Problemformulierung wie folgt zu beginnen: »Wie könnten wir …?« Min Basadur, der zur Verbreitung dieser Formulierung beitrug, sagt: »Die Leute beginnen vielleicht mit der Frage ›Wie können wir das schaffen?‹ oder ›Wie sollten wir das machen?‹ … Aber sobald man Wörter wie können oder sollen benutzt, ist darin ein Urteil enthalten: ›Können wir das wirklich schaffen? Und sollten wir das machen?‹« Wenn Sie dagegen das Wort *könnten* statt *können* oder *sollten* verwenden, »schieben Sie das Urteil erst einmal auf, und das hilft den Leuten, ihre Optionen viel freier vorzutragen, und es eröffnet viel mehr Möglichkeiten«, wie er sagt.[11]

Ihr Problem sollte also so formuliert sein, dass es den Leuten dabei hilft, sich vorzustellen, dass eine Lösung möglich sein *könnte*. Wie könnten wir also zum Beispiel ein Modell für das Betreiben eines Gemeinschaftsgartens entwickeln, das die Existenz dieses Gartens langfristig sichert? Wenn Sie eine Frage dieser Art im Kopf haben, können Sie dazu übergehen, sich mit gegensätzlichen Modellen zu befassen.

> **Versuchen Sie einmal Folgendes:**
>
> Was sind die Dilemmas, vor denen Sie in Ihrem Unternehmen, Ihrem Job, Ihrem Leben stehen? Bei welchen Kompromissen wünschen Sie sich oft, es würde eine bessere Lösung geben? Stellen Sie Ihre Liste lösenswerter Probleme auf.

Ermitteln Sie zwei extreme und gegensätzliche Modelle

Als wir anfingen, integratives Denken zu lehren, sahen wir darin ein Werkzeug, das sich in Situationen verwenden lässt, in denen man vor einen schwierigen Kompromiss gestellt wird: eine klare, aber unattraktive Entweder-oder-Entscheidung. In dieser Form stellten wir es dar, weil wir fast immer die Schilderung eines nicht praktikablen Entweder-oder-Dilemmas gehört hatten, wenn wir höchst erfolgreiche Führungskräfte darum gebeten hatten, uns ihre schwierigsten Entscheidungen mitzuteilen. Als A. G. Lafley CEO wurde, konnte er entweder kurzfristig die Finanzen von P&G sanieren oder aber in Innovationen investieren, um langfristig Erfolge zu erzielen. Als Isadore Sharp Four Seasons gründete, konnte er entweder kleine, freundliche, aber wirtschaftlich schwache Motels bauen oder aber große, luxuriöse Tagungshotels, die zwar finanziell tragfähig wären, jedoch kalt und unpersönlich für die Gäste. Bob Young konnte bei Red Hat entweder das Modell einer freien Software wählen oder das Eigentumsmodell. Basierend auf diesen Interviews lehrten wir integratives Denken jahrelang als ein

Werkzeug, das verwendet werden könne, wenn das Leben uns vor eine solche schwierige Entweder-oder-Situation stellt.

Dabei erkannten wir, dass es einen sehr leistungsfähigen Weg zu einer Lösung darstellt, wenn man zunächst mit einem abstrakten Problem beginnt (Wie sollte ich über das richtige Maß an Investitionen in Innovationen denken? Was ist das richtige Geschäftsmodell für meine Hotels? Was für eine Art von Software-Unternehmen will ich aufbauen?) und dann hier zu einer klaren Wahlentscheidung zwischen zwei gegensätzlichen Modellen übergeht, ganz gleich, ob die abschließende Entscheidung von Anfang an klar ist oder nicht. Diese Erkenntnis veranlasste uns zu fragen: Was wäre, wenn die Welt unsere integrativen Denker in Wirklichkeit gar nicht vor eine Entweder-oder-Entscheidung gestellt hat? Was wäre, wenn die Welt ihnen stattdessen nur ein unerfreuliches Problem geliefert hätte und sie dieses Problem dann instinktiv selbst in eine Entweder-oder-Wahlentscheidung konvertiert haben, weil das einen Weg darstellte, auf dem sie effektiver über das Problem nachdenken konnten? Wenn das der Fall wäre, dann könnten wir Menschen, die lernen, schwierige Probleme zu lösen, so etwas ja vielleicht auch beibringen.

Wie könnte das aussehen? Denken Sie zum Beispiel an eine Verkaufsleiterin, der wir in einem Executive-MBA-Kurs begegnet sind. Sie arbeitete für ein Maschendraht-Vertriebsunternehmen. Dieses hatte kürzlich einen Konkurrenten aufgekauft und kämpfte nun mit der Integration der beiden Firmen. Ein besonders kompliziertes Problem war die Frage, wie das Verkaufsteam aufgestellt werden sollte. Eines der Unternehmen hatte ein großes Direktvertriebsteam, während das andere sich traditionell auf Großhändler stützte, die an die Endverbraucher weiterverkauften. Nach der Fusion musste das Verkäuferteam integriert werden, aber wie machte man das am besten? Die Debatte hatte nun schon Monate getobt, ohne dass man dadurch der Lösung viel nähergekommen wäre. Die Verkaufsleiterin befürchtete, das Unternehmen werden noch viel mehr Zeit darauf verwenden, über das Problem zu reden, und dabei optimale Verfahren studieren, Umfragen bei Beteiligten machen, über Zahlen brüten, ohne dadurch größere Sicherheit zu gewinnen, was nun der beste Weg wäre. Um das zu vermeiden, bat sie ihr Team nun, von einer allgemeinen Erörterung des Problems (wir müssen diese beiden Verkaufsteams integrieren) zu einer klaren Formulierung zweier gegensätzlicher Modelle überzugehen, die das Problem lösen könnten (wir müssen entweder auf Direktvertrieb setzen oder über die Händler gehen). Und dann forderte sie die Teammitglieder auf, sich im weiteren Verlauf auf die zwei extremen Versionen des Verkaufsmodells zu konzentrieren: ein komplettes Direktvertriebs-Modell und ein Nur-Händler-Modell. In seiner vorläufigen Formulierung lautete das Problem nun: Wie könnten wir ein integriertes Verkaufsmodell schaffen, das die besten Elemente des reinen Direktvertriebs-Modells und des Nur-Händler-Modells enthält? Nachdem das Problem so formuliert war, konnte das Team die Wahlmöglichkeiten produktiv analysieren und kam auch bald zu einer Lösung: Ein kleines, konzentriertes Direktvertriebsteam sollte die Händler als Kunden behandeln und dieses stark vergrößerte Händlernetz ausbilden und unterstützen, damit die Händler viel besser aufgestellt wären, um die Endverbraucher zu bedienen.

Warum mit zwei extremen und gegensätzlichen Modellen beginnen? In erster Linie starten wir mit zwei Modellen, weil das viel besser ist als nur ein Modell. Wenn man ein Problem in eine zweiseitige Wahlmöglichkeit übersetzt, erhöht das die emotionale Temperatur und verleiht dem Gruppenprozess Schwung. Auf beiden Seiten bilden sich dann Fraktionen, die mit den Konsequenzen ihrer Entscheidung kämpfen. Man möchte hier wie Alfred Sloan Meinungsverschiedenheiten nutzen, um das wirkliche Problem und die möglichen Lösungen zu verstehen. Eine Untersuchung von mehr als nur einem Modell bietet außerdem eine Absicherung gegen Bestätigungsfehler, Gruppendenken und eine zu frühe Festlegung auf eine bestimmte Antwort.

Mit zwei Modellen zu beginnen, ist also besser, als nur mit einem zu beginnen, aber es ist auch besser, als mit zehn Modellen zu beginnen. Der Versuch, zehn Modelle in der Tiefe zu verstehen, wäre eine nahezu überfordernde Aufgabe. Die Beschränkung auf zwei Modelle liefert dagegen einen überschaubaren Ausgangspunkt. Es ist eine Möglichkeit, sich durch die Komplexität der Situation zu navigieren, ohne sich vom Start weg wie gelähmt zu fühlen.

Zwei gegensätzliche Modelle statt zwei beliebige Modelle verwenden wir, um eine hilfreiche Spannung aufzubauen. Wir haben aus Rogers frühen Interviews mit integrativen Denkern gelernt, dass die Spannung zwischen Ideen oft dazu beigetragen hatte, kreatives Denken auszulösen. Nur durch die einschränkende Betrachtung von Gegensätzen – von denen jeder seinen Wert hatte, aber nicht zugleich mit dem anderen umgesetzt werden konnte – fanden die hoch erfolgreichen Führungskräfte hilfreiche Erkenntnisse. Damit Sie beim Erwägen bleiben statt beim Bewerten zu landen (erwägen, worum es bei jedem der Modelle geht, statt zu bewerten, ob die Modelle gut oder schlecht sind), sollten Sie die Modelle also so gegensätzlich machen, wie Sie nur können. Dieses Erwägen kann Ihnen Zeit und Raum geben, um Annahmen zu hinterfragen und neues Denken zu provozieren.

> **Versuchen Sie einmal Folgendes:**
>
> Die Herstellung von Gegensätzlichkeit zwischen Ihren Modellen kann etwas Übung erfordern. Als kleine Hilfe für das Entwerfen von Modellen mit einem Spannungsverhältnis können Sie sich die Liste in Abbildung 5.1 ansehen, die Elemente gegensätzlicher Modelle enthält, mit denen wir es oft zu tun haben. Fragen Sie sich: Wie manifestieren sich diese Spannungen in meinem eigenen Kontext?

Extrem machen wir die Modelle, weil wir finden, dass ein Ausgehen von extremen Modellen dazu beiträgt, die Modelle zu entpersönlichen und die Menschen von den Ideen zu trennen. Oft sind die gefundenen Modelle dann sogar extremer als die Modelle, die von den Anwesenden befürwortet werden. Indem wir die Modelle von den »realistischen« Optionen wegbewegen, die bereits auf dem Tisch liegen, machen wir es der Gruppe leichter, die Modelle als Ideen zu betrachten statt als Bedrohung des Status quo.

Abbildung 5.1: Häufige gegensätzliche Modelle in Unternehmen

Wenn die Modelle ins Extreme verschoben werden, heißt das per definitionem, dass eine Betrachtung von Kompromissen eliminiert wird – von Lösungen, die bereits Elemente verschiedener Modelle enthalten. In unserem Beispiel mit dem Verkaufsteam würden wir zum Beispiel nicht anfangen, ein Vertriebsmodell zu betrachten, das einige Kunden direkt und andere Kunden über Händler beliefert, wobei einzelne Führungskräfte von Fall zu Fall entscheiden, welchem Weg zu folgen ist. Ein solcher Kompromiss könnte für das Unternehmen zwar auf dem Tisch liegen, er ist aber nicht besonders hilfreich für das Hervorbringen einer integrativen Lösung. Integratives Denken heißt nicht »beides machen«, sondern vielmehr eine Lösung finden, die das Beste von beidem nimmt, um Ergebnisse zu erzielen, die den vorliegenden vorzuziehen sind. Kompromisse sind für das Hervorbringen einer besseren Lösung weniger hilfreich, weil sie sehr schwer zu analysieren sind. Die Auswirkungen verschiedener Modelle treten hier vermischt auf, und das Durcheinander wird noch größer, wenn wir versuchen, tiefer in die Funktionsweise der Modelle einzusteigen. In der Praxis haben wir festgestellt, dass aus Kompromissen einfach nicht so viel zu lernen ist; es besteht nicht genügend Spannung zwischen den Ideen, dass wir hier Raum für Kreativität bekämen (siehe Abbildung 5.2).

Abbildung 5.2: Lieber Extreme als Kompromisse

In manchen Fällen wird es auch noch eine dritte Wahlmöglichkeit geben, die sich von den ersten beiden fundamental unterscheidet – eine alternative extreme Option. Für das Maschendrahtunternehmen könnte eine solche dritte Möglichkeit zum Beispiel im Übergang zu einem kompletten Online-Verkaufsmodell bestehen. Wenn Sie wirklich drei gegensätzliche Modelle haben und die Leute am Tisch ganz versessen darauf sind, sie zu untersuchen, dann sollten Sie auch auf jeden Fall alle drei Modelle betrachten. Aber Sie sollten dabei im Kopf haben, dass ein solches Vorgehen die Komplexität der Übung erhöht und wahrscheinlich auch den Zeitbedarf zum Durchdenken des Problems. Und achten Sie gut darauf, dass das dritte extreme und gegensätzliche Modell nicht in Wirklichkeit nur ein verkleideter Kompromiss ist.

Wie schon bei der Formulierung des Problems sollten Sie auch hier nicht allzu viel Zeit darauf verwenden, wie besessen nach den genau richtigen gegensätzlichen Modellen zu suchen. Für Ihre Zwecke handelt es sich hier um Prototypen-Modelle, so wie auch Ihre Problemformulierung eine provisorische war. Ihre gegensätzlichen Modelle sind nur ein Ausgangspunkt für den Prozess, neue Antworten hervorzubringen. Statt nach Perfektion zu streben, sollten Sie daher nur kurz prüfen: Sind die gegensätzlichen Modelle Lösungen für das Problem, so wie es formuliert ist? Mitunter kann man automatisch bei Antworten landen, die das Problem nur tangential berühren oder nicht wirklich zum Kern des Problems vorstoßen.

Wie sieht es mit Folgendem aus? Eine Reihe von Jahren war der Niedergang der kanadischen Technik-Firma BlackBerry so häufig in den Nachrichten, dass wir einen ganzen Haufen studentischer Projekte zu der Frage hatten, wie das Unternehmen zu retten wäre. Die erfolgreichsten steuerten auf eine zentrale strategische Entscheidung zu – etwa ob für künftige Gewinne wieder in Hardware investiert werden oder ob man sich zum Software-Unternehmen entwickeln sollte; oder ob man auf den Unternehmensmarkt gehen oder aber den Verbrauchermarkt ins Visier nehmen sollte. Weniger erfolgreich waren dagegen Projekte, die das Problem erst weit gefasst definierten (wie soll man mit sinkenden Umsätzen auf einem stark konkurrierenden Markt umgehen) und dann versuchten, es über gegensätzliche Modelle anzugehen, die nur einen kleinen Ausschnitt dieses Problems erfassten (etwa ob man die App-Entwicklung intern vornehmen oder dafür eine offenere Anwendungsplattform schaffen sollte).

Um solche Kommunikationslücken zu vermeiden, müssen Sie daran arbeiten, dass die Wahlmöglichkeiten direkt an das zu lösende Problem gebunden sind; die gegensätzlichen

Modelle sollten extrem verschiedene Möglichkeiten sein, die Lösung dieses bestimmten Problems anzugehen. Sobald Sie Ihre extremen und gegensätzlichen Modelle ermittelt haben, können Sie zum nächsten Schritt übergehen und beginnen, sie zu skizzieren.

> **Versuchen Sie einmal Folgendes:**
>
> Wählen Sie eines der lösenswerten Probleme von Ihrer Liste. Machen Sie aus diesem Problem ein zweiseitiges Dilemma, indem Sie zwei gegensätzliche Modelle zur Lösung des Problems definieren. Treiben Sie die zwei Modelle zum größten Extrem, das Sie sich vorstellen können.

Skizzieren Sie die Modelle

Haben Sie auch schon einmal den Fall erlebt, dass Sie eine Diskussion mit einer Kollegin hatten, zu einer Einigung gelangten und dann hinterher feststellen mussten, dass Sie in Wirklichkeit gar keine Einigkeit erzielt hatten, weil Sie zwar die gleichen Worte verwendet, aber etwas ganz anderes darunter verstanden hatten? Das ist der Grund, warum es wichtig ist, die betrachteten gegensätzlichen Modelle zu skizzieren. Skizzieren soll heißen, die Modelle gerade so detailliert zu beschreiben, dass ein Betrachter das Wesentliche daran rasch erfassen kann. Es heißt, sich die Zeit zu nehmen, zu erklären – in ein paar Sätzen, als Punktaufzählung oder sogar mit Bildern –, wie die Modelle in der Praxis aussehen würden. Das Skizzieren der Modelle hilft, zu gewährleisten, dass alle Mitglieder der Gruppe über dasselbe reden; es fördert das Spannungsverhältnis zwischen den Ideen zutage und fasst es in Worte; und es trägt dazu bei, die Wahlentscheidung für die Gruppe konkret zu machen.

Wie kann das funktionieren? Schauen wir uns dazu einmal die Herausforderung an, die unseren MBA-Studenten vor ein paar Jahren vom CEO einer der größten Banken Kanadas vorgelegt wurde. Dieser CEO kämpfte darum, auf einem strukturell attraktiven, aber weitgehend undifferenzierten Finanzdienstleistungs-Markt eine führende Rolle zu übernehmen. In den vergangenen fünf Jahren war das große Ziel im Unternehmen die Effizienz gewesen: Vereinfachung und Digitalisierung, um Kosten zu senken und unnötige Komplexität zu beseitigen. Nun hatte er die Sorge, diese Bemühungen könnten ein Unternehmen hervorgebracht haben, das blind für die sonstigen Bedürfnisse seiner Kunden ist. »Wir wollen die Bank sein, die ein herausragendes Kundenerlebnis definiert«, erklärte er. »Und ich fürchte, dass meine Leute laufend Kompromisse zwischen Kundenerlebnis und Effizienz schließen.«

Ein lösenswertes Problem

Wir legten diese Herausforderung unseren Studenten vor. Sie konnten mit den beschriebenen gegensätzlichen Modellen (herausragender Service versus Effizienz) nicht viel anfangen und sagten uns das auch. Wieso soll das denn ein Problem sein, fragten sie, und noch dazu ein lösenswertes? Herausragender Service *ist* effizienter Service, argumentierten sie. Wie schwierig kann es denn sein, das zu erkennen?

Da der CEO dies aber nun mal als eines seiner drängendsten Probleme bezeichnet hatte und wir ihn auch als einen ziemlich klugen Menschen kannten, forderten wir die Studenten auf, sich das Problem und die Modelle doch noch ein weiteres Mal anzusehen. Wir baten sie, noch einmal gründlicher nachzudenken und sich die Zeit zu nehmen, zwei gegensätzliche Modelle für die Bank zu formulieren: eines, das auf Effizienz als Leitprinzip beruhte, und eines, das als größten Wert das Kundenerlebnis betrachtete.

Wir baten die Studenten, durchzuspielen, inwiefern eine Bank, der es nur um Effizienz ginge, anders aussehen und auftreten könnte als eine Bank, der es nur um ein herausragendes Erlebnis für die Kunden ginge. Dabei erkannten die Studenten, dass eine Bank, deren oberste Priorität die Effizienz ist, so standardisiert wie möglich wäre. Mit Technik auf dem neuesten Stand (denn Computer arbeiten viel effizienter als Menschen) würde sie so wenige Produkte anbieten wie möglich und diese Produkte auch so einfach wie möglich gestalten. Alle Vorgänge wären höchst zentralisiert und überwacht und böten keinen Raum für ineffiziente Ausnahmen. Abbildung 5.3 zeigt eine einfache Skizze dieses Modells in Storyboard-Form.

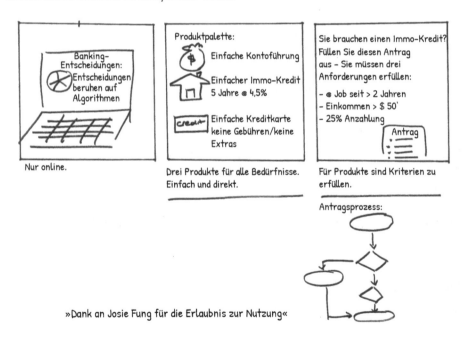

»Dank an Josie Fung für die Erlaubnis zur Nutzung«

Abbildung 5.3: Es geht nur um Effizienz

Und wie würde andererseits eine Bank aussehen, die ausschließlich das Kundenerlebnis in den Mittelpunkt stellt? Die würde so aussehen, meinten die Studenten, wie die Kunden es wünschen. Höchstwahrscheinlich würde sie weitestmöglich auf jeden

Kunden einzeln eingehen und entweder jede Menge persönliche Interaktion bieten oder, je nach Kundenwunsch, auch gar keine. Sie würde jedem Kunden genau die Produktpalette und Dienstleistungen anbieten, die für diesen Kunden richtig wären, ungeachtet der möglicherweise komplexen Konsequenzen für die interne Weiterbearbeitung. Eine solche Bank würde jede Menge verschiedene Serviceleistungen, verschiedenste Standorte und höchst flexible Öffnungszeiten bieten (siehe Abbildung 5.4).

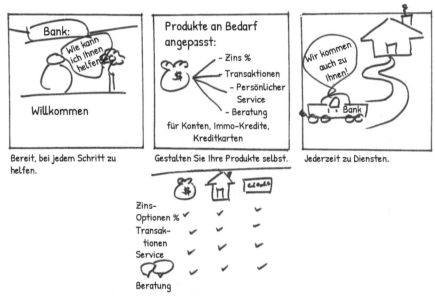

»Dank an Josie Fung für die Erlaubnis zur Nutzung«

Abbildung 5.4: Es geht nur ums Kundenerlebnis

Die Spannung zwischen beiden Bankmodellen trat immer deutlicher zutage, je mehr die Skizzen Gestalt annahmen. Im Vergleich der Modelle Effizienz und Erlebnis fanden die Studenten ergiebige Spannungen zwischen Standardisierung und Individualisierung, zwischen internem und externem Fokus, zwischen Allgemeingültigkeit (jedes Mal die gleiche Antwort) und Einzelfallgültigkeit (die richtige Antwort für diesen Fall). Die Studenten, die den CEO bei ihrer Schlusspräsentation am stärksten beeindruckten, hatten direkt auf diese Spannungen abgezielt.

Erhebliche Konsequenzen

Es mag wie ein kleiner Schritt erscheinen, die Modelle zu skizzieren, kann aber noch lange danach Konsequenzen für die Denkweise des Teams haben. Nach einem speziellen Trainingsprogramm wollte eine unserer Teilnehmerinnen den Prozess des integrativen Denkens zusammen mit ihrem Team zur Anwendung bringen. Sie war in einer Regionalregierung tätig und dort zuständig für Leistungen im Falle von Autismus. In ihrem Gebiet war eine erhebliche Zunahme der Zahl von Kindern mit Autismus-Spektrum-

Störungen zu beobachten gewesen, jedoch kein entsprechender Zuwachs von Finanzmitteln. Jahrelang hatte das Team versucht, mit wenig viel zu erreichen, im Rahmen der Beschränkungen Kompromisse zu finden, irgendwie über die Runden zu kommen. Jetzt wollte sie schauen, ob nicht auch eine bessere Lösung möglich wäre.

Ihr Ausgangspunkt war eine Neuformulierung des Problems in Form einer klaren Wahlentscheidung. Sollte die Region bei ihrem Vorgehen breit streuen und jedem Kind mit Autismus-Diagnose ein wenig Unterstützung zur Verfügung stellen (Modell »Die Butter gleichmäßig verstreichen«)? Oder sollte sie sich stärker konzentrieren und berücksichtigen, dass manche Kinder die Unterstützung weit dringender brauchen, sei es aufgrund der Natur ihres Zustands, sei es aufgrund sozialer Faktoren wie Armut (Modell »Dahin gehen, wo es am nötigsten ist«)?

Das Skizzieren der Modelle erwies sich für die Teammitglieder als transformierendes Erlebnis. Sie rangen damit, festzustellen, welche Arten von Leistungen sie einerseits allen Kindern im System zur Verfügung stellen könnten, und wie es andererseits aussähe, wenn sie manchen Familien sagen müssten, dass es für sie keine Unterstützung geben würde. Das Skizzieren der beiden Modelle half den Teammitgliedern, Annahmen zum Ausdruck zu bringen, die bisher unausgesprochen geblieben waren, sich viel stärker als zuvor in ihre eigenen Ansichten über die Kinder zu vertiefen, die sie zu betreuen hatten, und die mitunter im Konflikt miteinander stehenden Modelle ihrer Pflichten als staatliche Bedienstete zu formulieren. Die Diskussion brachte das Team dazu, die eigene Daseinsbegründung zu untersuchen und gemeinsame Erfolgskriterien für neue Verfahren zu definieren.

Das Skizzieren der Modelle braucht nicht zeitintensiv zu sein. Das Ziel besteht nicht darin, eine erschöpfende Beschreibung zu verfassen, sondern vielmehr darin, einen allgemeinen Konsens über die Kernelemente der jeweiligen Modelle zu erreichen. Nachdem dann die Elemente definiert sind, über die bei den jeweiligen Modellen Einigkeit besteht, kann die Gruppe fortschreiten, um gründlicher zu verstehen, wie die beiden Modelle funktionieren.

> **Versuchen Sie einmal Folgendes:**
>
> Kehren Sie noch einmal zu Ihrem eigenen zweiseitigen Dilemma zurück, und skizzieren Sie die beiden Modelle, indem Sie ihre jeweiligen Schlüsselmerkmale beschreiben. Bringen Sie diese Schilderung erzählend und visuell so zu Papier, dass jedes Modell so klar wie möglich wird.

Definieren Sie, wie die Modelle funktionieren

Nachdem Sie jetzt die beiden gegensätzlichen Modelle skizziert haben: Welchen Weg schlagen Sie am besten ein, um die Modelle richtig zu verstehen? Als wir damit anfingen, integratives Denken zu lehren, verfielen wir automatisch auf ein Werkzeug, das wir schon gut kannten. Schon als Kinder war uns beigebracht worden, was zu tun ist, wenn wir vor einer schwierigen Entweder-oder-Entscheidung stehen: Nehmt euch euren Schreibblock, teilt das Blatt in der Mitte durch eine senkrechte Linie, und fangt an, das Pro und Kontra aufzulisten. Leider mussten wir aber immer wieder sehen, wie Teams mit ihren Pro- und Kontra-Listen in einer Sackgasse landeten. Sie kämpften damit, sich mit den Modellen vertraut zu machen, verzettelten sich in ihren Nachteilen und verwarfen dann ziemlich früh eines der beiden Modelle oder sogar beide. Das Betrachten des Pro und Kontra schien die Diskussion nicht voranzubringen, und es schien auch nicht die Bühne zu bereiten für ein produktives Entwerfen von Möglichkeiten.

Daher führten wir eine neue Regel ein. In dieser Phase des Prozesses, in der die Gruppen versuchen, die Modelle zu verstehen, sie gründlich zu erwägen, ist jede Diskussion der Negativa der einzelnen Modelle erst einmal ausgeschlossen. Aus der Pro-und-Kontra-Liste wird so eine Pro-und-Pro-Liste, ein Name, auf den ein paar kluge Studenten gekommen sind. Statt also Pro und Kontra aufzulisten, sind die Gruppen nun gehalten, die Positiva der einzelnen Modelle zu notieren. Wir fordern die Teams auf, die Vorzüge jedes Modells zu ermitteln, zu überlegen, warum eine Person sich für dieses Modell entscheiden könnte, und welche Ergebnisse dieses Modells letztlich erstrebenswert erscheinen.

Dieses Vorgehen – sich nur auf die Positiva zu konzentrieren und überhaupt nicht auf die Negativa zu achten – geht zwar gegen jede konventionelle Vernunft. Aber eine solche Konzentration auf die positiven Effekte der Modelle erweist sich aus folgenden drei Gründen als wichtig:
1. Die Erwähnung von Negativa kann dazu führen, dass ein bestimmtes Modell ganz schnell von der Betrachtung ausgeschlossen wird; wenn ein bestimmter Nachteil gleich zu Beginn als unüberwindlich betrachtet wird, ist es schwer, das Modell weiter ernst zu nehmen und zu verstehen, was daran wertvoll sein könnte, falls dieser Nachteil überwunden wäre.
2. Sie wollen ja verstehen, was Sie den Modellen jeweils entnehmen können, um eine gute neue Entscheidungsmöglichkeit zu entwerfen. Um eine solche neue Lösung hervorzubringen, ist es also wichtig, zu verstehen, was die Vorzüge jedes Modells sind, also was das Beste an ihnen ist. Dann können Sie später untersuchen, wie sich diese wertvollen Elemente in ein neues integratives Modell einbauen lassen.
3. Die Konzentration auf die Positiva ermöglicht einen produktiveren Gruppenprozess. Stellen Sie sich vor, Ihr Team befindet sich in einer Brainstorming-Sitzung, und Ihre Kollegin Valeria trägt eine mögliche Lösung vor. Die Idee findet einige Unterstützer und es kommt Schwung in die Debatte, bis sich Julia, die bis dahin schweigend und mit verschränkten Armen dagesessen hat, zu Wort meldet: »Darf ich hier mal einen Moment den Advocatus Diaboli spielen?« Und dann erklärt sie, warum diese Idee niemals funktionieren kann. Wenn so etwas

passiert, kommt es nach unserer Erfahrung sofort zu einer physischen Veränderung im Raum. Alle Hoffnung, auf neue Ideen zu kommen, verschwindet. Warum sich die Mühe geben, neue Ideen vorzuschlagen, wenn Julia sie sowieso gleich abwürgen wird?

Mag sein, dass jetzt einige von Ihnen mit metaphorisch verschränkten Armen dasitzen, weil sie selbst auch ganz gern den Advocatus Diaboli spielen. Und haben wir nicht gesagt, dass auch Minderheitsmeinungen zu Wort kommen sollen? Ja, aber noch nicht, bevor Sie die Chance hatten, überhaupt zu ermitteln, was an den vorliegenden Modellen wertvoll sein könnte, und noch nicht, während Sie versuchen, neue Ideen hervorzubringen. Die Regel lautet also, dass in dieser frühen Phase die Nachteile der Modelle noch nicht betrachtet werden.

Aber wir haben auch eine gute Nachricht für Sie, falls Sie der Realist in der Runde sind – wenn Sie sich also partout nicht vorstellen können, in einer Diskussion die Nachteile nicht mit einzubeziehen. Denn wenn die betrachteten Modelle wirklich gegensätzlich sind, dann müssen die Negativa des einen Modells natürlicherweise die Positiva des anderen Modells sein. Wenn wir also zum Beispiel feststellen, dass Dezentralisierung zu Flexibilität führt, dann ist es gar nicht mehr nötig, zu sagen, dass zentralisierte Modelle oft bürokratisch und langsam sind. Auf diese Weise erhalten Sie bei den Modellen auch die Negativa, Sie müssen eben nur in der Lage sein, sie als die Positiva des jeweils anderen Modells zu formulieren. Und jetzt nehmen Sie Ihre Arme wieder auseinander, und wir machen weiter.

Wenn Sie die Vorzüge der Modelle ermitteln, versuchen Sie, sich der Reihe nach in jedes der Modelle zu verlieben. Sie überlegen so gründlich und durchdacht wie möglich, was die Modelle jeweils gut funktionieren lässt. Sie vergessen für den Augenblick, dass es noch andere Modelle gibt. Bei diesem Schritt setzen Sie alles daran, Urteile und Bewertungen zu vermeiden. Ihre Aufgabe besteht hier nicht darin, zu bestimmen, welches Modell wohl das beste ist; es geht vielmehr darum, zu erfassen, welche Ergebnisse, die das Modell liefert, erstrebenswert sind, und auf welche Weise es diese wertvollen Ergebnisse herstellt.

Die wichtigsten Beteiligten

Ein weiteres wichtiges Element unserer Pro-und-Pro-Tabelle zeigte sich schon bei unseren frühen Versuchen, den integrativen Denkprozess zu formulieren, während einer Sitzung, die Roger mit einem Category-Team von P&G abhielt. Wie sich zeigte, lassen wir eine ganze Menge aus, wenn wir nur daran denken, wie das Unternehmen selbst vom jeweiligen Modell profitiert. Daher bitten wir die Teams nun, sich die Modelle aus verschiedenen Perspektiven anzusehen – Empathie für die wichtigsten sonstigen Beteiligten in der Situation aufzubringen. Für die Auswahl dieser Perspektiven fragen wir: »Wer ist für die Entscheidung von Bedeutung? Wer muss die neue Lösung unterstützen? Und wer ist von der Entscheidung am stärksten betroffen?

Für das Category-Team von P&G war es hier wichtig, nicht nur zu überlegen, wie sie selbst profitieren würden, sondern auch an Einzelhändler und Endverbraucher zu denken. Bei der geschilderten Effizienz- und Kundendienst-Problematik der Bank könnten wir an die Kunden, die Mitarbeiter und die Aktionäre denken. Bei der Autismus-Unterstützung könnten wir uns vorstellen, dass einer der Beteiligten die unterstützten Familien wären, ein zweiter die Unterstützung leistenden Mitarbeiter und der dritte die Gemeinschaft der Steuerzahler im Ganzen. Und sollten wir der Meinung sein, dass die Modelle für die autistischen Kinder selbst womöglich ganz anders funktionieren als für ihre Eltern, dann könnten wir die »Familien« auch noch einmal in zwei verschiedene Beteiligte aufteilen. Oder wenn wir finden, dass es wichtig wäre, auch die Regierung als direkten Finanzier der Unterstützung mit einzubeziehen, könnten wir auch diese noch mit aufnehmen.

Wenn es um die Ermittlung der Beteiligten geht, ist drei zwar nicht unbedingt die magische Zahl, aber die Zahl drei stellt doch ein ganz gutes Gleichgewicht her zwischen den Wünschen, ausreichende Vielfalt zu erzielen und andererseits allzu viel Komplexität zu vermeiden. Das Ziel besteht hier darin, mehrere Perspektiven zu erhalten und Empathie für die Beteiligten zu entwickeln, indem Sie überlegen, wie diese Modelle für sie funktionieren würden.

Wir fragen uns also hinsichtlich aller Beteiligten, wie das Modell für sie funktioniert – welche Vorteile sie davon haben und wie diese Vorteile herbeigeführt werden. Die ersten Vorteile, die hier in den Sinn kommen, sind dabei oft recht offensichtlich oder oberflächlich, daher ist es wichtig, tiefer zu schürfen, sich zu fragen, warum der jeweilige Vorteil von Bedeutung ist und wie er herbeigeführt wird, damit wir uns ein ordentliches Bild aller Überlegungen hinter einem Modell machen können. Ermitteln Sie, so gründlich Sie können, was jedes Modell funktionieren lässt und was an ihm wertvoll ist.

Die Pro-und-Pro-Tabelle

Eine erste solche Pro-und-Pro-Tabelle (für das Dilemma Zentralisierung versus Dezentralisierung bei der betrieblichen Weiterbildung) finden Sie schon in Kapitel 4 (Abbildungen 4.2 und 4.3). Hier zeigen die Abbildungen 5.5 und 5.6 jetzt, wie eine Pro-und-Pro-Tabelle für das Bank-Dilemma Effizienz versus Kundenerlebnis aussehen könnte.

Sie können hier sehen, dass in einigen Fällen der eigentliche Vorteil – etwa der Umstand, dass Kunden beim Effizienz-Modell mit weniger Fehlern konfrontiert werden – noch um einen weiteren Punkt (in Klammern) ergänzt wird, der erläutert, warum das wichtig ist und wie es funktioniert. Im genannten Fall kommt es deshalb zu weniger Fehlern, weil die Bank die Komplexität verringert und die Digitalisierung gestärkt hat, um menschliche Fehler zu reduzieren. Letztlich könnte dies zu größerem Vertrauen bei den Kunden führen.

Kunden	Mitarbeiter	Aktionäre

- Zeitersparnis
  - Schnelle Transaktionen (mehr schaffen am Tag)
  - Schnellere Entscheidungen (geringeres Produktangebot bedeutet weniger Probleme beim Auswählen)
- Potenziell niedrigere Gebühren (falls die Bank ihre Einsparungen weiterreicht)
- Weniger Fehler (geringere Komplexität und größere Effizienz dürften zu weniger Fehlern führen – bei Digitalisierung insbesondere menschlichen Fehlern)
  - Großes Vertrauen in meine Bank-Transaktionen
	- Zeitersparnis
	  - Schnelle Transaktionen (auch ich schaffe mehr am Tag)
	- Vereinfachte Arbeit
	  - Effizientes System der Weiterbearbeitung verringert Komplexität
	  - Weniger Kundeninteraktion über die reine Transaktion hinaus
	- Auch Mitarbeitersysteme (inklusive Gehalt) wären effizient, daher schnellere und einfachere Erledigung von Personalangelegenheiten
	- Zufriedenheit durch das Gefühl effizienter Kundenbedienung
	- Klare Erwartungen – sei so effizient wie möglich
	  - Ich weiß, wie ich Erfolg haben kann.
	  - Ich weiß, wie ich mein Team beurteilen muss.
		- Geringere Gesamtkosten, da Überflüssiges und Ineffizienz aus dem System beseitigt werden
		  - Potenziell höhere Gewinne und Erträge
		- Nur einmalige Kapitalausgaben für Effizienz, aber potenziell mehrjährige Kostenvorteile (langfristige Effizienz)

Standardisierung und Vereinfachung: Dinge getan bekommen!

Abbildung 5.5: Was bringt Effizienz?

Wenn Sie die Überlegungen hinter den Modellen darlegen, sollten Sie sich für Ihr Nachdenken Zeit lassen. Wenn die Antworten nicht schnell bei der Hand sind, dann versuchen Sie doch, die Modelle aus der Perspektive der jeweils Beteiligten zu sehen. Warum könnte denen das Modell jeweils gefallen? Denken Sie an die Fallen, die Ihnen Ihre kognitiven Vorurteile stellen, und zwingen Sie sich, zu erkennen, dass nicht jeder die gleichen Dinge wertschätzt wie Sie. Vielleicht hätten Sie zum Beispiel lieber einen Job, der Ihnen größere Gestaltungsfreiheit lässt; andere legen dagegen vielleicht mehr Wert auf Anleitung von oben und profitieren auch davon. Bedenken Sie auch, dass einige Ergebnisse Ihnen nicht attraktiv erscheinen können, anderen aber sehr wohl.

Kunden	Mitarbeiter	Aktionäre

- Die richtigen Produkte für mich
  - Passgenauer für meinen Bedarf ⟶ bessere Risiko/Ertrags-Abwägung
  - Gefühl der Wertschätzung
- Besseres Bankerlebnis vor Ort (weil meine Bedürfnisse verstanden und erfüllt werden)
- Möglichkeit zum Aufbau persönlicher Beziehungen zu Bankmitarbeitern
  - Kann mich auf den Rat verlassen und nachts gut schlafen
  - Für manche Kunden womöglich ein Element der sozialen Einbindung (der Gang zur Bank ist zum Beispiel für einsame Senioren eine wichtige Interaktion)
- Auswahl: Ich kann bekommen, was ich will und wie und wann ich es will.
  - Gefühl der Kontrolle
	- Persönliche Zufriedenheit durch gute Kundenbedienung und Wunscherfüllung
	- Gehaltvolleres tägliches Jobprofil (mehr Autonomie und Entscheidungsfreiheit)
	  - Stärkeres persönliches Engagement
	  - Bessere Möglichkeit, die eigene Arbeit zu gestalten
	  - Möglichkeit für Gehaltserhöhungen entsprechend der Leistungen im Kundendienst
		- Höhere Erträge, da Kunden bereit sind, für individuell zugeschnittene Produkte mehr zu zahlen
		  - Potenziell höhere Gewinne und Erträge
		- Engere Beziehung erschwert es Konkurrenten, Kunden unserer Bank abzuwerben

Engagement: Dinge richtig machen!

Abbildung 5.6: Was bringt das Kundenerlebnis?

Der Schlüssel ist, dass Sie sich jeweils in die Haut der Beteiligten versetzen und erkennen, was die jeweiligen Modelle ihnen geben. Wenn Sie damit nicht weiterkommen – und die Grenzen Ihrer Empathie erreicht haben –, dann hören Sie auf und sprechen Sie mit den Beteiligten. Finden Sie echte Menschen aus der Gruppe der Beteiligten und bitten Sie diese, Ihnen bei der Formulierung zu helfen, was sie von den beiden Modellen jeweils hätten. Nebenbei kann sich dieser Schritt in jedem Fall lohnen, auch wenn Sie nicht das Gefühl haben, dass Sie nicht weiterkommen.

> **Versuchen Sie einmal Folgendes:**
>
> Wieder zu Ihrem eigenen Problem: Stellen Sie Ihre eigene Pro-und-Pro-Tabelle auf! Fragen Sie sich bei der Entdeckung eines Vorteils: Wie funktioniert das? Warum ist das von Bedeutung? Zwingen Sie sich, das Modell aus mindestens drei Perspektiven zu verstehen und sich in die Vorteile für alle drei Beteiligten zu vertiefen.

Zur Erarbeitung einer soliden Liste der Vorteile für jeden der Beteiligten und der Funktionsweisen dieser Vorteile kann es nützlich sein, im Team zu arbeiten und auch ein paar hilfreiche Außenseiter mit einzubeziehen. Bearbeiten Sie zunächst eines der Modelle nacheinander aus der Perspektive jedes der Beteiligten, um tiefer dahin vorzustoßen, was hinter jedem Modell steckt. Hören Sie mit der Bearbeitung des Modells erst auf, wenn das Team echte Begeisterung für das Modell zeigt. Selbst die Gesundheitspraktiker in Jennifers Sitzung über Impfungen mussten eine Möglichkeit finden, wie sie wertschätzen konnten, was ein Modell, das keine Impfungen vorschreibt, in puncto persönliche Verantwortung und informiertes Entscheiden zu bieten hat. Wenn Sie das Gefühl haben, dass sich die Gruppe ins erste Modell verliebt hat, oder zumindest so etwas in der Art, dann können Sie beim zweiten Modell mit derselben Aufgabe weitermachen.

Denken Sie daran: Sich in ein Modell zu verlieben, heißt nicht, dass Sie sich dafür entscheiden werden. Es heißt nur, dass Sie es so gründlich verstanden haben, dass Sie sehen, warum sich jemand dafür entscheiden könnte. Nachdem Sie diesen Zustand bei beiden gegensätzlichen Modellen erreicht haben, können Sie zur nächsten Phase (und zum nächsten Kapitel) übergehen.

Vier Schritte

Zusammengefasst: Diese erste Phase des integrativen Denkens besteht aus vier Schritten.
1. Definieren Sie das Problem:
   - Formulieren Sie ein Problem, das der Lösung wert ist.
   - Stellen Sie es in Form einer »Wie könnten wir ...?«-Frage dar.
2. Ermitteln Sie zwei extreme und gegensätzliche Lösungen für das Problem:
   - Machen Sie das Problem zu einer zweiseitigen Wahlentscheidung.
   - Treiben Sie die Modelle zum Extrem, sodass jedes eine Grundidee repräsentiert.
3. Skizzieren Sie die beiden gegensätzlichen Ideen:
   - Machen Sie sich klar, was jedes der Modelle ist und was es nicht ist.
4. Legen Sie dar, welche Vorzüge jedes Modell hat und wie es funktioniert:
   - Suchen Sie die wichtigsten Beteiligten.
   - Stellen Sie eine Pro-und-Pro-Tabelle auf, die erfasst, wie nach Ihrem Verständnis jedes Modell für die Beteiligten funktioniert.

Letztlich geht es beim integrativen Denken darum, das Spannungsverhältnis zwischen Modellen zu nutzen, um etwas Neues zu erschaffen. Nachdem Sie nun die gegensätzlichen Modelle separat formuliert und durchdacht haben, besteht der nächste Schritt also darin, die Modelle gemeinsam zu betrachten und dabei explizit in ihrem Spannungsverhältnis zu halten. Wie Sie bei der Untersuchung der Modelle vorgehen, ist das Thema des nächsten Kapitels.

Mustervorlagen

Auf den nächsten Seiten finden Sie Mustervorlagen, die Sie nutzen können, um Ihre Arbeit zu dokumentieren: Auswahl zweier gegensätzlicher Modelle und Beschreibung ihrer wesentlichen Komponenten (Abbildung 5.7); Visualisierung der Modelle (Abbildung 5.8); Aufstellung einer Pro-und-Pro-Tabelle für die Modelle (Abbildungen 5.9 und 5.10).

Problem (Was ist das Problem, das Sie lösen wollen?)

Gegensätzliche Modelle (Was sind die zwei gegensätzlichen Modelle?)

Modell 1	Modell 2
(Welcher Name bezeichnet das Wesentliche an dem Modell?)	(Welcher Name bezeichnet das Wesentliche an dem Modell?)

Wesentliche Komponenten
(Wie würden Sie jedes Modell durch eine Aufzählung dreier Punkte beschreiben, die jeweils entscheidende Wahlmöglichkeiten zwischen den Modellen deutlich werden lassen, durch die diese Modelle extrem und gegensätzlich werden?)

Modell 1	Modell 2
•	•
•	•
•	•

Abbildung 5.7: Mustervorlage: Skizzieren der Modelle

Modell 1
(Entwerfen Sie eine einfache Skizze, die das Modell illustriert.)

Modell 2
(Entwerfen Sie eine einfache Skizze, die das Modell illustriert.)

Abbildung 5.8: Mustervorlage: Visualisierung

Modell 1		
Beteiligter 1	Beteiligter 2	Beteiligter 3
•	•	•
•	•	•
•	•	•
•	•	•
•	•	•
•	•	•
•	•	•

Worum geht es letztlich bei diesem Modell?

Abbildung 5.9: Mustervorlage: Pro-und-Pro-Tabelle Modell 1

Kapitel 5: Gegensätzliche Modelle formulieren

Modell 2		
Beteiligter 1	Beteiligter 2	Beteiligter 3

Worum geht es letztlich bei diesem Modell?

Abbildung 5.10: Mustervorlage: Pro-und-Pro-Tabelle Modell 2

Kapitel 6: Die Modelle untersuchen

Das Jahr 1976 war ein gutes Kinojahr. Es war das Jahr von *Rocky* und *Taxi Driver*. Es war das Jahr, in dem Peter Finch als Nachrichtensprecher Howard Beale in *Network* erklärt, »I'm as mad as hell, and I'm not going to take this any more«, in dem Robert Redford und Dustin Hoffman Richard Nixon stürzen, in dem Sissy Spacek auf dem Schulabschlussball mit Schweineblut übergossen wird und in dem Jodie Foster an einem ganz besonders verrückten Freitag ihren Körper mit Barbara Harris tauscht. Und es war das erste Jahr, in dem in Toronto/Kanada ein kleines, aufstrebendes Filmfestival stattfand.

Das Festival of Festivals, wie es damals hieß, wurde gegründet, um den Einwohnern Torontos Zugang zu den besten Filmen der Welt zu verschaffen. Damals sahen die meisten von uns Kinofilme noch ausschließlich in den örtlichen Filmtheatern – speziellen Veranstaltungsorten, die typischerweise einen einzigen Saal aufwiesen. Fast die gesamten Einnahmen eines Films entstanden durch die Erstaufführung in den Kinos, denn die starke Verbreitung von Videorekordern stand erst in zehn Jahren bevor. Um die Einspielungen an der Kinokasse zu maximieren, blieb ein erfolgreicher Film monatelang im Programm. *Star Wars* lief zum Beispiel nach seinem Start im Mai 1977 ganze 44 Wochen lang auf der Kinoleinwand.[1] (Im Unterschied dazu debütierte *Star Wars Episode VII – Das Erwachen der Macht* Mitte Dezember 2015 im Kino und erschien keine vier Monate später schon auf DVD und Blu-ray.)

Die lange Laufzeit der großen Hollywood-Erfolge brachte mit sich, dass in den Kinos nur wenig Raum für anspruchsvolle Filme blieb. Um einen Film von Akira Kurosawa, Federico Fellini oder François Truffaut zu sehen, mussten Cineasten kleine Filmkunsttheater finden oder Filmfestivals besuchen. Und selbst dann hatten die Filmfans nur zu einem winzigen Teil der Filme, die jedes Jahr auf der Welt erschienen, Zugang.

Für eine Provinzstadt wie Toronto in den 1970er-Jahren galt das ganz besonders. Für die Einwohner Torontos gab es keine einfache Möglichkeit, Nicht-Hollywood-Filme guter Qualität zu sehen. Und so gründeten Bill Marshall, Henk van der Kolk und Dusty Kohl ihr Festival of Festivals (buchstäblich als Kollektion von Filmen, die auf Festivals der ganzen Welt erschienen waren). In jenem Jahr zog das Festival 35 000 Kinogänger und 145 Journalisten an. Es zeigte 127 Filme aus 30 Ländern.[2]

Das zu lösende Problem

Es war schon ein großer Erfolg, dass das Festival of Festivals zur jährlichen Veranstaltung wurde. Als knapp 20 Jahre später Piers Handling Festival-Direktor wurde, hatte das Festival of Festivals schon eine gewisse Eigendynamik entwickelt. Die Zuschauerzahlen waren gestiegen, das Filmprogramm war ausgeweitet worden, und es gab Special Events wie die Midnight-Madness-Vorführungen, bei denen anspruchsvolle, an ein jugendliches

Publikum gerichtete Filme wie *Reservoir Dogs* im Mittelpunkt standen. Das Festival hatte sich sogar zu einer erfolgreichen Startrampe entwickelt und dafür gesorgt, dass sich spätere Hits wie *The Big Chill* oder *Roger & Me* schnell herumsprachen. Aber trotz allem Wachstum hatte das Festival mit seinem Geschäftsmodell zu kämpfen. Handling erklärt: »[Das Festival in] Toronto war von seiner Konzeption her umfassend, an jedermann gerichtet, publikumsorientiert, es war nicht als Festival für Fachleute und die Filmbranche konzipiert ... Es war konzipiert als ganz umfassendes Festival für alle.«[3] Und das war es auch. Aber die Einnahmen an der Kinokasse deckten nur einen Teil der Gesamtausgaben des Festivals. Die finanzielle Nachhaltigkeit erwies sich als Herausforderung.

Das Problem, vor dem Handling stand, als er die Leitung übernahm, war die Frage, wie er langfristig ein tragfähigeres Festival entwickeln könnte. In diesem Kapitel besprechen wir, wie eine gründliche Untersuchung gegensätzlicher Modelle wichtige Hinweise auf ein überlegenes Festival-Modell lieferte. Wie kam Handling zu seiner guten Entscheidung für die Zukunft des Festivals?

Die Festival-Modelle

Handling zufolge galt damals: »Es gab im Grunde zwei Arten von Filmfestivals: Es gab die Wettbewerbsfestivals (Cannes, Venedig und Berlin – die großen europäischen Filmfestivals), und es gab Filmfestivals ohne Wettbewerb (Toronto, San Francisco, New York) ... Und die sind wirklich sehr, sehr verschieden, wenn man sich ansieht, wie sie strukturiert sind.« Diese Dichotomie versetzte Handling bestens in die Lage, integratives Denken einzusetzen. Als eines der Extreme hatte er ja bereits sein Festival für jedermann und ohne Wettbewerb in Toronto. Was er nun noch brauchte, war ein Gegenstück, das ein Filmfestival völlig anderer Struktur und mit anderem Geschäftsmodell repräsentierte, idealerweise eines, das finanziell ausgesprochen tragfähig war (was für das Festival in Toronto ja nicht galt). Im Notfall hätte sich Handling als entgegengesetztes Extrem auch ein hypothetisches Modell basteln können, aber zum Glück gab es auf der Welt ja bereits ein Filmfestival, das die Anforderungen perfekt erfüllte.

Das war das Festival in Cannes. Das war, und ist auch heute noch, ganz unverhohlen ein Event für Brancheninsider, das ausschließlich von Regisseuren, Produzenten, Anbietern, Stars und Presse besucht wird. In Cannes wählen die Festivalbetreiber rund 20 Filme für den offiziellen Wettbewerb aus und beschränken so die Zahl potenzieller Teilnehmer auf eine kleine Auswahl an Filmen, die das Beste in puncto »Autorenkino mit großer Publikumswirkung« repräsentieren sollen.[4] Diese Filme konkurrieren um einen großen Preis, die Palme d'Or, der von einer Jury aus neun angesehenen Branchenprofis verliehen wird. Zur Jury von 2016 zählten zum Beispiel der Regisseur George Miller und die Schauspieler Kirsten Dunst, Vanessa Paradis und Donald Sutherland. Handling nennt diese Juroren »die Geschmacksschiedsrichter«; sie sagen uns, was etwas wert ist und was nicht. Wettbewerbsfestivals wie Cannes sind von ihrer Natur her exklusive Events mit Insider-Veranstaltungen, roten Teppichen und jeder Menge Samt und Seide.

Festivals ohne Wettbewerb wie das Festival of Festivals sehen dagegen in vieler Hinsicht ganz anders aus. Zunächst einmal gibt es keine Jury. Was soll auch eine Jury ohne Wettbewerb? Und dann finden die Vorführungen vor allem für ein zahlendes Publikum von Filmliebhabern statt – für normale Bürger der Stadt –, auch wenn natürlich oft Branchenprofis teilnehmen, um die eigenen Filme zu unterstützen. Die Auswahl der gezeigten Filme ist typischerweise breiter als bei einem Wettbewerbsfestival und umfasst mitunter hunderte von Filmen, die sich an ein breit gestreutes Publikum richten. Festivals für die Allgemeinheit sind daher in der Regel umfassender und besser zugänglich als Wettbewerbsfestivals.

Auch wenn beide Modelle in Städten rund um die Welt etabliert waren, war Handling doch der festen Überzeugung, dass keines der beiden Modelle ihm liefern würde, was er brauchte. Das exklusive Branchenfestival war zwar finanziell tragfähig und für die Branche attraktiv, passte aber gar nicht zum Gemeinschaftsgeist von Handlings bestehendem Modell. Überdies war der Markt für Branchenfestivals auch bereits gesättigt. Das an die Allgemeinheit gerichtete Festival in Toronto dagegen war zwar offen, egalitär und umfassend, hatte aber zu kämpfen, um seine Rechnungen bezahlen zu können und in der Branche Geltung zu erlangen. Wie Roger schon in *The Opposable Mind* schrieb, wusste Handling, dass er eine bessere Lösung brauchte, eine, die ihm das Beste aus beiden Modellen geben würde. Und schließlich fand er eine.

Die Vorzüge der Modelle

Der Schlüssel zu der guten Entscheidung, die Handling sich überlegte, verbarg sich in den gegensätzlichen Modellen selbst. Seine Herausforderung bestand darin, die beiden Modelle so gründlich zu verstehen, dass er in ihnen die Ansatzpunkte für eine integrative Lösung entdecken konnte. Der nächste Schritt bestand darin, sich in die Vorzüge der jeweiligen Modelle zu vertiefen.

Zu den Vorzügen des Modells Branchenfestival zählen erhebliche wirtschaftliche Vorteile für die Gemeinde in Form von Tourismusausgaben, Steuereinnahmen und Infrastrukturausgaben. Auch wenn die Gemeindemitglieder selbst nicht am Festival teilnehmen können, profitiert doch die Stadt als Ganzes vom Zauber der Veranstaltung, und – wer weiß? – vielleicht läuft man in Cannes ja vor dem Hôtel du Cap George Clooney in die Arme.

Die Branche liebt das Festival wegen der Aufmerksamkeit, die es auf den Film im Allgemeinen und auf die Festivalbeiträge im Besonderen lenkt; das Festival beschert ihr »kostenlose« Werbung im Wert von mehreren Millionen Dollar anhand der Presseberichterstattung. Außerdem ist das Ganze ein schönes Event an einem wunderbaren Ort, und eventuell gewinnt man auch noch einen Preis.

Für die Organisatoren des Festivals sind das Geld und die Macht der große Gewinn. Das Geld kommt vor allem von Werbetreibenden für Luxusmarken, die scharf darauf sind, an der Party teilzunehmen. Die Macht rührt von der Struktur des Festivals selbst her: Die Organisatoren legen die Abläufe fest, wählen die Filme aus, setzen sogar die Jury zusammen – das alles verleiht ihnen in der Branche bemerkenswerten Einfluss.

Um im Gegensatz dazu nun auf das Modell Festival für die Allgemeinheit zu kommen: Was gibt dieses Modell den Hauptbeteiligten, das ihnen ein Branchenfestival vielleicht nicht bietet? Für die Gemeinde ist der Hauptvorzug der Zugang, den es ermöglicht – zu Filmen, zu Ideen, zu Gleichgesinnten. Auch für die Branche ist das Thema Zugang ein wichtiger Vorzug: Zu dieser Art Festival erhalten mehr Filme Zugang, und die Filmemacher erhalten Zugang zu einem potenziellen Testmarkt. Für die Organisatoren schließlich gibt es ein gewisses Maß an innerer Motivation, weil man ja etwas für die Gemeinde tut und aus Liebe zum Film arbeitet statt für Prestige und Macht.

Die Modelle untersuchen

Wenn Sie sich die Vorzüge anschauen, dann sehen Sie Gründe, warum sich Handling jeweils für eines der Modelle entscheiden könnte, Sie sehen aber auch, worauf er jeweils verzichten müsste, wenn er sich für eines der beiden gegensätzlichen Modelle entscheidet. Das ist mehr oder weniger die Situation, in der sich Handling befand, als er die beiden Modelle betrachtete. Also ist es jetzt an der Zeit, zu einer Untersuchung der Modelle überzugehen: sie dabei im Spannungsverhältnis zueinander zu halten, um zu sehen, welche Hinweise wir finden können, die uns zu einer überlegenen Lösung führen.

In dieser Phase geht es darum, festzustellen, was sich feststellen lässt; als Erstes, was an beiden Modellen gleich ist und was verschieden. So können wir zum Beispiel feststellen, dass die Modelle einiges gemeinsam haben: Beide sorgen für wirtschaftliche Vorteile, wenn auch vielleicht in unterschiedlichem Ausmaß und für unterschiedliche Beteiligte. Beim Branchenfestival gewinnen Fünf-Sterne-Hotels und Luxusrestaurants erhebliche direkte Einnahmen, zum einen durch das Event selbst, zum anderen das ganze Jahr über durch einen Tourismus, der von der vom Festival für die Stadt geschaffenen Marke angelockt wird. Beim Festival für die Allgemeinheit sind die wahrscheinlichen Profiteure die kleineren Restaurants vor Ort und die Taxifahrer, beide im Wesentlichen während des Festivals selbst.

Und was ist an den Modellen verschieden? Nun, dem Wettbewerbsfestival der Branche fehlen der allgemeine Zugang zu den Filmen und der egalitäre Charakter eines Festivals für die Allgemeinheit. Und das globale Medieninteresse, das ein zentrales Merkmal des Branchenfestivals ist und den Brancheninsidern nutzt, ist nicht in gleichem Maße auch für das Festival der Allgemeinheit vorhanden.

Wir können an dieser Stelle auch überlegen, was uns an den beiden Modellen besonders wertvoll erscheint. An seinem Festival für die Allgemeinheit liebte Handling so ziemlich alles. Was ihm am Branchenfestival dagegen am begehrenswertesten erschien, war der stetige Strom der Einnahmen, den es hervorbrachte. Er wusste aber auch, dass zusätzliche Einnahmen nicht gleich um die Ecke zu finden sind. Sein Team hatte schon wiederholt versucht, neue Einnahmeströme zu finden und das nachzumachen, was andere Festivals in puncto Sponsoring vorgemacht hatten. Das Festival of Festivals war, so wie es 1994 konstruiert war, schlicht nicht so attraktiv für Sponsoren wie die Branchenfestivals.

Und würde Handling sich einfach ein paar Elemente des Cannes-Modells ausborgen, würde er sein Festival höchstwahrscheinlich noch weniger attraktiv machen, weil er einerseits verwässern würde, was daran besonders war, andererseits trotzdem nicht erreichen könnte, was an Cannes so besonders war. Angesichts dieser schmerzlichen Kompromisslage blieb Handling nur, über die Modelle anders zu denken, wenn er die Hoffnung haben wollte, eine überlegene Antwort zustande zu bringen.

Um mit dieser Aufgabe weiterzukommen, vertiefen wir uns noch etwas stärker in unsere Betrachtung der Modelle und stellen Fragen zu den Vorzügen, auf die wir am meisten Wert legen: Was sind die echten Spannungspunkte zwischen den Modellen im Allgemeinen und zwischen den von uns meistgeschätzten Vorzügen im Besonderen? Welche entscheidenden Annahmen machen wir womöglich in Bezug auf diese Vorzüge? Wie werden diese am stärksten geschätzten Vorzüge produziert, und wie könnten wir diese Ergebnisse auch auf anderem Wege erreichen?

Spannungspunkte

Als Erstes sehen wir uns die Spannungspunkte an: Elemente, die nur schwer in einem einzigen Modell unter einen Hut zu bekommen wären. Da ist zum Beispiel das Spannungsverhältnis, wer am meisten von den Festivals profitiert. Das eine Festival konzentriert sich auf die Allgemeinheit als Kunden und bietet ihr erheblichen Nutzen (etwa Zugang, ehrenamtliches Engagement, Stolz). Im Gegensatz dazu bedient das exklusive Festival die Branche als Kunden und liefert ihr den bedeutendsten Nutzen (Networking, Anerkennung, finanzielle Erträge).

Die Spannung entsteht dadurch, dass es nahezu unmöglich ist, erfolgreich zwei Herren zugleich zu dienen, auch wenn wir das gerne würden. In diesem Fall stimmt nicht überein, was die Allgemeinheit wünscht (tolle Filme sehen, aber auch den Stars nahe sein) und was die Branche wünscht (Filme verkaufen, Kollegen treffen, Geschäfte abschließen). Um ein überlegenes Modell zu schaffen, könnten wir erkunden, wie wir diese Anreize besser in Einklang bringen und die Spannung zwischen den beiden Begünstigten überwinden können.

Unsere Annahmen

Als Nächstes betrachten wir unsere Annahmen. Welche grundlegenden Gedanken und Prinzipien werden bezüglich der Modelle für wahr gehalten, die nicht unbedingt zutreffen müssen? Wir suchen hier nach Annahmen, die, als Frage formuliert, den Weg zu einer neuen Lösung weisen könnten.

So nehmen wir zum Beispiel beim Modell Branchenfestival an, dass die Exklusivität des Ereignisses ein zentrales Merkmal sei, das die Branche anziehe – die Stars, die Medien, die Werbetreibenden – und das so auch maßgeblich zur finanziellen Tragfähigkeit des Festivals beitrage. Und beim Festival für die Allgemeinheit nehmen wir an, dass ein allumfassender Charakter und ein Wettbewerb einander ausschließen.

Was wäre aber, wenn diese Annahmen nicht zuträfen oder nur einen Teil der Story erfassten? Wie könnte das die Art und Weise ändern, wie wir über die Struktur des Festivals denken?

Ursache und Wirkung

Und schließlich untersuchen wir Ursache und Wirkung im Rahmen der Modelle. Welche Kräfte sind es, die zu den entscheidenden Ergebnissen der Modelle, zu den Vorzügen führen, auf die wir den größten Wert legen?

Bevor wir diese Kausalität untersuchen, müssen wir erst eine kurze Pause einlegen und etwas klarstellen. Denn wir gebrauchen den Begriff *Kausalität* hier auf eine Art und Weise, die Statistiker zum energischen Einspruch veranlassen könnte. In der Wissenschaft hat Kausalität eine spezifische Bedeutung, und Beweise haben eine hohe Hürde zu nehmen. Wir sind hier dagegen bewusst entspannt bei der Verwendung des Begriffs und gehen eher pragmatisch als dogmatisch vor. Wir verwenden den Begriff Kausalität, weil er uns beim Durchdenken komplexer Probleme helfen soll, ohne dass wir uns in der Semantik verzetteln. Nach unserer Auffassung werden wir in komplexen sozialen Systemen nie in der Lage sein, sicher zu wissen, ob Input, Variablen und Ergebnisse in kausaler Relation stehen (A verursacht B) oder nur korreliert sind (sowohl A als auch B treten in diesem Fall auf und können eine Beziehung zueinander haben oder nicht). Daher verwenden wir eine Kausalität gemäß »Küchenlogik«: Was scheinen, alles in allem, die wahrscheinlichen Ursache-Wirkungs-Beziehungen zu sein? Unsere Antworten stellen hier unsere bestmöglichen Schätzungen – unsere Modelle – für die Ursache-Wirkungs-Beziehungen in einem komplexen System dar. Diese Hypothesen können wir verwenden, um unser Denken zu beflügeln und neue Möglichkeiten zu erkunden, um die gesuchten Ergebnisse zu erreichen, auch wenn wir die Kausalität nicht in wissenschaftlichem Sinn beweisen können.

Und so fragen wir: Was verursacht die gegenwärtigen Ergebnisse beider Modelle (und hier insbesondere die Vorzüge, auf die wir am meisten Wert legen)? Beim Festival für die Allgemeinheit fragen wir also: Was verursacht dieses starke Gemeinschaftsgefühl? Liegt es nur daran, dass sich hier jeder eine Eintrittskarte kaufen kann? Was würde das Hinzufügen einer Jury und eines Preises oder branchenexklusiver Events mit diesem Gefühl machen? Und beim Branchenfestival: Was verursacht den Strom der Einnahmen an die Stadt und ans Festival? Und wie könnten diese Einnahmen auch auf anderem Wege erzeugt werden?

Wenn ein Team die Frage der Kausalität untersucht, kann es sinnvoll sein, die Ideen aus den Köpfen der Teilnehmer auf Papier zu bringen. Das effektivste Werkzeug ist hier ein Kausalmodell. Der Begriff *Kausalmodelle* kommt aus dem *Systemdenken,* einer Denkweise, bei der man versucht, ein komplexes und dynamisches Ganzes dadurch zu verstehen, dass man die Beziehungen zwischen seinen einzelnen Teilen verstehen will. Im Systemdenken versuchen Kausalschleifen-Diagramme (beziehungsweise Wirkungsdiagramme, Rückkoppelungsdiagramme), »dynamische Komplexität, Situationen, in denen Ursache und Wirkung subtil sind und in denen die Auswirkungen von Interventionen über die Zeit hinweg nicht offensichtlich sind«, zu erfassen.[5] In der Systemdynamik gibt es für die Modellkonstruktion zwar eine ausgeklügelte Praxis, aber für unsere Zwecke sind wir schon mit einem Diagramm zufrieden, das unsere Hypothese für die Ursache-Wirkungs-Dynamik im Modell erfasst und in dem die kausalen Beziehungen mit Richtungspfeilen dargestellt werden, die die unterschiedlichen Faktoren verbinden.

Für das Beispiel Filmfestival würden wir so unter der Voraussetzung, dass die Einnahmen der am stärksten geschätzte Vorzug des Branchenmodells sind, ein einfaches Modell skizzieren, das einige der wichtigsten Kräfte erfasst, die in Cannes zur finanziellen Tragfähigkeit beitragen (siehe Abbildung 6.1). Ein solches Modell könnte uns helfen, unseren Fokus von einem bestimmten Ergebnis (den Einnahmen) auf die unterschiedlichen Kräfte zu verlagern, die zu diesem Ergebnis führen. Es kann uns helfen, die entscheidenden Kräfte zu verstehen und anschließend zu ermitteln, wie wir dieselben Ergebnisse durch einen anderen Input auch in Toronto erzielen könnten.

In dem Diagramm der Abbildung 6.1 können Sie einen sich selbst verstärkenden Kreislauf erkennen: In Cannes zeigen sich die Stars, weil die Medien zugegen sind, und die Medien sind zugegen, weil sich die Stars zeigen. Die Präsenz von Stars und Medien verursacht und verstärkt den kräftigen Rummel rund ums Festival. Der Rummel sorgt für das Gefühl, das Festival sei gut fürs Geschäft, und das wiederum fördert den Ruf und die Tradition des Festivals. Der Rummel macht das Festival attraktiv für Sponsoren. Und da Sponsoren zum Festival strömen, wird es für Stars und Medien noch attraktiver. In diesem Ursache-Wirkungs-Diagramm beginnt der Rummel allmählich so auszusehen, als wäre er eine höchst wichtige Komponente für die finanzielle Tragfähigkeit.

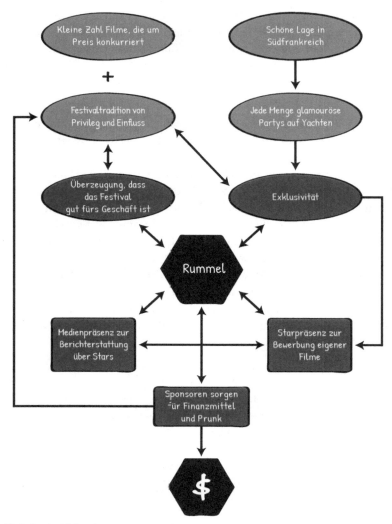

Abbildung 6.1: Ein Kausalmodell für die finanzielle Tragfähigkeit in Cannes

Denken Sie daran, dass die finanzielle Tragfähigkeit das Problem war, an dessen Lösung Handling sich gemacht hatte. Er hatte nicht einfach gefragt, wie er an zusätzliche Werbedollars gelangen könnte. Sondern er hatte sich gefragt, wie er ein neues Modell für sein Filmfestival schaffen könnte, das es auf eine solide Basis stellen und seine Dauerhaftigkeit sichern würde. Der Ansatzpunkt, den er bei seiner Untersuchung der Modelle gefunden hatte, war der Rummel.

Einen Ansatzpunkt finden

In Cannes kommt der Rummel durch die Exklusivität zustande – durch die aufwändige Begleitung der Filme, durch die Jury aus Größen der Branche, durch die Partys und

Galas und ganz besonders durch den Preis. Jedes größere Medienorgan der Welt berichtet über das Filmfestival in Cannes und über den Gewinner der Goldenen Palme. Diese Berichterstattung stellt eine kostenlose Werbung im Wert von mehreren Millionen Dollar für den Gewinner dar und etabliert über die Jahre den Ruf des Festivals.

Aber Exklusivität ist ja nicht unbedingt der einzige Weg zu Rummel. Die Herausforderung für das Festival of Festivals lautete also, den Rummel auf andere Weise zu erzeugen, einen Weg zum Rummel zu finden, der die großen Vorzüge eines umfassenden Festivals ausbaute statt verminderte. Mit anderen Worten: Wie könnte Handling all das behalten, was er an seinem Festival so liebte, und es mit einem neuen Weg zum Rummel so ergänzen, dass ein finanziell tragfähiges Filmfestival dabei herauskam? Der Schlüssel zur Lösung war darin zu finden, dass eine neue Art von Rummel produziert werden musste, die auf die Stärken eines Festivals für die Allgemeinheit setzte. Was könnte nun an einem umfassenden Festival solchen Rummel wert sein?

Letztlich, so erkannte Handling, war es das Publikum selbst. Aufgrund seines umfassenden Charakters hatte das Festival of Festivals ein Publikum von Tausenden Einwohnern Torontos, die Tickets für Filme kauften, von denen sie hofften, dass sie ihnen gefallen könnten, die ihren Freunden von den gesehenen Filmen erzählten und die in den Filmvorstellungen lachten, weinten und applaudierten. Dieses Publikum hatte das Potenzial, als Testmarkt zu dienen, und sogar als ein besonders ergiebiger Testmarkt. Denn Toronto ist in vielerlei Hinsicht (gesprochene Sprachen, ausländische Mitbürger und so weiter) die vielfältigste Stadt der Welt. Mitten in Nordamerika gelegen, bietet die Stadt ein Publikum, das dem in New York, Minneapolis oder Austin recht ähnlich ist. Aber darüber hinaus hat das Publikum in Toronto auch mit dem in London, Shanghai oder Bangalore eine Menge gemeinsam. Das heißt, wenn ein Film in Toronto dem Publikum gefällt, dann spricht vieles dafür, dass er auch dem Rest der Welt gefallen wird. Anders ausgedrückt ist das Publikum in Toronto ein aussagekräftiges Publikum.

Der Rummel in Cannes ist zu einem guten Teil auf den Preis zurückzuführen, den die Geschmacksschiedsrichter verleihen. Handling beschloss, die Vorzüge eines rummelwürdigen Preises mit dem Wert eines aussagekräftigen Publikums hier in einem umfassenden Rahmen zu kombinieren. Statt also einen exklusiven Preis ins Leben zu rufen, der von einer Branchenjury verliehen würde, wählte Handling einen bereits bestehenden, aber wenig Aufsehen erregenden Aspekt des Festivals und schob ihn ins Rampenlicht: Schon vom ersten Jahr an wurde auf dem Festival of Festivals ein kleiner Preis verliehen – ein Preis, der aufgrund einer Publikumsabstimmung dem Lieblingsfilm des Festivals zugesprochen wurde. Handling und sein Team benannten das Festival jetzt neu – es wurde nun das Toronto International Film Festival (TIFF) – und richteten die Scheinwerfer auf den Publikumspreis People's Choice Award.

Eine gute Entscheidung

Unter Handling wurde der People's Choice Award des TIFF zu einer Rummel produzierenden Maschine. Er zeigte der Branche, dass der Zugang zu einem repräsentativen Publikum und ein von diesem Publikum verliehener Preis sehr gut fürs Geschäft sein können. Handlings Überlegungen zufolge konnte der People's Choice Award sehr wirkungsvoll für Medien- und Branchen-Rummel sorgen, nicht zuletzt weil dieser Preis vorhersagen konnte, welche Filme an den Kinokassen der Welt wohl Erfolg haben würden. Eine solche Vorhersage konnte eine ganze Menge wert sein – vorausgesetzt, das Publikum in Toronto nahm seine Aufgabe ernst und machte seine Sache bei der Preisverleihung gut. Handling war sicher, dass dies der Fall sein würde, da ein Publikumspreis das Festival ja noch mehr zur Sache aller macht; er bewirkt, dass das Festival nun noch mehr der Allgemeinheit gehört. Denn jetzt bekommt das Publikum die Filme nicht nur zu sehen, sondern wird auch zu deren Jury.

Handlings Setzen auf den Publikumspreis hat sich als außerordentlich erfolgreich erwiesen. Zu den Filmen, die den TIFF People's Choice Award gewonnen haben, zählen unter anderem *Tiger and Dragon*, *Slumdog Millionär*, *The King's Speech* und *La La Land*. Der Rummel war so laut, dass das TIFF eines der berühmtesten Filmfestivals der Welt wurde und, noch wichtiger, auch das einflussreichste.[6] 2015 nahmen am TIFF schon über 300 Filme und 400 000 Zuschauer teil. Der Gewinner des TIFF People's Choice Award hat inzwischen routinemäßig Spitzenreiterstatus bei den Oscar-Verleihungen. Und das Budget des Festivals liegt bei über 40 Millionen Dollar pro Jahr, wodurch die Veranstaltung robust und höchst tragfähig geworden ist. Das Geheimnis dieses Erfolgs war integratives Denken, das eine Prüfung extremer und gegensätzlicher Modelle für Filmfestivals auf der Welt einbezog.

Die Schritte bei der Untersuchung der Modelle

Zusammengefasst: Eine Untersuchung der Modelle ist die zweite Phase des integrativen Denkprozesses. Zu diesem Schritt gehört es, beide Modelle gleichzeitig zu betrachten, sie im Spannungsverhältnis zueinander zu halten und eine Reihe von Erkundungsfragen zu stellen.
1. Wenn wir die Modelle im Spannungsverhältnis zueinander halten:
   – Was ist nach unserer Feststellung an den Modellen ähnlich?
   – Was ist nach unserer Feststellung an den Modellen verschieden?
   – Was finden wir bei beiden Modellen am wertvollsten?
2. Bei der Betrachtung, was uns an beiden Modellen am wertvollsten erscheint:
   – Was sind die echten Spannungspunkte?
   – Von welchen Annahmen gehen wir möglicherweise aus?
   – Welche wichtigen Ursache-Wirkungs-Beziehungen sind im Spiel?
3. Wenn wir noch einmal etwas Abstand gewinnen:
   – Was ist ganz genau das Problem, das wir lösen wollen?

Die Modelle im Spannungsverhältnis zueinander halten

Wenn die gegensätzlichen Modelle in ihrem Spannungsverhältnis zueinander betrachtet werden, besteht der erste Schritt darin, festzustellen, was Ihnen auffällt: Worin sind sich die Modelle ähnlich, und worin unterscheiden sie sich im Hinblick auf ihre Vorzüge und auf das Gewicht, das die jeweiligen Beteiligten auf diese Vorzüge legen? In diesem Schritt bereiten Sie sich darauf vor, tiefer in die Modelle einzusteigen und zu bewerten, welche Vorzüge jedes Modells Sie am meisten schätzen. Abbildung 6.2 zeigt beispielsweise, wie eine Gruppe von Studenten das Problem eines landesweit tätigen Einzelhändlers zunächst als Wahlentscheidung formulierte und dann zwei gegensätzliche Modelle skizzierte. In Abbildung 6.3 ist eine kurze Pro-und-Pro-Tabelle abgebildet, die auch zeigt, wie die Gruppe dem Prozess der Modelluntersuchung folgte.

Zu bestimmen, was Sie an einem Modell am wertvollsten finden, ist eine höchst subjektive Aufgabe. Es gibt nicht die eine richtige Antwort, und unterschiedliche Personen können unterschiedliche Aspekte der Modelle in unterschiedlichem Maße schätzen. Das ist aber nichts Schlechtes; eine subjektive Bewertung ermöglicht ein Gespräch darüber, welche Ergebnisse Sie am stärksten wünschen, warum Sie auf bestimmte Dinge großen Wert legen und was mögliche Wege zur Lösung des Problems sein könnten. Dieser Schritt erfordert durchdachtes Urteilen im Stil eines Managers; er erfordert, dass das Team Analyse, Logik und produktive Kommunikation hinzuzieht, um Nuancen zu erkennen, Verbindungen zu ziehen und die Wahlmöglichkeiten abzustimmen.

Problem: Ein landesweit tätiger Einzelhändler überlegt, wie er beim Sammeln und Verwenden von Kundendaten am zweckmäßigsten vorgehen soll.

Entscheidungsmöglichkeit: Sollen wir beim Nachverfolgen unserer Kundendaten die Details aggregieren und anonymisieren oder aber auf identifizierbare, individuelle Details setzen?

Modellskizzen:

Identifizierbare Kundendaten

- Transaktionsdaten mit Kundendaten verbunden.
- Identifikationsmerkmale erfasst und gesammelt.
- Detaillierte Kundenprofile werden erzeugt, der gesamte Betrieb hat Zugang.

Anonyme Kundendaten

- Nur Transaktionsdaten gesammelt.
- Keine Identifikationsmerkmale erfasst.
- Alle Transaktionsdaten werden vor Weitergabe/Nutzung aggregiert.

Abbildung 6.2: Ein Beispiel: Problem, Entscheidungsmöglichkeiten, Skizzen

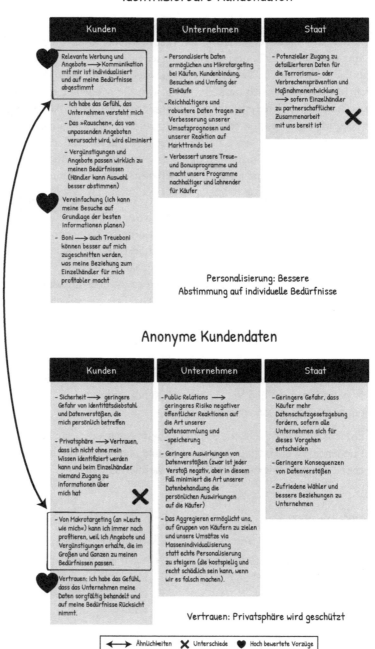

Abbildung 6.3: Untersuchung der Modelle: Pro-und-Pro-Tabellen

Wenn Sie eine integrative Herausforderung angehen, kann auch die Frage, worauf jeder Einzelne am meisten Wert legt, dazu beitragen, die Modelle und ihre Vorzüge weiter zu klären, weil die Teilnehmer dabei oft tiefer in ihre eigene Gedankenwelt einsteigen müssen, um zu erklären, worauf sie wirklich Wert legen und warum. Dies ist also ein Schritt, den es sich lohnt ernst zu nehmen. Da wir uns bisher auf die Positiva jedes Modells konzentriert haben, könnte es verlockend sein, zu sagen: »Mir gefällt an beiden Modellen alles.« Aber fordern Sie sich und Ihr Team, und analysieren Sie, was jedem von Ihnen wirklich am wertvollsten erscheint. Es kann zwar durchaus passieren, dass Ihnen am Ende alles an beiden Modellen wertvoll erscheint, aber das sollte nicht der Standard sein. Nehmen Sie sich bei diesem Schritt die Zeit, sich zu fragen: »Angesichts des Problems, das ich lösen will, und des Kontextes, in dem ich mich befinde: Was schätze ich wirklich an jedem der Modelle? Und um wirklich zum absoluten Kern vorzustoßen, sollten Sie sich fragen: Was ist der eine Vorzug jedes der Modelle, den ich wirklich nur ganz ungern aufgeben würde? Wenn Sie sich einfach nicht auf einen Vorteil festlegen können, sollten Sie überlegen, ob gefühlsmäßig ein Ungleichgewicht zugunsten eines Modells besteht oder ein Gleichgewicht zwischen beiden. Vielleicht stellen Sie fest, dass es wirklich nur einen oder zwei Kernvorzüge jedes Modells gibt, die für das Team die größte Bedeutung haben, oder dass die Gruppe vielleicht viele Vorzüge des einen Modells und nur einen wesentlichen Vorzug des anderen schätzt oder aber dass die Gruppe tatsächlich das meiste oder alles an beiden Modellen schätzt. Abbildung 6.4 bietet eine einfache Visualisierung dieser drei Situationen. Welche kommt Ihrer eigenen Situation am nächsten, wenn Sie bestimmen wollen, worauf Sie am meisten Wert legen?

Die Frage, auf welche Vorzüge Sie am meisten Wert legen, ist ein früher Check des Bauchgefühls der Gruppe in Bezug auf die einzelnen Modelle und ein möglicher Indikator, welche der Vorzüge in einer möglichen integrativen Lösung auftauchen könnten. Sie kann auch helfen, zu ermitteln, welche der am meisten geschätzten Vorzüge in einem Spannungsverhältnis zueinander stehen, welche kritischen Annahmen Sie noch einmal untersuchen wollen, welche Ursache-Wirkungs-Beziehungen noch ein wenig Nachdenken vertragen könnten und wie Sie das Problem, das Sie lösen wollen, vielleicht neu formulieren müssen.

> **Versuchen Sie einmal Folgendes:**
>
> Kehren Sie noch einmal zu dem Problem zurück, das Sie in Kapitel 5 bearbeitet haben, und fragen Sie sich: Was ist an den Modellen ähnlich? Was ist verschieden? Und worauf lege ich am meisten Wert? Treten Sie einen Schritt zurück und überlegen Sie, wie sich Ihr Denken über die Modelle verändert hat, während Sie diese Fragen durchgearbeitet haben.

Ist es wirklich ein Vorzug jedes Modells?

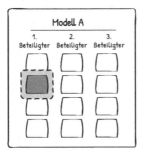 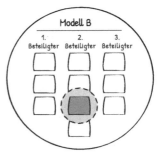

Sind es alle Vorzüge des einen Modells plus ein wesentlicher Vorzug des anderen?

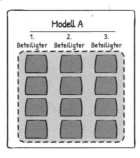 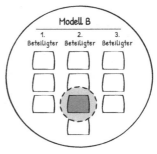

Sind es alle Vorzüge beider Modelle?

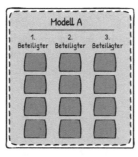 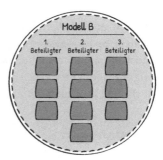

Abbildung 6.4: Bestimmen, worauf Sie am meisten Wert legen

Das eigene Denken infrage stellen

Im Leben gibt es nur wenig, was wirklich sicher wäre, aber Folgendes wagen wir doch mit Bestimmtheit zu behaupten: Wenn Sie über ein Problem so nachdenken, wie Sie schon immer darüber nachgedacht haben, dann werden Sie auch auf dieselben Lösungen kommen wie immer. Neue Lösungen erfordern neues Denken. Der nächste

Schritt bei der Untersuchung der Modelle, nachdem Sie die Vorzüge bestimmt haben, auf die Sie am meisten Wert legen, besteht mithin darin, neue Fragen zu stellen: zu den Spannungen, den Annahmen, den Ursache-Wirkungs-Beziehungen. Ihr Ziel besteht darin, Ihre gegenwärtigen Gedanken über die gegensätzlichen Modelle zu hinterfragen.

Spannungen

Auf einem hohen Abstraktionsniveau könnte es so aussehen, als bestünden unsere bisher beispielhaft vorgestellten gegensätzlichen Modelle nur aus Spannung: Wie sollte man auch gleichzeitig allumfassend und exklusiv sein, zentralisiert und dezentralisiert, standardisiert und individuell? Wenn Sie sich aber weiter hineinvertiefen, erkennen Sie nach und nach, was genau die gegensätzlichen Modelle unvereinbar macht. Welche Aspekte der Modelle stehen wirklich im Widerspruch zueinander? Und wie könnten Sie über dieses Spannungsverhältnis anders denken? Können Sie es überwinden, wenn Sie über das Problem anders denken? Oder können Sie das Spannungsverhältnis irrelevant machen, indem Sie die Lösung auf eine bestimmte Weise neu strukturieren?

Bei einer Ausbildungsveranstaltung, die wir vor einiger Zeit mit Vice Presidents und General Managern eines Konsumgüterunternehmens durchgeführt haben, erzählte uns einer der Manager, der als Hauptgeschäftsführer des Lateinamerikageschäfts tätig war, von einer kreativen Lösung, deren Ausgangspunkt ein ernsthaftes Spannungsverhältnis war. Eine der Hauptprioritäten des Unternehmens bestand im laufenden Jahr darin, die Herstellungskosten für das Produkt zu senken, um die Profitabilität zu erhöhen. Für den lateinamerikanischen Markt war die Herausforderung in puncto Profitabilität besonders krass: Während das globale Ziel in einer Senkung der Kosten um einen Dollar pro Packung bestand, lag der Wert für Lateinamerika bei fast drei Dollar.

Leider war der Lateinamerika-Manager hinsichtlich Forschung und Entwicklung sowie technischer Lösungen, die zu einer Kostensenkung führen könnten, in hohem Maße auf das globale Team angewiesen. Und da Lateinamerika ein relativ kleiner Markt war, konnte er beim globalen Team nicht genügend Aufmerksamkeit erzielen. Das globale Markenteam wusste, dass Änderungen, die es in Lateinamerika vornehmen würde, auf die globalen Zahlen nur sehr wenig Einfluss haben würden.

Das Spannungsverhältnis lag hier bei den Anreizen. Das Modell des lokalen Marktteams besagte: »Lateinamerika hat eine im Vergleich riesige Lücke, daher sollten wir uns darauf konzentrieren, die Kosten in dieser Region schnell zu reduzieren.« Im Gegensatz dazu besagte das globale Modell: »Wir haben global eine riesige absolute Lücke zu schließen, daher sollten wir uns auf unsere größten Märkte konzentrieren, um den Zeigerausschlag zu beeinflussen.«

Solange das Problem so formuliert blieb, hatte das Lateinamerika-Team kaum eine andere Möglichkeit, als zu warten, bis die globale Technik ihren Weg auf die kleineren Märkte fand. Daher fragten sich der Geschäftsführer Lateinamerika und sein Team: Wie könnten wir die Anreize des globalen Teams mit unseren eigenen zur Deckung bringen? Wie könnten wir es hinbekommen, dass es für das globale Team klug wäre, die Technik für die Kostensenkung zuerst Lateinamerika zu geben?

Der Ansatzpunkt bestand darin, eine der Annahmen neu zu formulieren. Diese Annahme lautete: Lateinamerika ist zu klein, um einen Unterschied bei den weltweiten Zahlen zu bewirken. Klein zu sein, war in dieser Hinsicht definitiv ein Nachteil. Könnte es aber nicht vielleicht auch irgendwie zum Vorteil werden, klein zu sein? Wie könnte ein Ersteinsatz der kostensenkenden Technik auf einem kleinen Markt außerordentliche Auswirkungen auf die Profitabilität bekommen?

Die Lösung bestand in diesem Fall darin, die geringe Größe des lateinamerikanischen Marktes in seinen Vorteil zu verwandeln. Dies erreichte das Team, indem es Lateinamerika dem globalen Team als den idealen Pilotmarkt für potenzielle neue Technik vorstellte. Der Test auf einem kleinen Markt würde die Gesamtkosten neuer Initiativen verringern und dem globalen Team ermöglichen, vor dem globalen Einsatz zunächst Kinderkrankheiten auszumerzen. Und da alle Technik zuerst nach Lateinamerika ginge, würde der kumulative Effekt auf die Kostenposition des lateinamerikanischen Marktes wiederum dessen Team dabei helfen, das eigene Profitabilitätsziel zu erreichen.

Das Team war von einem nicht zu behebenden Spannungsverhältnis ausgegangen, und mit dem Hinterfragen einer Grundannahme der Modelle hatten die Teammitglieder die Spannung aufgelöst und eine Lösung erreicht, die sowohl für das lokale als auch für das globale Geschäft von Vorteil war.

> **Versuchen Sie einmal Folgendes:**
>
> Machen Sie weiter mit Ihrem eigenen Problem, und schauen Sie sich noch einmal die Pro-und-Pro-Tabelle sowie die Vorzüge an, die Sie als die wertvollsten ermittelt haben. Gibt es Elemente Ihrer Modelle und insbesondere der als wertvoll betrachteten Vorzüge, die gegenwärtig in einem Spannungsverhältnis zueinander stehen? Was macht es in Ihrem Fall schwierig, diese Spannung aufzulösen?

Annahmen

Eine Annahme ist nur ein Glaube, eine Überzeugung, die wir hegen, ohne bewusst Belege zu prüfen, die dafür oder dagegen sprechen. Daher ist es logisch, dass ein Überdenken unserer Annahmen nicht nur dazu führen kann, dass wir entdecken, welche Belege für unsere Überzeugung sprechen, sondern auch, was möglich sein könnte, wenn die Annahme nicht zutrifft. Wie wir in diesem Buch betonen, besteht eines der Grundprinzipien des integrativen Denkens in der Erkenntnis, dass jedes Modell falsch ist. Mit dem Hinterfragen von Annahmen wird diese Haltung konsequent umgesetzt.

Wie sieht ein Hinterfragen von Annahmen nun in der Praxis aus? Der Fall Lateinamerika ist ein Beispiel dafür. Hier folgt ein weiteres: Ein Produktteam beschloss vor einiger Zeit, auf integratives Denken zu setzen, um die Möglichkeiten für seine künftige Strategie zu erweitern. Daher forderten wir das Team auf, eine Reihe von strategischen Entweder-oder-Entscheidungsmöglichkeiten zu definieren. Insbesondere kämpfte das Team mit der Notwendigkeit, einen Plan für strategisches Wachstum zu entwickeln. Eine Wahlmöglichkeit, die die Teammitglieder hier formulierten, bestand in der Frage, ob man, ausgehend vom Kerngeschäft auf bestehenden Märkten, langsam wachsen oder aber als schnell agierender Störenfried in neue Märkte eindringen solle. Bei der Untersuchung verliebte sich das Team dermaßen in die Vorzüge eines Auftretens als Störenfried, dass die Mitglieder begannen, die Grundannahme ihrer Kompromisslage zu hinterfragen: Warum sollten sie als Störenfried (der schnell agiert, konsequent erneuert, schlank operiert) nur auf Märkten aktiv werden, auf denen sie Neuankömmlinge wären? Warum sollten Sie ein solches Verhalten nicht auch auf bestehenden Märkten an den Tag legen? Diese Erkenntnis markierte eine erhebliche Änderung der Denkweise im Team und trug dazu bei, dass ein Haufen neuer strategischer Möglichkeiten ersonnen wurde.

> **Versuchen Sie einmal Folgendes:**
>
> Ermitteln Sie bei Ihrem laufenden Problem mindestens drei Annahmen, die Ihren gegensätzlichen Modellen jeweils zugrunde liegen. Denken Sie zum Beispiel an Annahmen, die Sie über Ihre Hauptbeteiligten machen, über Ihr eigenes Unternehmen und seine Fähigkeiten, über Wettbewerber und über die Welt als Ganzes. Was könnte Sie zu der Überzeugung veranlassen, dass diese Annahmen zutreffen oder aber nicht? Was könnte möglich sein, wenn eine Annahme nicht zutrifft?

Ursache-Wirkungs-Beziehungen

Warum sind wir beim integrativen Denken so sehr an einer Untersuchung von Ursache-Wirkungs-Kräften interessiert? Zum Teil liegt das daran, dass ein Verstehen der Kausalität Vorhersagekraft hat; wenn Sie das Wirken der kausalen Kräfte sehen, dann können Sie Ergebnisse besser vorhersagen, bei denen diese Kräfte am Werk sind. Aber ein Denken in Kausalitäten hilft auch bei der Untersuchung alternativer Möglichkeiten zur Herstellung von Ergebnissen. Daher kann ein Anfertigen von Kausaldiagrammen für hoch bewertete Vorzüge Erkenntnisse für potenziell neue Lösungen ergeben.

Wir fordern Teams auf, die kausalen Kräfte auf Papier zu skizzieren. Wenn unsere Kausalmodelle unausformuliert bleiben, vereinfachen wir in der Regel die Natur der Beziehungen, die wir auf der Welt sehen, zu stark. Das Zeichnen eines Kausaldiagramms kann eine lästige Aufgabe sein, hilft Gruppen aber oft dabei, ihre Ansichten darüber zu koordinieren, was im System passiert. Eine Gruppe von Medizinstudenten beschloss zum Beispiel in einem unserer Kurse, die beeindruckende Herausforderung anzugehen, Patienten zu behandeln, die sowohl obdachlos als auch geisteskrank sind. Ihre gegensätzlichen Modelle lauteten: entweder vorrangig medizinisch behandeln, sich primär auf die Erkrankung konzentrieren und alle anderen Faktoren (die so genannten sozialen Determinanten der Gesundheit) als außerhalb der Reichweite einer Behandlung betrachten, oder aber sich auf die sozialen Determinanten (in diesem Fall Obdach) konzentrieren statt auf die Behandlung der Krankheit an sich. Das zweite Modell war der Gruppe höchst unbehaglich, aber man kam voran.

Ein wichtiger Moment der Erkenntnis entstand für die Gruppe bei der Anfertigung eines komplexen Kausaldiagramms für eine effektive Behandlung, das Themen wie Stigmatisierung, Motivation, Zugangsmöglichkeiten, stetiges Einkommen, Stress und Unabhängigkeit beleuchtete. Als entscheidender Ansatzpunkt kam die Gruppe auf Stabilität, sowohl in sozialer als auch in medizinischer Hinsicht. Sie fragten: Wie könnten wir ein System entwerfen, das für Stabilität sowohl bei der Behandlung (die oft planlos und in akuten Fällen erfolgte) als auch bei der sozialen Unterstützung (die bürokratisch und kompliziert sein kann) sorgt? Die Anfertigung einer kausalen Übersicht veränderte ihr Denken über die Rolle von Ärzten im weit gefassten Gesundheitssystem auf eine Art, die ihnen nach unserer Überzeugung gut tun wird, nachdem sie ihr Medizinstudium abgeschlossen haben.

> **Versuchen Sie einmal Folgendes:**
>
> Bleiben Sie weiter bei Ihrer eigenen Herausforderung, und fragen Sie sich: Was sind die wichtigsten Vorzüge, und wie werden sie zurzeit hergestellt? Fertigen Sie sich ein Kausalmodell von wenigstens einem entscheidenden Vorzug an. Überlegen Sie dann, wie Sie ins System eingreifen könnten, um ein anderes Ergebnis zu erzielen oder um dasselbe Ergebnis auf anderem Wege zu erreichen.

Abstand gewinnen

Es passiert leicht, dass man vom Untersuchen der Modelle direkt zum Problemlösen übergeht. Aber damit sollten Sie nicht zu schnell sein, denn sonst kürzen Sie das Infragestellen der eigenen Gedanken ab, das für den ganzen Prozess so wichtig ist. Wenn hier neue Lösungsvorschläge auftauchen, sollten Sie sie natürlich notieren, aber brechen Sie deswegen nicht verfrüht die Untersuchung der Spannungen, der Annahmen und der Kausalität ab. Lassen Sie sich Zeit, Ihre eigenen Gedanken zu hinterfragen. Und bevor Sie dann explizit zur nächsten Phase übergehen, sollten Sie erst eine kleine Pause einlegen und noch einmal das Problem überdenken, das Sie zu lösen versuchen.

Ein Rückbesinnen aufs Problem kann in dieser Phase zwei nützliche Dinge bewirken:
1. Es kann dazu beitragen, dass die weitere Diskussion das Problemfeld nicht verlässt, dass die Gruppe also bei ihrem Brainstorming nicht etwa ganz allgemein nach guten Ideen sucht, sondern bei der Suche nach Lösungen für ein ganz spezifisches Problem bleibt. Denken Sie zum Beispiel daran, dass es beim Thema Filmfestival nicht etwa darum ging, ganz allgemein ein besseres Filmfestival zu entwerfen, sondern ein finanziell tragfähigeres.

2. Es kann auch die Gelegenheit sein, das Problem auf Grundlage neuer Gedanken neu zu formulieren. Oft ist eine solche Neuformulierung nur eine Verfeinerung des ursprünglichen Problems (von »Wie könnten wir das TIFF tragfähiger machen?« zu »Wie könnten wir den allumfassenden Charakter nutzen, um genau den Rummel zu bewirken, der das Festival tragfähig macht?«). In anderen Fällen kann die Änderung aber auch dramatischer ausfallen, insbesondere wenn Sie entdecken, dass das Problem, an dessen Lösung Sie zu arbeiten meinen, sich als weniger bedeutsam herausstellt als ein anderes, auf das Sie erst im Zuge Ihrer Modelluntersuchung gestoßen sind. Wenn das der Fall ist, kann es sein, dass Sie den gesamten Prozess noch einmal mit neuen gegensätzlichen Modellen durchlaufen müssen. Lassen Sie sich in diesem Fall aber nicht entmutigen. Eine bedeutsame Neuformulierung ist oft der Schlüssel zu einer wirklich guten Lösung.

Die stärkste Neuformulierung eines Problems, der wir je begegnet sind, kam von einer Gruppe von Oberstufenschülern. Die Schüler berieten eine Lebensmittel-Tafel, die die Räumlichkeiten der Schule für ihre Zwecke nutzte. Das Problem, so wie es den Schülern präsentiert wurde, bestand darin, wie die Arbeit der Organisation bestmöglich strukturiert werden könnte. Angesichts des knappen Angebots an Platz und Ressourcen waren die Mitarbeiter der Tafel geneigt, die Verteilung der Lebensmittel so zu organisieren, dass Zeit und Raum möglichst effizient genutzt wurden. Aber die Mitarbeiter hatten Bitten vonseiten der Kunden ihrer Tafel erhalten, die sich ein anderes Vorgehen wünschten. Die Kunden wünschten sich eine Struktur, die mehr Zeit und Raum erfordern würde und ihnen erlaubte, besser nach ihren Bedürfnissen bedient zu werden (zum Beispiel durch die Schaffung eigener Abteilungen für halal, koschere und vegetarische Lebensmittel).

Die Schüler hatten zu kämpfen, als sie formulieren sollten, was sie an beiden Modellen schätzten. Beim bestehenden, effizienten System hatten die Schüler so viel Empathie für die Mitarbeiter, dass es ihnen leichtfiel, sich in alles zu verlieben, was mit Effizienz zu tun hatte; sie konnten leicht einsehen, warum es so wichtig war, Ressourcen zu maximieren und Verschwendung zu minimieren. Die Gruppe konnte sich auch nur schwer vorstellen, wie die Tafel die Wünsche ihrer Stammkunden gegebenenfalls überhaupt erfüllen sollte, da schließlich nur so und so viel Zeit und Raum zur Verfügung standen.

Mit der Frage, was sie an dem Modell »Die Tafel so organisieren, wie es die Kunden wünschen« schätzen sollten, rang die Gruppe mehrere Kurseinheiten lang. Je länger sie das Modell untersuchten, desto weniger schätzten sie es. Das benutzerorientierte Modell erschien ihnen überhaupt nicht attraktiv; sie konnten nicht erkennen, in welcher Form es für die Kunden denn nun so furchtbar vorteilhaft sein sollte, selbst für diejenigen, die am vehementesten für eine Änderung eintraten. In den Augen der Schüler hatte das kundenorientierte Modell das Potenzial, die Nutzung der Tafel schwieriger und teurer zu machen. Die Gruppe stand schon davor, sich für das bestehende, effiziente Modell der Tafel zu entscheiden und die Sache damit gut sein zu lassen.

Der Wendepunkt kam, als einer der Schüler, Collin, erzählte, wie er selbst einmal mit seiner Mutter zu einer Tafel gegangen war, als sie gerade nach Kanada gezogen waren. Er erinnerte sich, wie beschämt seine Mutter ihm vorgekommen war. Normalerweise sei sie stolz, stark und furchtlos gewesen. Bei der Tafel jedoch sei sie nur mit gesenktem Kopf herumgelaufen und hätte jeden Blickkontakt vermieden.

Als Collin seine Geschichte erzählte, wurde die Gruppe still und nachdenklich. Dann meldete sich eine seiner Teamkameradinnen zu Wort: »Und wenn es hier in Wirklichkeit um Würde geht?« Und sie führte ihre Gedanken weiter aus: Vielleicht wollten die Nutzer der Tafel ja deshalb eine neue Organisation der Lebensmittelverteilung, weil das zeigen würde, dass sie, die Nutzer, von Bedeutung seien und Respekt verdienten. Was wäre denn, wenn das zu lösende Problem in Wirklichkeit lautete: Wie könnten wir am besten einen effizienten Service organisieren, bei dem die Kunden ihre Würde behalten? Die Gruppe war sich einig, dass dies ihr neues lösenswertes Problem war. Sie waren beim letzten Schritt der Modelluntersuchung, und diese Neuformulierung versetzte sie jetzt in die Lage, jede Menge neue Möglichkeiten für die Tafel und ihre Nutzer zu entwerfen.

Die Fragen und Schritte bei der Modelluntersuchung sind nicht als Checkliste gedacht. Es geht nicht darum, die Fragen eine nach der anderen durchzugehen und abzuhaken. Die Fragen sollen vielmehr Gespräche auslösen und zum Denken anregen. Wenn es in der ersten Phase des integrativen Denkprozesses darum ging, das eigene Denken zu erfassen, geht es in der zweiten Phase jetzt darum, das eigene Denken zu hinterfragen. Beides sind metakognitive Aufgaben, aber in dieser zweiten Phase legen Sie wirklich die Grundlagen für die anschließende kreative Arbeit: eine überlegene integrative Lösung für das Spannungsverhältnis zwischen Ihren bestehenden Modellen zu finden.

Es ist zwar nicht wahrscheinlich, dass jede Frage in dieser Phase zu einer umwerfenden Erkenntnis führt, aber jede soll Ihnen und Ihrem Team helfen, sich stärker in die Modelle zu vertiefen und zu verstehen, wie Sie über die Modelle denken. Jede Frage zielt darauf ab, Ihnen über Ihre bestehenden Vorurteile hinwegzuhelfen, wie die Welt beschaffen sei, und Sie ans Überlegen zu bringen, wie die Welt sein könnte.

Mustervorlagen

Abbildung 6.5 stellt Ihnen eine Mustervorlage zur Verfügung, die als Anleitung beim Untersuchen der Ähnlichkeiten, Unterschiede und wertvollsten Vorzüge Ihrer Modelle dienen kann. Abbildung 6.6 ist eine Mustervorlage, die Sie nutzen können, um die Spannungen zwischen Ihren Modellen aufzuzeigen. Abbildung 6.7 ist eine Mustervorlage, die sich auf die Kernannahmen der Modelle bezieht. Und Abbildung 6.8 ist eine Mustervorlage zum Überlegen und Abbilden wichtiger kausaler Beziehungen.

Ähnlichkeiten ↔

- Wo sehen Sie Vorzüge, die in irgendeiner Form beide Modelle liefern?

- Wo sehen Sie, dass die Ergebnisse zwar in beiden Modellen unterschiedlich sind, aber durch ähnliche Mechanismen herbeigeführt werden?

Unterschiede ✗

- Was sind die Vorzüge, die von einem Modell, nicht aber dem anderen produziert werden?

- Inwiefern begünstigen die Modelle die Beteiligten auf unterschiedliche Weise?

Hoch bewertete Vorzüge

Wenn Sie die Modelle gemeinsam betrachten: Wie verteilen sich die höchstbewerteten Vorzüge auf beide?
  - Liefert jedes Modell wirklich genau einen wesentlichen Vorzug?

  - Sind es alle Vorzüge des einen plus ein wesentlicher Vorteil des anderen Modells?

  - Sind es sämtliche Vorzüge beider Modelle?

Abbildung 6.5: Mustervorlage: Ähnlichkeiten, Unterschiede und höchstbewertete Vorzüge

Spannungen

- Welche Elemente der beiden Modelle stehen im Spannungsverhältnis zueinander? Was würde Sie daran hindern, beide Modelle gleichzeitig zu verwenden?

- Wo überlappen sich Spannungselemente und höchstbewertete Vorzüge?

- Was müssten Sie ändern, damit sich die Spannungen auflösen?

Abbildung 6.6: Mustervorlage: Spannungen

Annahmen❓

- Was sind die Kernannahmen, die den Modellen jeweils zugrunde liegen?

    Modell 1   Modell 2

    1.   1.

    2.   2.

    3.   3.

- Wie könnten Sie über das Problem anders denken, sollten diese Annahmen nicht zutreffen?

Abbildung 6.7: Mustervorlage: Annahmen

Kausale Beziehungen

- Was sind die wertvollsten oder entscheidenden Vorzüge jedes Modells?

Skizzieren Sie ein Kausalmodell für den entscheidenden Vorzug oder das meistgewünschte Ergebnis. Beachten Sie dabei:

- Was ist Ursache wofür?
- Wo könnten wichtige Feedbackschleifen und Abfahrtrampen zu finden sein?

Abbildung 6.8: Mustervorlage: Kausale Beziehungen

Kapitel 7: Möglichkeiten schaffen

> »Kreativität kann man gar nicht verbrauchen. Je mehr du von ihr Gebrauch machst, desto mehr bekommst du. Es ist unsere eigene Schande und unser eigener Verlust, wenn wir Menschen davon abhalten, kreativ zu sein. Kreativität wird viel zu oft unterdrückt statt gefördert. Es muss ein Klima herrschen, das zu neuem Denken, Wahrnehmen und Fragen ermuntert.«
>
> *Maya Angelou*

Es dürfte schwerfallen, Menschen zu finden, die so viel Einfluss auf das heutige Geldanlageverhalten hatten wie Jack Bogle. Der Gründer und frühere CEO der Vanguard Group, einer Investmentgesellschaft, die mehr als 3,5 Billionen Dollar verwaltet, hat die Branche dramatisch verändert. In einer Branche, die von Erträgen besessen ist, lenkte er den Fokus auf die Kosten. Er schuf den ersten Indexfonds. Er war Pionier bei den No-Load-Fonds (Investmentfonds ohne Ausgabeaufschlag). Er wurde von *Fortune* zu einem der vier Giganten des 20. Jahrhunderts im Bereich Investment ernannt (neben Warren Buffett, Peter Lynch und George Soros).

Aber zuvor wurde er erst einmal entlassen.

Bogle war noch unter 40, als er Chef der Wellington Management Company wurde, die damals zu den führenden Gesellschaften bei Verwaltung und Verkauf von Mischfonds gehörte. Solche Mischfonds hatten, wie der Name schon sagt, ein breites Portfolio von Anlagen, darunter konservative Aktien und Anleihen von hoher Bonität. Als Bogle CEO wurde, stand Wellington Management vor einer Krise: Mit dem Aufkommen spekulativerer Aktienfonds (sprich Fonds mit höherem Risiko und höheren Ertragschancen) verloren die Anleger das Interesse an langweiligen traditionellen Mischfonds.

Bogle erinnerte sich an diese Zeit in einem Essay, der aus Anlass seines 65-jährigen Jubiläums in der Investmentfondsbranche erschien: »Wir konnten nur hilflos zusehen, wie der Anteil der Mischfonds an den Branchenumsätzen von seinem Höchststand von 40 Prozent im Jahr 1955 über 17 Prozent im Jahr 1965 auf 5 Prozent im Jahr 1970 fiel.«[1] Unter dem Druck, die »Boom«-Philosophie der Zeit aufzugreifen, initiierte Bogle eine Fusion mit Thorndike, Doran, Paine and Lewis, einer kleinen Gesellschaft aus Boston. Bogle erklärte sich bereit, seinen neuen Partnern für einen aggressiven Aktienfonds den größten Teil der Stimmrechte von Wellington abzutreten. Die Idee bestand darin, eine breitere, tragfähigere Wachstumsgrundlage zu schaffen. Bogle wurde zum CEO der verbundenen Firma ernannt.

1974 forderte die große Baisse dann ihren Tribut von den aggressiven, spekulativen Fonds. Die Boom-Fonds fielen schneller und tiefer als der S&P 500, der seinerseits schon um fast 50 Prozent gefallen war.[2] Wellington Management war stark betroffen: Das Vermögen sank von 2,6 Milliarden Dollar auf 1,4 Milliarden Dollar, und der Aktienkurs fiel von 50 Dollar pro Aktie im Jahr 1968 auf unter zehn Dollar pro Aktie Anfang 1974. Schließlich ließen die aggressiven Geldmanager, die Bogle selbst in die Firma geholt hatte, ihn am 23. Januar 1974 als CEO von Wellington Management entlassen.

Zufällig hatte Bogle am nächsten Morgen eine Besprechung mit dem Vorstand der Wellington-Fonds. Eine komplexe Organisationsstruktur brachte mit sich, dass Management und Aufsicht der Fonds sowie Management und Aufsicht der Management-Gesellschaft voneinander getrennt waren. Bogle war CEO sowohl von Wellington Management als auch der Wellington-Fonds gewesen. Entlassen wurde er von der Management-Gesellschaft. CEO der Fonds war er geblieben, zumindest erst einmal über Nacht. Erschöpft und ziemlich verärgert unternahm er einen letzten verzweifelten Versuch, auch weiterhin CEO der Wellington-Fonds zu bleiben. Sein erster Vorschlag – die Fonds sollten der Management-Gesellschaft die gesamten Investmentfonds-Aktivitäten abkaufen – erwies sich zu diesem Zeitpunkt als ein wenig zu radikal. Aber er durfte CEO der Wellington-Fonds bleiben und konnte den Vorstand überzeugen, eine neue Tochtergesellschaft zu gründen, die den Fonds gehörte und alleinverantwortlich für deren Verwaltung war.

Die Tochtergesellschaft war aber angewiesen, sich nicht im Bereich Investmentmanagement, Marketing und Distribution zu betätigen; diese Aufgaben sollte weiterhin Wellington Management übernehmen. Es war ein absurdes Arrangement. »Ich war da ganz ehrlich zu mir selbst; es macht keinen Sinn, eine Verwaltungsgesellschaft zu gründen, die nicht für Investmentmanagement oder Distribution zuständig ist. Und doch hatten wir die Übereinkunft, dass ich keines von beiden machen würde. Aber ich stellte mir vor, dass wir das würden umgehen können«, sagte er schmunzelnd.[3]

Zuerst einmal musste Bogle seine Situation in den Griff bekommen. Er wollte keine lahme, rein verwaltende leere Hülse einer Firma leiten, und er wusste, er konnte nicht einfach die Vereinbarungen ignorieren, um sich im traditionellen Fondsmanagement engagieren zu können. Er brauchte eine neue Lösung, und einen Ansatz erkannte er in einem fundamentalen Spannungsverhältnis, das er im Zentrum der Investmentbranche sah: die Wahl, entweder im Interesse der Aktionäre der Managementgesellschaft zu arbeiten (wie die meisten Firmen, die unabhängig von ihren Erträgen hohe Gebühren forderten) oder im Interesse der Kunden (was laut Peter Drucker die einzige echte Existenzberechtigung für ein Unternehmen darstellt). Dieses Spannungsverhältnis gilt nicht allein für Bogles Kontext; es ist ein Spannungsverhältnis, das die gesamte moderne Unternehmenswelt durchzieht und über das Roger schon 2011 in seinem Buch *Fixing the Game* ausführlich geschrieben hat.[4]

Bogle hegte schon lange die Vorstellung, die Kunden der Investmentfonds sollten die treibende Kraft der Branche sein. In seiner Abschlussarbeit als Student in Princeton hatte er geschrieben, Investmentfonds sollten »ihren [Kunden] so effizient, ehrlich und wirtschaftlich wie möglich dienen«.[5] Er sah aber, dass der Kunde in der gegenwärtigen Konstruktion oft nur eine Schachfigur war. Die gesamte Macht lag bei den Aktionären der Managementgesellschaft. Diese belastete mit ihren Gebühren für Management und Distribution den Fonds. Die Managementgesellschaft verdiente einen erheblichen Teil der Investmenterträge des Fonds. Die Erträge gingen zum größeren Teil an die Aktionäre der Managementgesellschaft als an die Fondskunden.

Bogle beschloss, in seiner neuen Tochtergesellschaft dagegen ganz auf das Kundenmodell zu setzen und die Kunden so zum Mittelpunkt zu machen wie noch nie. Dazu änderte er die Eigentumsstruktur. Statt die vorherrschende Struktur mit Aktionären und Kunden zu akzeptieren, machte er seine Fonds-Kunden durch Vergemeinschaftung letztlich zu den Eignern des Unternehmens. (Der englische Ausdruck *mutualization* bezeichnet den Vorgang, dass ein Unternehmen, das zuvor Aktionären gehört hat, seine Rechtsform in eine Gesellschaft auf Gegenseitigkeit oder Genossenschaft ändert, bei der die Mehrheit der Anteile den Kunden gehört.)

Bogle »mutualisierte« also seine Tochtergesellschaft und minimierte dann den Managementapparat und die Gebühren, um dafür zu sorgen, dass er den Gesamtnutzen für die Kunden maximieren konnte. Er sagte: »Ich hatte mir schon sehr, sehr lange Sorgen um die Branchenstruktur gemacht ... Niemand kann zwei Herren dienen.« Bogle entschied sich für den Herren, dem er dienen wollte – den Fondskunden –, und schaffte sich eine Struktur, die das möglich machte.

Die Geburt des Indexfonds

Der entscheidende Ansatzpunkt bei Bogles Lösung war, wie sich herausstellte, der Indexfonds. Wenn Sie sich erinnern, war es Bogles neuer Einheit ja untersagt, Fonds regelrecht zu managen. Aber zum Glück ist es ja so, wie Bogle frohgemut feststellte: »[Ein Index-]Fonds wird nicht gemanagt!« Wie Sie vielleicht wissen, hält ein Indexfonds Aktien in genau dem Verhältnis wie ein großer Börsenindex, typischerweise hier der umfassende S&P 500. Entsprechend konstruiert, imitiert ein Indexfonds einfach das jeweilige Marktsegment, ohne dass er aktiv gemanagt werden müsste. Ein Indexfonds, so Bogle, maximiert den Wert für die Kunden, weil er mit sehr geringen Kosten betrieben werden kann. Es war, wie er sagte, »eine einfache Rechenaufgabe: Bruttoertrag minus Kosten gleich Nettoertrag«. Ein Indexfonds konnte sehr gute Nettoerträge liefern.

Und auch noch einen zweiten wichtigen Vorteil hatte ein Indexfonds. Bogle erklärte: »Ich sah, dass die Achillesferse der Fondsbranche Fonds waren, die ganz stark stiegen und ganz stark fielen. Und eine Fondsleistung, die stark vom Markt abweicht, wirkt sich verheerend aus ... Die Anleger stecken Geld in den Fonds, wenn er gut läuft, und ziehen es ab, wenn er schlecht läuft. Das ist der Grund, warum Fondsanleger mit ihren Erträgen so weit hinterherhinken, selbst hinter den unzulänglichen Erträgen, die die meisten Fonds verdienen.« Durch den Versuch, ihre Anlagen vorausschauend an künftige Fondsergebnisse anzupassen, geraten die Anleger bei den realen Erträgen ins Hintertreffen. Was ein Indexfonds hier bietet, so Bogle, sind eine Konzentration auf Langfristigkeit, komplette Diversifizierung, niedrigste Kosten und relative Vorhersagbarkeit, sodass den Anlegern eine erhebliche Risikominderung und Vermögensakkumulation ermöglicht wird.

Indexfonds-Anleger müssen sich keine Sorgen machen, ob sie den richtigen Fonds gewählt haben; alle umfassenden Marktfonds folgen dem Marktindex. Wenn der Indexfonds hoch steht, dann tut er das, weil der Markt stark ist, und nicht, weil der richtige Fonds gewählt wurde. Und wenn der Indexfonds niedrig steht, dann tut er das, weil der

Markt schwach ist, und nicht, weil der falsche Fonds gewählt wurde. Das Rezept lautet hier: kaufen, halten, abwarten; und nicht: auf der Jagd nach den cleversten Managern und den höchsten Erträgen vom einen gemanagten Fonds zum anderen wechseln.

Bogles erster Indexfonds wurde von den einen mit Schulterzucken begrüßt, von den anderen mit lautem Protest. Manche bezeichneten ihn sogar als unamerikanisch. Aber er erwies sich als äußerst erfolgreich. 2016 wurde geschätzt, dass in den USA beachtliche 20 Prozent der angelegten Dollars in verschiedenen Arten von Indexfonds steckten, und Bogles kleine Tochtergesellschaft, die er Vanguard nannte, ist heute die größte Investmentfondsgesellschaft der Welt – all das dank Bogles Bereitschaft, angesichts eines speziellen Problems in seiner Branche den Sprung zu einer kreativen neuen Lösung zu wagen (und dank schnellem Nachdenken in der Nacht, als er entlassen wurde). Für Bogle war die integrative Lösung im Rückblick offensichtlich. »Es geht hier einfach um den allgemein verbreiteten gesunden Menschenverstand«, wendete er ein. Das mag wohl sein, aber wie Voltaire bereits anmerkte: »Der allgemein verbreitete gesunde Menschenverstand ist nicht so allgemein verbreitet.«

Drei Wege zur Auflösung von Spannungen

Bogles Vorgehen beim Auflösen der Spannung zwischen bestehenden Modellen hat viel mit dem Vorgehen gemeinsam, das Piers Handling bei seinem Festival of Festivals wählte. Beide nutzten ihr reiches Wissen über die kausalen Kräfte in ihrer Branche, um eine bessere Lösung zu erdenken, mit der sich in das bevorzugte Modell ein Schlüsselvorteil des entgegengesetzten Modells integrieren ließ. Dies ist, wie sich herausstellt, einer der drei Wege zur Integration, auf denen sich die Spannung zwischen gegensätzlichen Modellen auflösen lässt.

Diese drei Wege haben wir als eine Art Reaktion auf unsere eigene Frustration erarbeitet. Denn in der Anfangszeit unseres Unterrichts im integrativen Denken hatten wir den Übungsteilnehmern recht wenig anzubieten, nachdem wir sie aufgefordert hatten, gegensätzliche Modelle zu formulieren und die Modelle gründlich zu durchdenken. Wir hatten zwar jede Menge allgemeine Tipps zum Brainstorming und zum Herstellen der Bedingungen für Kreativität, aber wenn es darum ging, wie sich ganz konkret eine überlegene Lösung schaffen ließ, hatten wir keinen wirklichen Rat. Im Grunde sagten wir den Übungsteilnehmern nur, sie sollten gründlich nachdenken, um auf eine integrative Lösung zu kommen. Wenn das für uns schon unbefriedigend war, dann können Sie sich vorstellen, wie das für unsere Studenten gewesen sein muss.

Daher bemühten wir uns, zu verstehen, wie die Leute vorgegangen waren, die integrative Lösungen gefunden hatten. Gab es da einen bestimmten Weg, den sie einschlugen, um die Spannung aufzulösen? War in den Lösungen, auf die sie kamen, ein Muster zu entdecken? Dafür sahen wir uns alle Beispiele für integratives Denken noch einmal an, die Rogers erste Interviews und unsere Studenten geliefert hatten.

Und dabei haben wir dann drei Typen der Integration gefunden, die grob den drei Bedingungen und den drei kritischen Fragen entsprechen, die wir in Kapitel 6 vorgestellt haben. Es kann gut sein, dass diese drei Typen der Integration nicht die einzigen Wege zur kreativen Lösung sind. Wir hoffen sogar, dass sich mit der Zeit noch weitere Wege finden werden. Aber zurzeit repräsentieren diese drei Wege den besten Rat, den wir Ihnen für diese Phase des Prozesses geben können. Es sind drei Richtungen, in die Sie auf der Suche nach einer integrativen Lösung schauen können.

Der Einprägsamkeit halber haben wir den drei Wegen Namen gegeben: Das verborgene Juwel, Verdoppeln und Zerlegen. Im Folgenden erklären wir diese drei Wege einen nach dem anderen und illustrieren anhand von Beispielen, wie jeder Weg in der Praxis aussieht. Wir beginnen mit dem verborgenen Juwel und ein wenig Tennis.

Weg 1: Das verborgene Juwel

Tennis ist nicht unbedingt die Sportart, an die man traditionell denkt, wenn von Kanada die Rede ist. Kanadische Kinder werden eher auf der Eishockeyfläche groß als auf dem Tennisplatz. So war es zumindest 2005. Zu dieser Zeit war Kanada in der globalen Tennisszene nahezu bedeutungslos. Im Herren-Einzel hatte Kanada schon über 20 Jahre keinen Spieler mehr unter den Top 50 gehabt, und in den Top Ten war überhaupt noch nie einer gewesen. Bei den Damen sah es auch nicht viel besser aus: Seit 1985 waren nur drei Spielerinnen unter den Top 50 gewesen und eine unter den Top Ten. Vergleichen Sie das einmal mit dem US-Tennis, das allein 2005 zwei Herren unter den Top Ten der Welt hatte und drei Spielerinnen unter den Top Eleven, darunter die Nummer eins der Welt.

Überdies hatten es kanadische Spieler auch noch nie bis in ein Grand-Slam-Einzel-Finale geschafft und nur eine Kanadierin wenigstens bis ins Halbfinale – Carling Bassett 1984. Es gab nur einen einzigen dauerhaften Lichtblick im kanadischen Tennis: Daniel Nestor, der mehr als 90 Doppel-Titel gewann, darunter acht Grand-Slam-Turniere. Aber Nestors Erfolg erwies sich auch eher als Ausnahme denn als Stein, auf den man bauen konnte.

Aus geschäftlicher Sicht befand sich Tennis Canada, der Landesverband der Sportart, in einer ähnlich misslichen Lage. Die Organisation hatte 18 Millionen Dollar Schulden aufgenommen, um ihr Stadion in Toronto zu modernisieren, nachdem die Association of Tennis Professionals (ATP) gedroht hatte, ihr anderenfalls das Recht auf Ausrichtung eines Masters-Turniers zu entziehen. Die Schuldenlast führte in Verbindung mit relativ bescheidenen laufenden Einnahmen dazu, dass Tennis Canada nur drei Millionen Dollar pro Jahr zur Entwicklung von Spielern zur Verfügung standen. In deutlichem Kontrast dazu nahmen die Tennisverbände der USA, Frankreichs, Australiens und Großbritanniens routinemäßig ein Vielfaches dieser Summe aus ihren Grand-Slam-Ereignissen ein (US Open, French Open, Australian Open und Wimbledon – die vier wichtigsten und profitabelsten Tennisturniere der Welt). Die Grand-Slam-Turniere verschafften diesen vier Ländern viel mehr Geld, das sie für die Tennis-Entwicklung ausgeben konnten, als Tennis Canada je erhoffen durfte.

Zwei gegensätzliche Systeme

Vor diesem trostlosen Hintergrund beschloss der Vorstand von Tennis Canada, es sei an der Zeit, dass Kanada endlich aufhöre, sich mit lähmender Mittelmäßigkeit abzufinden, und stattdessen anfange, sich zu einer dauerhaft führenden Tennisnation zu entwickeln. Diese Entwicklung begann mit dem neuen Vorstandsvorsitzenden Jack Graham, dem neuen CEO Michael Downey und zwei neuen Vorstandsmitgliedern, die Graham später als Vorsitzende nachfolgen sollten: Tony Eames und Roger Martin (ja genau, der Roger Martin, der auch Koautor dieses Buches ist). Diese Gruppe begab sich explizit daran, eine neue Lösung zu finden, und richtete ihre Aufmerksamkeit auf zwei Länder, die, neben Russland und der Schweiz, in den vergangenen 25 Jahren besonders erfolgreich damit gewesen waren, führende Spieler hervorzubringen: Frankreich und die USA. Die Modelle für die Tennis-Entwicklung in diesen beiden Ländern repräsentierten zwei überlegt konstruierte, äußerst wirkungsvolle und höchst gegensätzliche Vorgehensweisen. Frankreich auf der einen Seite hatte ein strikt definiertes, höchst standardisiertes, zentralisiertes Hochleistungs-Entwicklungsprogramm. Jugend-Spieler, die Talent und Siegeswillen zeigten, wurden schon in ganz jungen Jahren ins System des französischen Tennisverbands integriert. Von da an kontrollierte das französische System ihr gesamtes Tennisleben bis hin zu Ort und zu Art ihres Trainings.

Die United States Tennis Association (USTA) dagegen arbeitete auf höchst individualisierte, dezentralisierte und typisch amerikanische Weise. Sie ließ viele Blumen aufblühen, indem sie die Frühentwicklung der Spieler engagierten Einzelpersonen und vor allem den in großem Stil arbeitenden, profitorientierten Entwicklungsakademien wie Bollettieri und Saddlebrook überließ. Solange wartete die USTA einfach ab, welche talentierten, selbstfinanzierten und akademietrainierten Spieler zur Spitze der Jugend aufstiegen. Diejenigen, denen das gelang, erhielten Geld, Training und andere Ressourcen, damit sie ihre Entwicklung nach den Modellen und an den Orten fortsetzen konnten, die für sie am besten funktionierten.

Beide Systeme hatten einen Strom von siegreichen Spielern hervorgebracht, aber keines ließ sich ohne Weiteres in Kanada nachbilden. Tennis Canada verfügte nur über einen Bruchteil der Spieler, Plätze und Finanzmittel der beiden Konkurrenten. Dennoch sah der Vorstand, dass es an jedem der beiden gegensätzlichen Systeme etwas Wesentliches gab, das ihm gefallen konnte. Am französischen Modell schätzte er vor allem die *Kontrolle*. Die Zentralisierung der Spielerentwicklung sorgte für Zielgerichtetheit und das strikte Befolgen eines Erfolgsplans. Der besondere Vorzug des amerikanischen Systems war dagegen seine *Individualisierung*. Jeder US-Spieler folgte einem Weg zum Aufstieg, der genau darauf abgestimmt war, was er oder sie brauchte. Einige Spieler wurden von ehrgeizigen Eltern gepusht, andere wuchsen in einer weltberühmten Akademie auf, wieder andere arbeiteten Seite an Seite mit einem Star-Coach. Alle Spielerinnen und Spieler bestimmten ihren Kurs in großem Maße selbst, was für ein starkes Gefühl persönlicher Leistung und der Verantwortung für den eigenen Erfolg sorgte.

Das Beste aus beiden Modellen

Zwischen dem französischen und dem US-amerikanischen System bestand eine ganze Reihe von Spannungen, wenn man Struktur und Denkweise betrachtete. So ist zum Beispiel schwer vorstellbar, dass man zur gleichen Zeit stark zentralisiert und stark dezentralisiert sein kann. Nicht so unvereinbar dagegen sind die jeweiligen Schlüsselvorteile der beiden Modelle: Kontrolle, die zu Zielgerichtetheit führt, und Individualisierung, die zu persönlicher Verantwortung führt. Wäre es vielleicht möglich, ein neues Modell für die Tennisentwicklung zu konstruieren, das nur diese beiden Vorzüge der gegensätzlichen Modelle aufgreift und auf den Rest verzichtet? Genau das tat Tennis Canada: Der Verband konstruierte ein neues Modell, das als Ansatzpunkt die Idee nutzte, auf ganz neue Weise das Beste der Konzepte Kontrolle und Individualisierung zu bekommen.

Nach dem neuen Modell werden nun talentierte Jugendliche ermittelt und eingeladen, an einem ausgearbeiteten Entwicklungsprogramm teilzunehmen wie in Frankreich. Aber das Programm von Tennis Canada ist viel flexibler, individualisierter und dezentraler strukturiert. Ausgewählte Spieler unter 14 Jahren erhalten, abhängig von ihrem Wohnort, Zugang zu einem von drei nationalen Trainingsprogrammen. Die regelmäßigen Wochenend-Trainingsprogramme sollen das persönliche Training der Kinder und das Programm ihrer lokalen Clubs ergänzen. Die Trainingswochenenden bieten Elite-Wettbewerbe, Informationen über Ernährung, Fitness, Strategie und so weiter.

Diese Wochenenden ermöglichen es Tennis Canada, vielversprechende Sportler zu erkennen und zu fördern, ohne die volle Kontrolle über ihre Entwicklung (und die vollen Kosten) zu übernehmen, wie es in Frankreich geschieht. Das Ziel ist, auf lokaler Ebene kanadische Kinder zu entdecken, die das Potenzial zu Höherem haben, und sie dann auf ihrem Weg zu unterstützen, indem sie Zugang zu Spitzenwettbewerben und zu Weltklassetrainern erhalten, die überall auf der Welt engagiert werden. In dieser Zeit bleibt die Kontrolle über die Entwicklung der Kinder diesen weitgehend selbst überlassen.

Wenn die Spieler dann beginnen, an Junioren-Wettbewerben teilzunehmen, können sie ins National Tennis Center in Montreal überwechseln. Dort nehmen Spieler zwischen 14 und 17 Jahren teil an einem Vollzeitprogramm unter Louis Borfiga, dem früheren Chef des nationalen Junioren-Trainingszentrums des französischen Verbands. Borfigas Programm zielt darauf ab, die technischen, physischen und taktischen Grundlagen auszubilden und internationale Wettbewerbserfahrung auf Top-Niveau in einer Phase zu ermöglichen, in der dies gerade am wirkungsvollsten ist – kurz bevor ein Spieler zum Profi wird.

Aber auch wenn die Spieler die Phase des National Tennis Center erreichen, besteht das Modell weder auf einem für alle gleichen Vorgehen noch auf Kontrolle um jeden Preis. Der Tennis Canada Performance Standard Fund ermöglicht es den Elite-Sportlern auch, sich gegen das National Tennis Center zu entscheiden und überall auf der Welt mit den Trainern und den Programmen zu arbeiten, die ihnen am geeignetsten erscheinen – und trotzdem ihre Finanzierung und Unterstützung zu erhalten.

Kanadas neues Modell ist auf der Welt einzigartig. Ausgangspunkt sind zwei Kernprinzipien: Kontrolle und Individualisierung. Aber statt nun einfach zu sagen, wir machen beides, entwarf Tennis Canada ein zielorientiertes Modell, das zwar beide Prinzipien in jeder Entwicklungsphase berücksichtigt, aber auf den Rest der bestehenden Modelle zur Hochleistungsentwicklung verzichtet.

Und die Ergebnisse? Bei der Wimbledon-Übertragung 2016 des US-Sportsenders ESPN wunderte sich John McEnroe: »Wer hätte gedacht, dass Kanada eine Supermacht im Tennis werden würde?« Der Kanadier Milos Raonic, zu dieser Zeit die Nummer sieben der Welt, stand vor dem Einzug ins Herren-Finale. Eugenie Bouchard, ebenfalls Nutznießerin der neuen integrativen Strategie von Tennis Canada, hatte es zwei Jahre zuvor als Nummer fünf der Welt ins Damen-Endspiel von Wimbledon geschafft. Hinter Raonic und Bouchard stehen auf der kanadischen Spielerliste weitere junge Leute, die bereit sind, die Bühne der Welt zu betreten. Tennis Canada hat zwar immer noch nur einen Bruchteil der Mittel anderer Verbände, aber er hat herausgefunden, wie er diese Mittel so investieren kann, dass Kanada nun eine wahrhaft konkurrenzfähige Tennisnation ist.

Zwei Elemente zusammenwirken lassen

Den Kern des kanadischen Tennismodells bilden zwei Juwelen, die jeweils einem der beiden konkurrierenden Modelle entnommen wurden. Die Aufgabe für Tennis Canada bestand darin, diese beiden Elemente in einem neuen Modell erfolgreich zusammenwirken zu lassen. Dies ist das Verfahren *Das verborgene Juwel*. Wenn Sie diesen Weg einschlagen, entnehmen Sie den gegensätzlichen Modellen je einen Edelstein – einen hoch bewerteten Vorzug –, und den Rest der Modelle werfen Sie weg. Die zwei Juwelen nutzen Sie dann als Kernbestandteile Ihres neuen Modells, das Sie fantasievoll darum herum entwerfen.

Der Schlüssel zum Weg des verborgenen Juwels ist typischerweise zu finden, indem die Spannungen zwischen den Modellen untersucht werden. Um einen Ansatzpunkt zu finden, wie sich die Modelle integrieren lassen könnten, müssen Sie verstehen, welche Spannungspunkte es undurchführbar machen, die bestehenden Modelle im gegenwärtigen Kontext zu integrieren. Wenn Sie das verstanden haben, können Sie überlegen, wie Sie diese Spannungspunkte loswerden und eine gute integrierende Entscheidung treffen können. Für Tennis Canada hieß dies, dass man ein Modell um die beiden Kernelemente Kontrolle und Individualisierung herum aufbauen musste, während man auf alles Drumherum an Strukturen der konkurrierenden Modelle verzichtete, die dort zu den gewünschten Ergebnissen führten.

Das Beispiel Tennis Canada illustriert eine erfolgreiche Integrationslösung nach dem Muster Verborgene Juwelen. Ausgangspunkt war, wie bei allen drei Wegen, eine Frage. Die Frage, die Sie bei einer Integration nach dem Muster Verborgene Juwelen stellen, lautet: Wie könnten wir mit den von uns am meisten geschätzten Bausteinen der gegensätzlichen Modelle ein neues Modell konstruieren, das den Rest der bestehenden Modelle außer Acht lässt? Eine Visualisierung der Integration nach dem Muster Verborgene Juwelen zeigen Ihnen die Abbildungen 7.1 und 7.2.

Ausgangsbedingungen

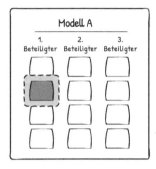
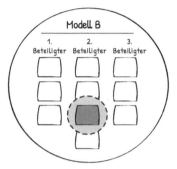

»Ich will je ein Element von A und von B.«

Schlüsselfrage:

Wie ließe sich mit je einem Baustein der gegensätzlichen Modelle ein neues Modell konstruieren, das den Rest der anderen Modelle außer Acht lässt?

Abbildung 7.1: Ausgangspunkt bei verborgenen Juwelen

Wie es funktioniert:

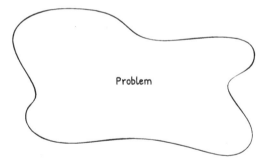

Statt eines der Modelle zu wählen ...

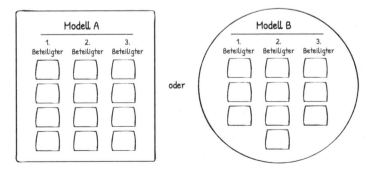

Abbildung 7.2: Visualisierung verborgener Juwelen

... finden Sie in jedem der Modelle ein Juwel:

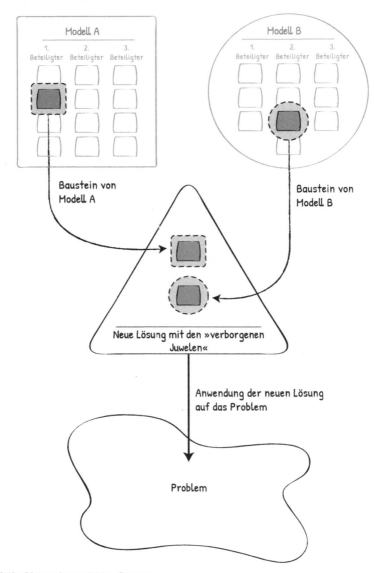

Abbildung 7.2: Visualisierung verborgener Juwelen – Fortsetzung

> **Versuchen Sie einmal Folgendes:**
>
> Kehren Sie wieder zu dem Problem zurück, an dem Sie arbeiten. Fragen Sie sich: Wenn ich nur je ein Kernelement der beiden Modelle haben könnte, welches würde ich dann wollen? Überlegen Sie sich, wie Sie eine bessere Lösung entwerfen könnten, wenn Sie von diesen beiden Juwelen ausgehen, den Rest der beiden Modelle aber verwerfen.

Bei jeder Wahlentscheidung gibt es mehrere mögliche Integrationslösungen nach dem Muster Verborgene Juwelen, je nachdem, welche Vorzüge Sie am jeweiligen Modell am meisten schätzen, was Sie mit diesen Kernelemente anfangen und welche neuen Elemente Sie in Ihre kreative Lösung einbeziehen. Wenn Sie verborgene Juwelen integrieren wollen, ist ganz wichtig, dass die beiden Vorzüge, die Sie auswählen, sich nicht in einem direkten Spannungsverhältnis zueinander befinden. Bei diesem Verfahren suchen Sie vielmehr Vorzüge, die nicht unvereinbar sind und die es Ihnen ermöglichen, auf die Elemente zu verzichten, die wirklich im Spannungsverhältnis zueinander stehen. Das bedeutet, dass Ihr neues Modell notwendigerweise ganz viele neue Komponenten aufweisen wird; Sie müssen alle Elemente, auf die Sie verzichten, durch etwas Neues ersetzen. Dafür ist sehr viel Kreativität erforderlich – ein Ersinnen neuer Wege, auf denen sich die gewünschten Vorzüge erzielen lassen. Hier werden Sie etliche verschiedene Kombinationen ausprobieren und als Prototypen testen müssen, statt sich früh auf eine bestimmte Lösung festzulegen.

Weg 2: Verdoppeln

Beim Kartenspiel Blackjack (oder Siebzehn und Vier) wird von *Verdoppeln* gesprochen, wenn ein Spieler bei einem günstigen Blatt seinen Einsatz erhöht. Das geht folgendermaßen: Nachdem zwei Karten ausgeteilt wurden, hat der Spieler die Option, seinen ursprünglichen Einsatz zu verdoppeln, bekommt dann aber nur noch eine weitere Karte. Im einfachsten Fall macht dieser Einsatz Sinn, wenn der Spieler Karten erhalten hat, deren Wert sich auf neun, zehn oder elf addiert. In dieser Situation ist er in einer guten Ausgangslage, um mit einer weiteren Bildkarte den angestrebten 21 Punkten nahezukommen (ohne sie dabei zu überschreiten). Wenn der Spieler nun verdoppelt, setzt er auf sein gutes Blatt und hofft, dass die noch ausstehende Karte daraus ein Superblatt macht.

In unserem Kontext ist das gute Blatt, auf das Sie setzen, eines der beiden gegensätzlichen Modelle, das sie gefunden haben: das Modell mit den sehr vielen Vorzügen, die Sie schätzen. Für Piers Handling mit seinem Festival of Festivals war dies das umfassende Festivalmodell für die Allgemeinheit, für Jack Bogle war es das kundenorientierte Fondsmodell. Und die eine zusätzliche Karte, die Sie beim Verdoppeln Ihres Einsatzes noch dazu erhalten, ist der eine große Vorteil des anderen Modells, den Sie auch noch gerne hätten. Beim Verdoppeln erhöhen Sie also Ihren Einsatz für das favorisierte Modell und erweitern dieses Modell so, dass Sie auch noch den einen wichtigen Vorzug des Gegenmodells hineinbekommen.

Im Beispiel Festival of Festivals setzte Handling auf den umfassenden Charakter seines Festivals, um auch noch den ersehnten Rummel zu erlangen. Er versah sein Festival mit einem Publikumspreis, um es noch umfassender zu machen, und erreichte so jede Menge Medieninteresse und Mundpropaganda. Bei Vanguard bedeutete das Verdoppeln ein Setzen auf Kundenorientierung, um die Nettoerträge zu erhöhen. Bogle nutzte einen kostengünstigen Indexfonds, um sein Unternehmen noch kundenorientierter zu machen und gleichzeitig höhere langfristige Erträge zu erzielen. Sowohl Handling als auch Bogle warfen im Zuge eines cleveren Manövers fast alle Merkmale des konkurrierenden Modells über Bord, um an das eine Merkmal zu kommen, das sie wollten.

Beim Verdoppeln ist das Entscheidende die Kausalität. Damit Sie Ihren Ansatzpunkt finden, um die beiden Modelle zu integrieren, müssen Sie das Modell ermitteln, das Ihnen wirklich zusagt, dem aber ein entscheidendes Element fehlt. Ihm fehlt etwas Wichtiges, und genau dieses fehlende Element hält Sie davon ab, einfach direkt dieses Modell zu wählen (denken Sie daran: Ohne den Rummel war das Festival of Festivals finanziell nicht tragfähig). Nachdem Sie Ihr favorisiertes Modell verstanden und den einen fehlenden wichtigen Vorzug des gegensätzlichen Modells erkannt haben, müssen Sie nun noch verstehen, wie dieser eine Vorzug in seinem gegenwärtigen Kontext erzielt wird. Und Sie müssen sich auch überlegen, wie dieser eine Vorzug dann auf neue Weise, unter den veränderten Umständen Ihrer erweiterten Version des Lieblingsmodells, erzielt werden könnte (also in einem noch umfassenderen Festival oder einem stärker kundenorientierten Investmentfonds). Bei diesem Vorgehen ist kausales Modellieren oft das entscheidende Werkzeug, um Lösungen hervorzubringen.

Wie beim verborgenen Juwel beginnt auch beim Verdoppeln die Suche mit einer Frage. Hier lautet diese Frage: Unter welchen Bedingungen könnte eine erweiterte Version des einen Modells einen bestimmten Vorzug des anderen miterzeugen? Eine Visualisierung dieses Vorgehens zeigen Ihnen die Abbildungen 7.3 und 7.4.

> **Versuchen Sie einmal Folgendes:**
>
> Versuchen Sie für das Problem, an dem Sie arbeiten, eine Lösung nach dem Muster Verdoppeln zu finden. Wählen Sie eines der Modelle aus und untersuchen Sie, wie Sie es so erweitern könnten, dass Sie auch einen wichtigen Vorteil des entgegengesetzten Modells erhalten. Dann drehen Sie den Spieß um und versuchen es beim anderen Modell mit dem Verdoppeln. Wie könnte in beiden Fällen eine neue, integrierte Entscheidung aussehen?

Verwendet wird die Integration nach dem Muster Verdoppeln am besten dann, wenn die Ausgangsbedingungen dies begünstigen – wenn Sie eines der Modelle wirklich lieben und Wert auf einen wichtigen Vorzug des anderen legen. Als Suchmechanismus allerdings können Sie dieses Vorgehen auch unabhängig davon verwenden, ob diese Ausgangsbedingungen gegeben sind oder nicht. Um Ihr Denken anzuregen, können Sie fragen, wie Sie eines der Modelle so erweitern könnten, dass Sie auch einen entscheidenden Vorteil des anderen erhalten, ganz gleich, wie Ihnen die beiden Modelle gefallen. Denken Sie gründlich darüber nach, was Ihr erweitertes Modell veranlassen könnte, diesen gewünschten Vorteil hervorzubringen; was würden Sie dabei neu nutzen müssen? Untersuchen Sie, was Sie anders machen müssten, damit dieses neue integrierte Modell des Typs Verdoppeln funktioniert.

Ausgangsbedingungen

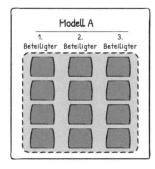
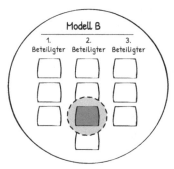

»Ich will alles von A und ein entscheidendes Element von B.«

Schlüsselfrage:

Unter welchen Bedingungen könnte eine erweiterte Version des einen Modells einen bestimmten Vorzug des anderen miterzeugen?

Abbildung 7.3: Ausgangspunkt beim Verdoppeln

Wie es funktioniert:

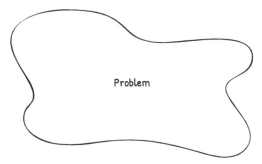

Statt eines der Modelle zu wählen ...

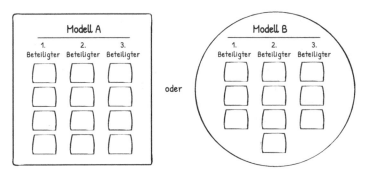

Abbildung 7.4: Visualisierung des Verdoppelns

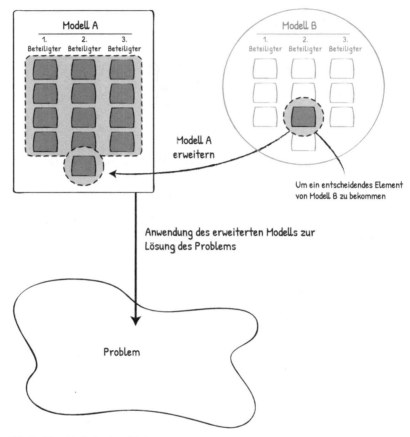

Abbildung 7.4: Visualisierung des Verdoppelns – Fortsetzung

Weg 3: Zerlegen

Der dritte Weg zum Integrieren sieht konzeptuell anders aus als die beiden ersten. Sowohl beim verborgenen Juwel als auch beim Verdoppeln haben Sie sich bemüht, herauszufinden, wie Sie die beiden gegensätzlichen Modelle zu einem neuen Modell kombinieren könnten, das Ihr zur Debatte stehendes Problem effektiv löst. In beiden Fällen mischen und verbinden Sie Elemente der bestehenden Modelle und werfen im Übrigen einen guten Teil von ihnen über Bord. Beim dritten Ansatz, dem Zerlegen, behalten Sie von den ursprünglichen Modellen dagegen alles oder das meiste. Der

Schlüssel zur produktiven Ausführung besteht hier darin, dass Sie ein neues Verständnis des zu lösenden Problems erzielen.

Manchmal haben Sie zwei Modelle vor sich, die Sie beide attraktiv finden und die Sie beide gern umsetzen würden, wenn Sie nur wüssten, wie das geht. Die Herausforderung besteht in diesem Kontext also darin, zwei sich widersprechende Dinge gleichzeitig zu tun. Hier ist die Versuchung sehr groß, mit den Achseln zu zucken, den Kopf einzuziehen, das Beste zu hoffen und dem Unternehmen zu sagen, es solle halt beides machen.

In ganz ausgeprägter Form begegnete Jennifer dieser Konstellation bei einem Projekt, das sie zusammen mit unserem Kollegen Darren Karn durchführte. Kunde war eine Polizeieinheit, die daran interessiert war, integratives Denken in ihre Ausbildungsprogramme aufzunehmen. Zu Beginn führten wir eine Reihe von Interviews mit gegenwärtigen und ehemaligen Führungskräften, nicht nur, um den Betrieb besser zu verstehen, sondern auch, um potenzielle Storys und Herausforderungen zu ermitteln, die wir in unseren Übungsmodulen verwenden könnten. Wir fanden heraus, dass eine Schlüsselfrage für diese Einheit in einem Problem bestand, vor dem in gewissem Umfang alle Polizeikräfte stehen: Sollen die Beamten ihre Aufgabe als Dienst an der Allgemeinheit definieren, oder sollen sie sich auf die Durchsetzung der Gesetze konzentrieren? Alle waren sich in diesem Fall zwar einig, dass der Betrieb beides tun musste – aber die Führungskräfte bekamen es immer wieder mit grundsätzlichen Konflikten zu tun, zu denen es kam, wenn die Beamten in ihrer alltäglichen Praxis versuchten, hier die Balance zu wahren. Die Chance für die Polizeieinheit bestand darin, herauszufinden, wie beides effektiver gleichzeitig geleistet werden könnte, auf eine Weise, die über die Prämisse »Einfach beides tun« hinausging. Solange diese Frage unbeantwortet blieb, verlangte der Betrieb von seinen Beamten, die richtige Balance selbst zu finden. Die Summe des Ganzen betrug dann weniger als die Addition seiner Einzelteile.

Um in Fällen wie diesem zu einer kreativen Auflösung der Spannung zu gelangen, ist es wichtig, gründlich über das Problem selbst nachzudenken und es so zu analysieren, dass schließlich jedes der Modelle im Ganzen auf einen bestimmten, klar abgegrenzten Bereich des Problems angewendet werden kann. Der Prozess ist dabei immer noch eine Integration und kein Kompromiss, daher ist entscheidend, dass dieses neue Modell mehr Wert schafft, als wenn man einfach nur »Machen wir beides!« sagt und dann das Beste hofft.

Wir nennen diesen dritten Weg *Zerlegen*, weil wir versuchen, das Problemfeld auf eine Weise zu zerlegen oder neu aufzuteilen, dass wir die vorhandenen gegensätzlichen Modelle getrennt voneinander auf klar abgegrenzte Bereiche des Problems anwenden können, ohne ihre Wirkung zu beeinträchtigen oder Kompromisse schließen zu müssen.

Ein vertracktes Problem zerlegen

»Zerlegen« war auch der Ansatz, den der Architekt Bruce Kuwabara zusammen mit seinen Kollegen bei KPMB Architects und einem erweiterten integrierten Designteam bei einem vertrackten Problem wählte, das ihm von Manitoba Hydro vorgelegt wurde.

Manitoba Hydro ist ein Energieversorger in der zentralkanadischen Provinz Manitoba. Das Unternehmen versorgt fast eine Million Kunden mit Strom und Erdgas. 2002 kaufte Manitoba Hydro nun Winnipeg Hydro auf (den Versorger, der die Hauptstadt der Provinz mit Strom versorgte) und erklärte sich als Teil des Geschäfts bereit, in der Innenstadt von Winnipeg eine neue Hauptverwaltung zu bauen. Der Plan bestand darin, neun Vorort-Büros zu einer Zentrale für über 2 000 Mitarbeiter zusammenzulegen.

Statt nun das Standardvorgehen beim Entwurf eines neuen Gebäudes zu wählen, setzten die Leute bei Manitoba Hydro zu einem großen Sprung an: Inspiriert von einer Untersuchungsreise nach Europa, starteten sie einen förmlichen integrierten Designprozess, um zu ermitteln, wie sie ein Gebäude schaffen könnten, das einen neuen Standard für Energieeffizienz in Nordamerika setzen würde. Das Ziel war, den Energieverbrauch um mehr als 60 Prozent zu reduzieren und gleichzeitig ein exzellentes architektonisches Design zu erhalten.

Normalerweise ist bei einem Designprozess der Architekt die führende Kraft. In diesem Fall wurde jedoch ein multifunktionales Team gebildet: die Design-Architekten (KPMB), die verantwortlichen Architekten (Smith Carter Architects and Engineers, heute Architecture49), Energieingenieure (Transsolar KlimaEngineering), Gebäudetechniker, Kostenrechner und Bauprojektleiter (PCL Constructors Inc.). Die Gruppe brauchte ein Jahr, um das Problem in einem förmlichen, geförderten integrierten Designprozess zu formulieren und immer wieder umzuformulieren.

Die Herausforderung war beachtlich. Kuwabara bekennt, dass er großen Respekt vor dem Projekt hatte. Er gab vor dem Auswahlkomitee sogar zu, dass er zwar wisse, wie man eine 50-prozentige Energieersparnis erreichen könne, aber keine Ahnung habe, wie er das 60-Prozent-Ziel erreichen solle. »Wir gingen in die Vorstellungsgespräche und wurden, offen gesagt, von einer ganzen Reihe europäischer Firmen übertroffen«, sagt der Architekt. »Die haben einfach größere Erfahrung mit Nachhaltigkeit, mit Hochleistungs-Niedrigenergie-Gebäuden.«[6]

Kuwabara musste die Spielregeln ändern, wenn er noch hoffen wollte, gewinnen zu können. Seine Idee? »Ich verschob die Diskussionsgrundlage irgendwie in Richtung Gesundheit am Arbeitsplatz.« Durch diese Verschiebung sicherte sich Kuwabara (zusammen mit seinem Partner Luigi LaRocca) zwar den Auftrag, handelte sich allerdings eine komplexe integrative Herausforderung ein. Das Projekt hatte nun mehrere Ziele, darunter die folgenden zwei:
1. ein superenergieeffizientes Gebäude,
2. ein gesundes und förderliches Arbeitsumfeld.

Leider werden diese zwei Ziele, wie jeder von uns weiß, der schon einmal in einem typischen städtischen Bürogebäude gearbeitet hat, gern gegeneinander ausgespielt. Kuwabara erläutert das typische Spannungsverhältnis zwischen Energieeffizienz und Wohnlichkeit in einem städtischen Büroumfeld: »Bürogebäude der Klasse A, wie wir sie kennen – etwa die Gebäude im Zentrum Torontos –, sind die Dinosaurier der Zukunft. Warum entwerfen wir Gebäude, von denen wir wissen, dass sie nicht gerade klimabewusst sind? Nun, der amerikanische Standard lautet: Wenn Sie ein Bürogebäude der Klasse A betreten, dann herrschen da 22 Grad, ganz egal, was draußen passiert. Inzwischen tragen die Leute im Sommer Pullover und im Winter T-Shirts. Die Gebäude sind entweder überheizt oder zu kalt.« Und er zitiert die zentrale Klage eines Büroinsassen: »Warum gibt es in Hochhäusern, die Wohngebäude sind, Fenster, die sich öffnen lassen, und in Bürogebäuden geht das nicht? Das hat damit zu tun, dass der vorgegebene Wert von 22 Grad Temperatur erreicht werden muss.«

Im traditionellen Paradigma bedeutet jeder Schritt in Richtung Energieeffizienz einen Kompromiss in puncto Wohnlichkeit, und das kann dazu führen, dass Architekten hermetisch abgeschlossene, utilitaristische Umgebungen erschaffen, in denen die Energieziele Priorität vor dem Komfort der Menschen haben. Und wenn das integrierte Designteam für den Manitoba-Hydro-Bau dieses Paradigma akzeptierte, wäre auch keine bessere Lösung möglich. Aber das Team war entschlossen: Es wollte ein Gebäude, das sowohl herausragend effizient als auch bemerkenswert wohnlich war. Um ein solches Gebäude zu erschaffen, musste das Team einige Kernannahmen in Bezug auf das Verhältnis zwischen Gebäude und Umgebung infrage stellen.

Effizienz und Wohnlichkeit

Ein Gebäude stellen wir uns in vieler Hinsicht als einen Schutz gegen die Außenwelt vor, zum Beispiel wenn es draußen zu heiß oder zu kalt ist. Letzteres ist in Orten wie Winnipeg besonders gefragt. Die Temperaturen bewegen sich in dieser Präriestadt etwa zwischen -12 Grad Celsius in den Wintermonaten und +26 Grad Celsius im Sommer.[7] Das sind natürlich nur Durchschnittswerte; es ist auch nicht außergewöhnlich, wenn Wintertage kälter als -29 Grad Celsius sind und Sommertage heißer als +29 Grad Celsius. Unter solchen Bedingungen ist natürlich der erste Impuls, das Gebäude aggressiv gegen die Außenwelt abzuschirmen und das Binnenklima durch ein ausgeklügeltes System von Heizungen und Klimaanlagen zu regeln. Die Annahme dahinter? Die Außenwelt muss ausgesperrt werden, um die Innenwelt energieeffizient zu machen.

Kuwabara fragte sich, ob es vielleicht einen anderen Weg gäbe. Und in enger Zusammenarbeit mit den Klimaingenieuren von Transsolar und dem Rest des Designteams fand er auch einen. Ansatzpunkt war das Eigenklima der Stadt. Die Lage der Stadt in der nördlichen Prärie bringt mit sich, dass Winnipeg zwei Dinge im Überfluss hat: Sonne und Wind. Winnipeg hat jährlich 2 300 Sonnenstunden, im Sommer dabei bis zu 16 Sonnenstunden täglich. Und der Wind fegt nur so durch die Stadt, manchmal aus der Arktis, oft aber auch aus dem Süden. Statt nun darüber nachzudenken, wie sich das Klima im Gebäude regeln lässt, fragte sich das integrierte Designteam, wie es das Klima der Stadt für das Gebäude arbeiten und dabei sowohl für Effizienz als auch für Wohnlichkeit sorgen lassen könnte.

Die integrative Erkenntnis bestand darin, dass sich in einem Gebäude das Problem der Klimakontrolle, das normalerweise als eine Einheit aus Heizen, Lüften und Kühlen aufgefasst wird, in Elemente zerlegen lässt. Kuwabara und das Team fragten sich: Wie wäre es, wenn wir das Heiz-Kühl-System und das Lüftungssystem voneinander trennten, um mittels Heizung/Kühlung die Effizienz und mittels Lüftung die Wohnlichkeit zu verbessern?

Im Luftstrom

Typischerweise entfallen in einem solchen Klima 45 Prozent des Energieverbrauchs in Gebäuden auf Heizung und Kühlung (und weitere 25 Prozent auf die Beleuchtung). Daher macht es Sinn, sich auf diese Dimensionen zu konzentrieren, wenn Energieeffizienz gefragt ist. Somit verfügt das Manitoba-Hydro-Gebäude über ein gewaltiges geothermisches Feld: hunderte von Löchern, die bis in eine Tiefe von 120 Metern unter dem Gebäude gebohrt sind. Heizung und Kühlung auf Wasserbasis sind in den Betonplatten untergebracht, die das Gebäude tragen. Das Gebäude hat doppelte Wände und eine Außenhülle aus Thermoverglasung, die für einen Treibhauseffekt sorgt, mit dem die Sonne das Gebäude heizt.

Alle diese Maßnahmen senken den Energiebedarf. Sie könnten aber zu einer stickigen Umgebung führen, wenn es kein neues Lüftungsverfahren gäbe – eines, das ausnutzt, dass es in der Innenstadt von Winnipeg so windig ist (Kuwabara: »Es ist hier wie in einer Küstenstadt, in der ständig der Wind vom Meer her weht«). Statt traditionelle Systeme einzubauen, die Luft im geschlossenen Gebäude umwälzen, schuf das Team ein Gebäude, das atmen konnte: »Der Turm hat drei Einheiten von je sechs Etagen, und jede Einheit hat ein nach Süden weisendes Atrium«, sagt Kuwabara. »Die Atrien sind sehr groß und sehr breit; sie fangen allen Wind auf, der [durch jede Basis] hineinkommt, ... und werden effektiv die Lungen des Gebäudes. Die gesamte Frischluft kommt von außen nach innen. Sie wird auf natürliche Weise in das Unterflursystem gezogen und steigt als Frischluft am Arbeitsplatz auf, in jedes Loft. Sie zieht langsam, fast unmerklich, nach Norden, wo wir kleinere Atrien haben, die diese ganze Luft aufnehmen und in einen Solarkamin steigen lassen, wie wir ihn nennen.«

Der Luftstrom wird auf natürliche Weise erzeugt, indem die warme Luft (erhitzt von den Glasatrien) durch das Gebäude hindurch aufsteigt. Wie Kuwabara erklärt: »Es ist ein natürliches passives System. Bei der Arbeit in den Workshops mit unserem integrierten Designteam ging es immer darum, wie wir passive Energiesysteme so maximieren könnten, dass wir die beste Luftqualität schaffen. Anders als konventionelle

Gebäude lassen wir die Luft nicht immer wieder zirkulieren. Unsere Luft kommt hinein und geht wieder heraus.« Das Ziel war, eine förderliche, gesunde Plattform für die Menschen zu schaffen, die im Gebäude arbeiten, während gleichzeitig der Energieverbrauch reduziert wird.

Das Gebäude hat eine Temperaturspanne (statt einen Festwert), die um die 18 Grad Celsius liegt. Es ist so konstruiert, dass es auf das Wetter draußen und die Menschen drinnen reagiert. »Wir haben gesagt: ›Hört mal, die Leute sind doch nicht dumm‹«, erklärt Kuwabara. »›Die wissen doch, wie sie ihr eigenes Umfeld regulieren können‹ ... [und so] haben wir diesen lebenden Organismus erschaffen, den die Einzelnen täglich selbst regulieren.« Das Gebäude gestattet den Bewohnern, Fenster zu öffnen und die Beleuchtung zu regeln.

Das Ergebnis? »Jedes System, das wir haben, ist ziemlich unkonventionell, und so endete das Ganze damit, dass wir [das Ziel] 60 Prozent sogar überschritten haben. Unser gesamter Energieverbrauch liegt bei 90 Kilowattstunden pro Quadratmeter im Jahr. Im Vergleich dazu haben viele Gebäude 400 Kilowattstunden pro Quadratmeter im Jahr, und selbst sogenannte energieeffiziente Gebäude liegen bei 280 oder 270.«

Und die Wohnlichkeit? Das Raumdesign trug dazu bei, dass Manitoba Hydro eine kooperativere Kultur und eine zufriedenere, gesündere Belegschaft bekam als an den früheren Standorten. »Wir haben die Krankheitstage um 1,2 Tage pro Person im Jahr bei 2000 Leuten reduziert«, sagt Kuwabara. »Hier geht es nicht nur um Produktivität, sondern um Gesundheit.« Überdies hat das Gebäude große internationale Preise gewonnen, wurde das wichtigste Gebäude Kanadas genannt und erhielt sogar den Titel »bestes Bürohochhaus Nordamerikas«.[8]

Das war eine Integration nach dem Muster Zerlegen. Statt die bestehende Problemformulierung zu akzeptieren – Klimakontrolle –, hinterfragten Kuwabara und das integrierte Designteam eine grundlegende Annahme: die natürliche Verbindung von Heizung/Kühlung und Lüftung. Und so teilte das Team das Problem neu auf. Die Zerlegung ließ das Team auf eine neue Lösung kommen und ein Gebäude erschaffen, das sowohl effizienter als auch wohnlicher war als andere Gebäude. Das Team schaffte es, zwei Modelle kunstvoll zu kombinieren, die zuvor in striktem Konflikt miteinander zu stehen schienen.

Klar abgegrenzte Modellelemente

Eine Integration nach dem Muster Zerlegen basiert auf Ihrem Wissen, wann und wie jedes der Modelle am vorteilhaftesten anzuwenden ist. Statt sich also für Modell A oder für Modell B zu entscheiden und das gewählte Modell auf die Gesamtsituation und zu jeder Zeit anzuwenden, gehen Sie beim Zerlegen so vor, dass Sie beide Modelle nutzen und sorgfältig überlegen, wann und wie Sie die Modelle jeweils auf klar abgegrenzte Bereiche des Problems anwenden können (siehe Abbildung 7.5). Typischerweise bedeutet das, den Problembereich neu zu betrachten – Elemente zu trennen, die traditionell als Einheit angesehen werden (siehe Abbildung 7.6).

Ausgangsbedingungen

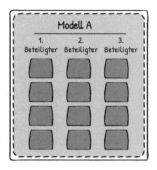
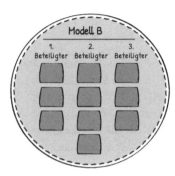

»Ich will alles von beiden.«

Schlüsselfrage:

Wie könnte das Problem auf neue Weise so aufgeteilt werden, dass jedes der Modelle im Ganzen auf klar abgegrenzte Bereiche des Problems angewendet werden könnte?

Abbildung 7.5: Ausgangspunkt beim Zerlegen

Wie es funktioniert:

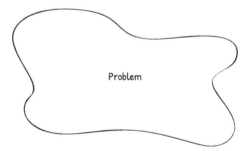

Statt eines der Modelle zu wählen ...

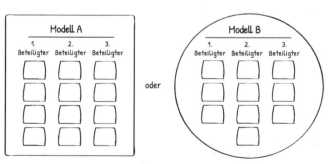

Abbildung 7.6: Visualisierung des Zerlegens

... teilen Sie das Problem auf ...

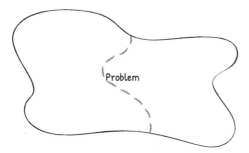

... und wenden jedes der Modelle auf einen klar abgegrenzten Bereich des Problems an:

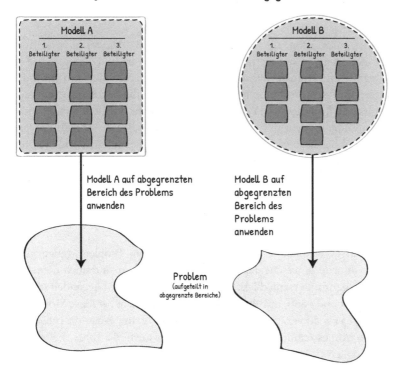

Abbildung 7.6: Visualisierung des Zerlegens – Fortsetzung

Versuchen Sie einmal Folgendes:

Kehren Sie wieder zu Ihrem eigenen Problem zurück. Nehmen Sie etwas Abstand und fragen Sie sich: Wie könnte ich mein ursprüngliches Problem entlang einer sinnvollen Trennlinie so zerteilen, dass ich eines meiner Modelle auf den einen Teil, das andere auf den anderen Teil des Problems anwenden könnte? Wie könnte unter diesen Umständen eine neue Lösung aussehen?

Das Erreichen einer Integration nach dem Muster Zerlegen erfordert ein gründliches Kontext-Verständnis. Wenn das Zerlegen funktionieren soll, muss es beim Problem eine sinnvolle Trennlinie geben – eine Möglichkeit, den Problembereich in zwei klar abgegrenzte Teile zu trennen, auf die sich jeweils eines der gegensätzlichen Modelle gut anwenden lässt. Um das Problemverständnis zu verändern, ist es erforderlich, dass sich das Team in die Annahmen vertieft, um eine sinnvolle Trennlinie zu ermitteln. Wenn Sie ohne ein neues Problemverständnis einfach nur versuchen, »beides zu machen«, werden Sie sich wahrscheinlich in Kämpfe verstricken und ständig versuchen (oft erfolglos), beide Modelle in Echtzeit in der Balance zu halten. Sie müssen sich ein ehrgeizigeres Ziel setzen, um eine neue, gute Lösung hervorzubringen.

Denken Sie kreativ

Die drei Arten der Integration, die wir beschrieben haben (das verborgene Juwel, Verdoppeln und Zerlegen), stellen erprobte Wege zu einer kreativen Lösung dar. Wenn Sie vor einer integrativen Herausforderung stehen, sollten Sie also nicht auf ein weißes Blatt Papier starren und auf Inspiration hoffen, sondern sich die folgenden drei Fragen stellen, um auf Ideen zu kommen und Prototypen zu ersinnen: Wie ließe sich ein neues Modell erschaffen, indem jedem der vorliegenden gegensätzlichen Modelle ein Baustein entnommen und der Rest weggeworfen wird? Unter welchen Umständen könnte eine erweiterte Version eines der Modelle einen wesentlichen Vorzug des anderen miterzeugen? Wie könnte das Problem so aufgeteilt werden, dass sich auf die einzelnen Teile je ein Modell im Ganzen anwenden ließe? Diese drei Fragen können nacheinander auf jede integrative Herausforderung angewendet werden und tragen dazu bei, den Fundus denkbarer möglicher Lösungen zu erweitern.

Letztlich ist integratives Denken kein Ansatz, der bei jedem Problem genau gleich funktioniert. Die Kontexte unterscheiden sich sehr stark, und so sind auch die jeweils passenden Lösungen ganz unterschiedlich. Das Ziel ist, die vor Ihnen liegenden Modelle gründlich zu verstehen und dann, mit einem Funken Fantasie, den für diese Modelle am besten geeigneten Weg zur Integration einzuschlagen. Unsere drei Wege zur Integration geben einen Ansatz vor; es handelt sich um Suchmechanismen, die Ihnen helfen, eine Diskussion über mögliche kreative Lösungen für ein gegebenes Problem zu führen.

Aber auch ein kreativer Prozess verträgt ein paar Grundregeln. Sonst passiert es leicht, dass man sich in Details verzettelt oder die Diskussion in beliebige, abwegige Richtungen abschweift. Wenn das Vorgehen entlang dieser drei Wege produktiv werden soll, sollten Sie die folgenden drei Grundprinzipien beachten:

1. *Nutzen Sie alle drei Wege, um auf Gedanken zu kommen.* Ganz gleich, wie die Ausgangsbedingungen sind, Sie sollten sich nicht zu stark auf einen Vektor oder eine Idee konzentrieren; fahren Sie so lange fort, bis Sie mehrere Möglichkeiten hervorgebracht haben, wie die Spannung zwischen den Modellen und das Problem gelöst werden könnten. Beginnen Sie auf jeden Fall mit dem Weg, der den Ausgangsbedingungen am nächsten liegt. Wenn Sie also eines der Modelle ganz klar

lieber mögen als das andere, dann versuchen Sie, eine Lösung nach dem Muster Verdoppeln zu finden. Aber testen Sie anschließend auch noch die anderen Wege! Wenn einer der Wege nicht zu einer Lösung führt, ist das auch in Ordnung. Das Entscheidende ist, die Frage zu stellen und dann zu schauen, was sie bringt.
2. *Warten Sie noch mit Ihrem Urteil.* In dieser Phase sind alle Ideen gute Ideen. Sie wissen nie im Voraus, wohin eine Idee führen könnte. Und beim integrativen Denken ist die kreative Lösung eine produktive Kombination mehrerer Ideen, von denen jede für sich genommen ungeeignet wäre. Unterdrücken Sie also Ihren natürlichen Instinkt, Ideen zu beurteilen. Greifen Sie stattdessen alle Ideen auf, die vorgebracht werden, und ermuntern Sie die Teilnehmer, alle Ideen mitzuteilen, die ihnen kommen, auch wenn sie ihnen dumm oder abwegig erscheinen. Sie wissen nie im Voraus, wohin diese Ideen führen könnten.
3. *Bauen Sie auf Ideen der anderen auf.* Einfach ausgedrückt kommt es zu mehr und besseren Ideen, wenn die Teilnehmer einander zuhören. Oft ist es so, dass sich die Gruppenmitglieder für die jeweiligen Modelle unterschiedlich stark begeistern und auch unterschiedlichen Nutzen von den Modellen haben. Durch Zuhören lassen sich solche Trennungen überbrücken. Unser Vorschlag lautet, auf Brainstorming sowohl allein als auch zu zweit und in Gruppen zu setzen, um für eine Vielzahl von Ideen zu sorgen, und dabei deutlich zu machen, dass ein Aufbauen auf den Ideen anderer ein erklärtes Ziel des Prozesses ist.

Ein Befolgen dieser Grundprinzipien kann zu Zusammenarbeit und Verbindungen zwischen den Einzelnen beitragen – zwei Aktivitäten, die in jedem Kontext wichtig für das Hervorbringen kreativer Ideen sind, beim integrativen Denkprozess aber ganz besonders. Da der Ausgangspunkt gegensätzliche Modelle sind, kommt es in manchen Gruppen zu Fraktionen, die jeweils eines der Modelle besonders lieben. Die Gefahr ist dann, dass diese Fraktionen Ideen ablehnen, die von der jeweils anderen Seite kommen. Das Nutzen der drei beschriebenen Wege, ein Abwarten vor dem Urteil und das Aufbauen auf den Ideen anderer können Teams dabei helfen, diese Falle zu umgehen.

Nachdem nun potenzielle integrative Lösungen auf dem Tisch liegen, besteht der nächste Schritt darin, darüber nachzudenken, wie diese Ideen ausgebaut, untersucht und getestet werden können. Sie sind noch nicht so weit, dass Sie jetzt schon eine Möglichkeit auswählen und damit fortfahren könnten. Stattdessen nehmen Sie mehrere Möglichkeiten mit hinüber in die nächste Phase und beurteilen diese Prototypen via Test und Experiment. Erst danach haben Sie genügend Sicherheit, um zu einer integrativen Lösung zu schreiten.

Mustervorlagen

Wir haben Mustervorlagen erarbeitet, die Ihnen bei der Organisation Ihrer Arbeit helfen, wenn Sie die drei in diesem Kapitel besprochenen Wege beschreiten. Abbildung 7.7 gibt Ihnen eine Anleitung auf dem Weg zu den verborgenen Juwelen, Abbildung 7.8 auf dem Weg zum Verdoppeln und Abbildung 7.9 auf dem Weg zum Zerlegen.

Wie ließe sich ein neues Modell erschaffen, indem jedem der gegensätzlichen Modelle ein Baustein entnommen und der Rest außer Acht gelassen wird?

Ausgangsbedingungen

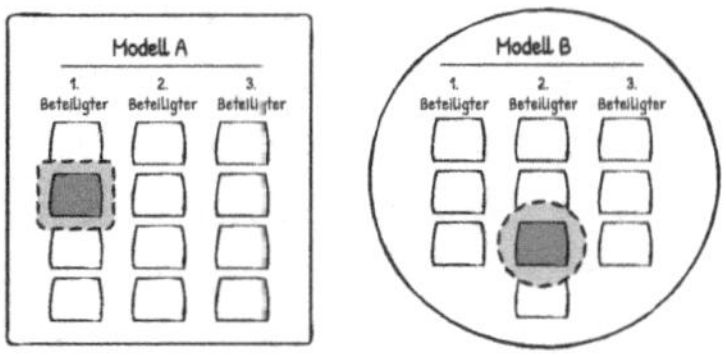

Modell A
1. Beteiligter 2. Beteiligter 3. Beteiligter

Modell B
1. Beteiligter 2. Beteiligter 3. Beteiligter

Juwel des Modells A	Juwel des Modells B

Spannungen, die Sie ausdrücklich beseitigen

Skizzieren Sie das neue Modell:

Abbildung 7.7: Der Weg zu verborgenen Juwelen

Kapitel 7: Möglichkeiten schaffen

Unter welchen Umständen könnte eine erweiterte Version eines der Modelle einen wesentlichen Vorzug des anderen Modells miterzeugen?
Ausgangsbedingungen

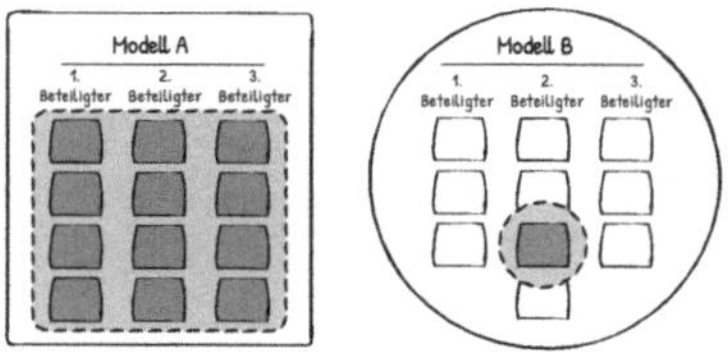

Zu erweiterndes Modell	Wesentliches Element des Modells B

Wie soll Ihre erweiterte Version des Modells A den Vorzug hervorbringen, den Sie aus dem Modell B anstreben? (Was ist die neue kausale Verbindung?)

Skizzieren Sie das neue Modell:

Abbildung 7.8: Der Weg zum Verdoppeln

Wie ließe sich das Problem so aufteilen, dass jedes Modell im Ganzen auf die neuen einzelnen Bestandteile des Problems angewendet werden könnte?

Ausgangsbedingungen

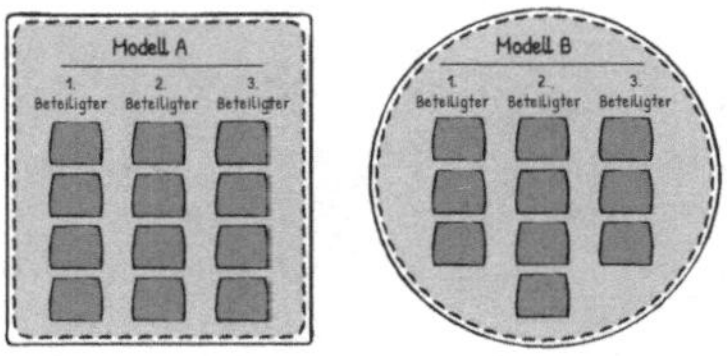

Modell A	Modell B
1. Beteiligter / 2. Beteiligter / 3. Beteiligter	1. Beteiligter / 2. Beteiligter / 3. Beteiligter

Grundannahmen

Neuformulierung des Problems in zwei klar voneinander abgegrenzten Bestandteilen

Skizzieren Sie das neue Modell:

Abbildung 7.9: Der Weg zum Zerlegen

Kapitel 8: Die Prototypen bewerten

> »Ich kann mich der Befürchtung nicht erwehren, dass die Menschen einen Punkt erreichen könnten, von dem an sie jede neue Theorie als Gefahr ansehen, jede Neuerung als mühselige Belastung, jeden sozialen Fortschritt als ersten Schritt zur Revolution, und dass sie sich absolut weigern könnten, sich überhaupt zu bewegen.«
> *Alexis de Tocqueville*

Als Apple 2001 den iPod auf den Markt brachte, waren die Besprechungen gemischt. Ein Technikexperte meinte: »Mit der Aufnahme von Konsumelektronik-Geräten in die Marketing-Strategie folgt Apple offensichtlich dem Marktführer Sony, aber Apple fehlt die Reichhaltigkeit des Produktangebots von Sony. Und jetzt neue Konsumprodukte einzuführen, ist riskant, besonders wenn sie nicht zu einem attraktiven Preis angeboten werden können.«[1]

2007 wurde das iPhone mit ähnlichem Genörgel begrüßt. So meinte ein Kommentator des Technik-Blogs Engadget: »Anscheinend ist keinem von euch klar, was für eine schlechte Idee ein Touchscreen auf einem Handy ist. Ich sehe da ein paar ganz offensichtliche und ganz erhebliche Probleme voraus … Bin schwer enttäuscht.«[2] Und der iPad 2010? Der wurde als besserer, zu groß geratener iPod Touch ohne ernst zu nehmendes Marktpotenzial bezeichnet.

Fürs Protokoll: Seit diesen vernichtenden Anfangsbesprechungen hat Apple geschätzt 100 Millionen iPods, 500 Millionen iPhones und 300 Millionen iPads verkauft.

Die Zweifler an Steve Jobs und Apple stehen jetzt womöglich ein bisschen dumm da, aber ihre Reaktionen waren ganz natürlich. Neue Ideen sind unbewiesen und riskant. Im Großen und Ganzen bevorzugen die Menschen die Bequemlichkeit und Sicherheit des Status quo – und diese Neigung wird noch verstärkt, wenn wir in Unternehmen gruppenweise zusammenkommen. Wenn eine neue, noch nie ausprobierte Idee vorgelegt wird, schalten die Führungskräfte in den meisten Unternehmen erst einmal in den Modus Risikominimierung und formulieren die vernichtende Aufforderung: »Beweisen Sie mir das!« Diese Worte sind für jede Innovation das Todesurteil, denn neue Ideen lassen sich nun einmal nicht im Voraus beweisen. Auch Steve Jobs konnte nicht definitiv belegen, dass seine Produkte zum Erfolg werden würden, bevor er sie auf den Markt brachte. Wenn eine Idee ganz neu ist, dann existieren eben noch keine Daten, die beweisen könnten, dass sie funktionieren wird. Daten stammen per definitionem immer aus der Vergangenheit.

Angesichts der Tatsache, dass wir nicht beweisen können, ob eine neue Idee funktionieren wird, bevor wir sie ausprobiert haben, stecken wir wieder in einem leidigen Entweder-oder-Dilemma. Bleiben wir beim Erprobten und Bekannten? Bei dieser Entscheidung können wir uns wenigstens hinsichtlich der Ergebnisse sicher fühlen, da wir ja aus der Vergangenheit schon Daten für dieses Modell haben. Oder wagen wir den

Sprung ins Unbekannte und hoffen blind darauf, dass die Ergebnisse der neuen Idee besser sein werden als die des gegenwärtigen Modells?

Es kann nicht überraschen: Keine der beiden Entscheidungen ist wirklich gut.

Immer bei dem zu bleiben, was heute funktioniert, würgt jede Hoffnung auf echte Innovationen ab. Das Unternehmen wird gelähmt und ist einer Störung durch andere Unternehmen ausliefert, die das Risiko anders einschätzen und weniger zu verlieren haben, wenn sie den Status quo infrage stellen. Überdies beruht das Ganze auf einer entscheidenden und fehlerhaften Annahme: der Überzeugung, dass alles, was wir heute tun, morgen noch dieselben Ergebnisse bringen wird. Eine solche Annahme trifft aber nur dann zu, wenn die Zukunft genauso aussieht wie die Vergangenheit – und das ist nur höchst selten zu beobachten.

Aber blindlings den Sprung ins Ungewisse zu wagen, ist genauso dumm wie stur beim Altgewohnten zu bleiben; wenn das Unternehmen bei neuen Ideen einfach der Versicherung »Vertrauen Sie mir!« folgt, dann verzichtet es darauf, die Konsequenzen der Innovation vor einer Umsetzung erst einmal gründlich zu überlegen, und ist schlecht darauf vorbereitet, die Folgen seines Handelns vorauszuplanen. Wenn das Springen, ohne zu schauen, de facto zum Standard wird, schlittert das Unternehmen von einer Initiative zur nächsten, ohne echte Gründe zu haben, einen bestimmten Weg zu wählen oder ihm treu zu bleiben.

Wir stehen also wieder vor einer Wahlentscheidung, vor der wir lieber nicht stünden. Wieder wünschen wir uns, dass es eine bessere Lösung gäbe – ein neues Modell, das uns helfen könnte, die Kompromisslage zu überwinden und uns das zu verschaffen, was wir wirklich wollen: eine begründete und nicht blinde Zuversicht, dass uns die neue Idee nach vorn bringt. Dafür benötigen wir ein Modell fürs Durchdenken und Umsetzen neuer Ideen, das die Fähigkeit, Ergebnisse vorherzusagen, mit dem Impuls verbindet, rasch zu handeln.

Ein solches Modell ist durchaus möglich, aber nur, wenn wir anders denken. Es ist nur möglich, wenn wir Folgendes erkennen. Erstens: Bloß weil etwas nicht bewiesen werden kann, heißt das noch nicht, dass man es auch nicht verstehen kann. Zweitens: Bloß weil wir etwas nicht mit Sicherheit wissen können, heißt das noch nicht, dass wir gar nichts wissen können. Und drittens: Bloß weil uns keine Daten vorliegen, mit denen wir eine Idee »beweisen« könnten, heißt das noch nicht, dass wir nicht die Möglichkeit hätten, Daten zu gewinnen, um unsere Erfolgsaussichten zu verbessern.

Wie A. G. Lafley und Roger in ihrem Buch zum Thema Strategie, *Playing to Win*, geschrieben haben, ist jede Strategie eine Wette auf die Zukunft.[3] Manche Wetten sind größer, andere kleiner. Manche sind riskant, andere relativ sicher. Alle Wetten aber beziehen sich auf die Zukunft, sodass wir im Voraus nie sagen können, ob wir Erfolg haben werden, wenn wir auf das eine statt auf das andere setzen. Das Gleiche gilt für integrative Lösungen: Eine integrative Möglichkeit ist eine Entscheidung für die

Zukunft, die wir in der Hoffnung treffen, dass sie besser sein wird als der Status quo. Wir können nicht mit Sicherheit sagen, dass sie funktionieren wird, bevor wir sie nicht ausprobiert haben, und wir können auch nicht sagen, nicht einmal im Erfolgsfall, ob nicht eine andere Entscheidung noch besser gewesen wäre. Das Einzige, was wir mit Sicherheit sagen können, ist, dass es zwar keine perfekte Lösung gibt, aber dass einige Lösungen besser sind als andere. Unsere Aufgabe in Phase vier des integrativen Denkprozesses besteht nun darin, herauszufinden, welche unserer Möglichkeiten besser sind als andere – indem wir Experimente durchführen, die uns schließlich dabei helfen, uns zwischen ihnen zu entscheiden.

Dieser Prozess der Bewertung von Prototypen besteht aus drei Hauptschritten:
1. Alle Möglichkeiten konkret definieren und dabei noch umfassender formulieren, wie sie funktionieren könnten.
2. Die Logik der Möglichkeiten verstehen und dabei fragen, unter welchen Bedingungen jede dieser Möglichkeiten eine erfolgreiche integrative Lösung wäre.
3. Tests für jede Möglichkeit entwerfen und durchführen und dabei mit der Zeit die benötigten Daten gewinnen.

Schauen wir uns diese drei Schritte nun nacheinander an.

Alle Möglichkeiten definieren

Vor ein paar Jahren leitete Jennifer zusammen mit zwei unserer Kolleginnen, Stefanie Schram und Josie Fung, ein Summer Camp für Unterstufenschüler zum Thema Innovation. Einer der jüngsten Schüler bei diesem Programm, Gautem, war auch eines der klügsten Kinder, denen wir je begegnet sind – ein hoch begabter Zehnjähriger mit lebhafter Fantasie. Durch den Einsatz von Design Thinking zum Hervorbringen neuer Ideen für das Abfallmanagement und Recycling der University of Toronto kam er auf eine geniale neue Möglichkeit für das Sortieren und den Abtransport des Mülls. Er war so begeistert von seiner Idee, dass er Stunden auf den Bau einer Prototyp-Maschine aus Pappe und Play-Doh verwendete. Es wurde ein Kunstwerk, detailreich und komplex. Als wir Gautem dann aber aufforderten, seine Idee den anderen Kindern mitzuteilen, stieg er sofort in eine Erklärung der physikalischen Elemente seines Prototyps ein und sprach eigentlich nie davon, wofür die Maschine gebraucht würde oder wie sie die Bedürfnisse der Nutzer erfüllen sollte.

Die anderen Kinder wollten zu seinem Entwurf eine Menge wissen, zeigten Interesse, hinterfragten vieles. Das Modell sei cool, keine Frage, aber wie sollte es denn das Problem der Abfallminimierung an der Uni lösen? Gautem konterte jede Frage und wurde mit der Zeit immer aufgebrachter. Die Maschine war doch ganz klar eine tolle Idee, und dennoch kritisierten die anderen Kinder sie alle! Hinterher war Gautem frustriert, aber auch trotzig. Er sah keinen Grund, seine Idee zu ändern, und er konnte auch kein Problem an der Art und Weise erkennen, wie er sie erklärt hatte. »Ich glaube, die haben einfach die Idee nicht verstanden«, sagte er achselzuckend. Es war klar, wem Gautem die Schuld an diesem mangelnden Verständnis gab: den anderen Kindern.

Gautem ist nicht der Einzige, der schnell in die Defensive geht (und schließlich ist er ja auch erst zehn Jahre alt). Wenn wir Erwachsenen eine Idee vorschlagen, die abgewürgt wird, geben wir die Schuld allerdings gern der Politik, mangelndem Weitblick der anderen und institutioneller Feigheit. Nur selten untersuchen wir alle einmal die Rolle, die bei diesem Scheitern unser eigenes Vorgehen beim Vermitteln der Idee gespielt hat. Was wir uns vornahmen, Gautem diese Woche beizubringen, war eine Lektion, die weit über ein Unterstufen-Boot-Camp hinausgeht. Die Lektion lautet: Wenn unsere Ideen bei anderen nicht verfangen und andere sie nicht verstehen, dann liegt die Verantwortung dafür (zumindest teilweise) bei uns. Es ist nicht so, dass unseren Kollegen der Weitblick fehlte. Sondern es ist so, dass es uns nicht gelungen ist, unseren eigenen Weitblick effektiv zu vermitteln.

Abstrakte Ideen konkret machen

Das Problem ist natürlich, dass Ideen abstrakt sind. Da wir die Welt durch unsere eigene Brille und unsere eigenen Modelle sehen, schafft Abstraktion eine Menge Raum für Missverständnisse. Wenn wir eine neue Idee entwickeln, konzentrieren wir uns gern auf diejenigen Elemente der Idee, die für uns am wichtigsten, aufregendsten und klarsten sind – und ignorieren die unklareren Aspekte einschließlich der Details, wie alles zusammenwirken soll. Für uns machen unsere Ideen ja absolut Sinn, und daher loten wir auch nicht ihre Grenzen aus oder hinterfragen jene Verbindungen, die schwache Ideen zum Scheitern führen oder gute Ideen zu großartigen Ideen machen können.

Um die Art und Weise zu ändern, wie wir neue Ideen verstehen und mitteilen, können wir zunächst einmal versuchen, die Lücken in unserem Denken zu füllen. Hier geht es darum, das Wesentliche an jeder der Möglichkeiten zu verstehen und sich besonders darauf zu konzentrieren, wie es überhaupt funktionieren soll, dass mit dieser Möglichkeit die bestehenden Modelle integriert und neue Werte geschaffen werden. In dieser Phase sind Lücken in der Logik nicht unbedingt das Zeichen für eine schlechte Idee; sie sind eher die typischen Merkmale einer neuen Idee. Lücken bieten die Gelegenheit, klarzustellen und genauer auszuführen, was eine Möglichkeit leisten könnte. Die Möglichkeiten werden reichhaltiger, wenn sie konkreter werden, weil es dann weniger Abstraktion gibt, hinter der sich Dinge verstecken können.

Um Klarheit über eine Möglichkeit zu gewinnen, können Sie viele der metakognitiven Werkzeuge benutzen, die Sie schon verwendet haben, als Sie Ihre gegensätzlichen Modelle erstmals skizzierten. Hier fragen Sie explizit: Was ist der Kern dieser Idee? Wie integriert sie die beiden Modelle? In welcher speziellen Hinsicht ist diese neue Möglichkeit besser als die ursprünglich betrachteten Modelle? Und wie könnte ich schließlich diese Lösung am effektivsten erfassen und kommunizieren?

Um eine Möglichkeit klar zu verstehen und zu kommunizieren, schlagen wir insbesondere drei Verfahren vor: Geschichten erzählen, Visualisieren und Modellieren. In diesem Schritt fordern wir Sie also auf, mit Wörtern, Bildern und Objekten zu illustrieren, was jede der Möglichkeiten ist und was sie nicht ist.

Geschichten erzählen

In eine Geschichte gekleidet, wird aus Ihrer Möglichkeit eine Erzählung – die zeitliche Abfolge von Ereignissen, mit einem Anfang, einer Mitte und einem Ende. Mithilfe einer Geschichte können Sie erklären, was bei Ihrer Möglichkeit geschieht – Sie zeigen die Eckpunkte des Plots in Ihrer neuen, besseren Welt. Erzählen ist eine effektive Möglichkeit, eine neue Idee zu erfassen und zu erklären, weil die Menschen sich von Natur aus zu Geschichten hingezogen fühlen; schon in der Zeit, als unsere Vorfahren noch ums Lagerfeuer hockten, waren Geschichten ein Verfahren, wie Menschen wichtige Informationen erfuhren und mitteilten.

Beim Geschichtenerzählen tauchen Sie tief in Ihre Idee ein, weil vor Ihrem geistigen Auge ein komplettes Bild der Möglichkeit entsteht. Dieses Bild kommunizieren Sie an andere. Robert McKee, der Drehbuchschreiben unterrichtet, drückt es so aus: »Wenn Sie sich Fantasie und die Prinzipien einer gut erzählten Geschichte zunutze machen, dann bringen Sie die Leute dazu, aufzuspringen und lautstark zu applaudieren, statt zu gähnen und Sie zu ignorieren.«[4]

Unsere Freundin Claudia Kotchka, ehemals Head of Design bei P&G, ist eine meisterhafte Geschichtenerzählerin. Um ihren Kollegen bei dem mitunter etwas unflexiblen Konsumgüterriesen die Wirkung eines am Menschen ausgerichteten Designs zu illustrieren, erzählte sie gern eine Geschichte über Altoids. Bei Altoids handelt es sich um ziemlich starke Pfefferminzbonbons, die in den 1780er-Jahren auf den Markt kamen und heute Wrigley gehören. Kotchka illustrierte den besonderen Reiz von Altoids, indem sie beschrieb, wie zuerst der Blick auf die fröhlich-bunte Metallbox mit ihrem nostalgischen Schriftbild fällt, nach dem Öffnen der Dose dann das Knistern der Verschlussfolie zu hören ist, der Duft des Pfefferminzöls in die Nase steigt und schließlich die unregelmäßig geformten, scheinbar handgefertigten Pfefferminzpastillen zu sehen sind, wie sie kreuz und quer durcheinander in der Dose liegen.

Anschließend beschrieb Kotchka, wie Altoids wohl aussehen würden, wenn sie die strukturierten, präzisen und höchst zuverlässigen Entwicklungsprozesse bei P&G durchlaufen hätten: perfekt gleichmäßig geformte Pfefferminzbonbons in einem schlichten Plastikbehältnis mit gemäßigt grellem Etikett obendrauf. Die »Verschwendung« in Gestalt der Verschlussfolie und der teuren Metallbox wäre beseitigt. Die »Unvollkommenheit« der unterschiedlich geformten Pastillen wäre behoben. Das Understatement betreibende Etiketten-Design wäre »aufgepeppt«. Et voilà, die gesamte Besonderheit von Altoids wäre dahin – und damit auch die große Kundentreue und Preisführerschaft.

Kotchka nannte ihr imaginäres neues Produkt Proctoids, nach dem respektlosen Spitznamen, der manchmal für die Mitarbeiter von P&G verwendet wird. Ihre lebhafte und lustige Geschichte verfing bei Zuhörern innerhalb wie außerhalb von P&G und illustrierte ihre Argumente klarer als Unmengen von Daten über fehlgeschlagene Innovationen.

> **Versuchen Sie einmal Folgendes:**
>
> Denken Sie noch einmal an die Erfindung des iPod. Entwerfen Sie eine kurze Erzählung, die den Kern der Idee erklärt und die erläutert, wie es funktioniert, dass diese Idee neuen Wert für Nutzer und Apple geschaffen hat. Versuchen Sie das auch mit einer der Möglichkeiten, die Sie in Kapitel 7 hervorgebracht haben.

Denken Sie bei jeder Ihrer Möglichkeiten an die Geschichte, die Sie dazu erzählen könnten, und konzentrieren Sie sich darauf, wie jede dieser Möglichkeiten von echten Menschen erlebt würde. Die Geschichte muss keineswegs lang oder übermäßig detailreich sein. Das Ziel der Erzählung sollte immer darin bestehen, Ihnen selbst und anderen dabei zu helfen, den zentralen Wert der jeweiligen Möglichkeit zu verstehen.

Visualisieren

Das Visualisieren setzt Ihre Möglichkeit in Bilder um. Mit Bildern vermitteln und erklären wir Ideen ohne Worte. Wie beim Entwerfen einer Geschichte kann die Visualisierung auf natürliche Weise in unserem Kopf stattfinden. So haben Sie vermutlich die »Proctoids«-Schachtel aus Kotchkas Geschichte ganz automatisch visualisiert, ob Sie es nun wollten oder nicht. Wir verwenden ganz natürlich mentale Bilder, um uns durch komplexe Probleme hindurchzuarbeiten und sie zu verstehen; wir machen uns ein Bild, wie ein System heute funktioniert, stellen uns vor, wie ein neues System aussehen könnte, und bauen uns im Kopf eine neue Version des Systems.

Aber wie wir schon in Kapitel 1 betont haben, ist Ihr geistiges Auge nicht perfekt und neigt zum Überspringen. Wenn wir eine Idee im Kopf haben, richten wir den Fokus gern auf ein paar Details des Bildes und lassen den Rest im Dunkeln. Wir überspringen auch potenziell fehlerhafte Verbindungen und Annahmen, die unser Modell scheitern lassen könnten. All das macht es schwierig, neue Ideen in der Tiefe zu erfassen, ohne sie auf Papier darzustellen. Um unsere Ideen effektiv zu verstehen und schließlich zu verbessern, müssen wir die Bilder also aus unserem Kopf hinaus in die Welt bekommen. Ein Bild zu zeichnen, das unsere neue Möglichkeit in ihrem Kern darstellt, ist der direkteste Weg dahin.

Beim Zeichnen geht es im wahrsten Sinne des Wortes darum, Ihre geistigen Bilder zu Papier zu bringen. Ein bekanntes Beispiel ist, wie der Unternehmer Rollin King aus Texas bei einem Cocktail seine Idee einer Fluglinie mit Direktverbindungen von Punkt zu Punkt erklärte. Er zeichnete drei Punkte auf eine Serviette – einer repräsentierte Dallas, einer San Antonio, einer Houston – und verband sie dann mit Linien zu einem

Dreieck. Mit wenigen Strichen konnte er so seinem Trinkgefährten Herb Kelleher die Idee klarmachen, die zur Grundlage der Southwest Airlines wurde, die King dann zusammen mit Kelleher gründete.

Einfache Zeichnungen können Dinge vermitteln, die Worte nicht können. Das Klischee, ein Bild sei mehr wert als tausend Worte, enthält eine Menge Wahrheit. Was hält uns also davon ab, zum Notizblock zu greifen und loszulegen? Oft ist es nur das Gefühl, dass es uns an künstlerischen Fähigkeiten mangele. Aber glücklicherweise erfordert die Art von Zeichnungen, um die es uns hier geht, kein großes Geschick und künstlerisches Talent. Da sind wir uns mit Dan Roam einig (unserer Quelle für das Beispiel Southwest Airlines), der sagt: »Probleme mithilfe von Bildern zu lösen, hat nichts mit künstlerischer Ausbildung oder Talent zu tun.«[5] Es zeigt sich, dass wir nur zwölf Grundformen brauchen, um mehr oder weniger alles darstellen zu können: Das sind ein Punkt, eine Linie, ein Winkel, ein Bogen, eine Spirale, eine Schleife, ein Oval, ein Auge, ein Dreieck, ein Rechteck, ein Haus und eine Wolke (siehe Abbildung 8.1).[6]

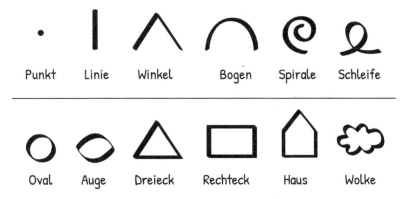

Abbildung 8.1: Das visuelle Alphabet

Wenn wir dieses von Dave Gray erfundene visuelle Alphabet verwenden, können wir auch komplexere Zeichnungen anfertigen. Es ist so ähnlich, wie wenn wir das Buchstaben-Alphabet lernen und diese Buchstaben dann verwenden, um zuerst einfache Wörter und dann auch komplexere Ausdrücke und Sätze zu bilden. Eine einfache Übung mit dem visuellen Alphabet zeigt Abbildung 8.2.

> **Versuchen Sie einmal Folgendes:**
>
> Fordern Sie sich, und zeichnen Sie mit den Werkzeugen des visuellen Alphabets einen Lastwagen, einen Hubschrauber oder eine Fabrik. Und um dann über einfache Gegenstände hinauszugehen, versuchen Sie, eine der Möglichkeiten zu zeichnen, die Ihrem Nachdenken im Kapitel 7 entsprungen sind.

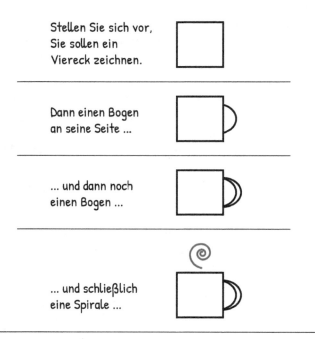

Abbildung 8.2: Verwendung des visuellen Alphabets

Neben einfachen Zeichnungen gibt es natürlich auch noch komplexere Arten der Visualisierung. Die von uns meistverwendete ist das *Storyboard:* eine comicstripartige Reihe von Illustrationen, zu der Text und Bild gehören (siehe Abbildung 8.3). Ein Storyboard können Sie zum Beispiel verwenden, um zu erfassen, wie sich eine Idee zeitlich darstellt, oder um unterschiedliche Elemente einer neuen Möglichkeit zu zeigen.

Danke an Mark Leung für die Erlaubnis zur Verwendung.

Abbildung 8.3: Ein einfaches Storyboard

Genau wie beim Verfassen einer Erzählung ist das Entscheidende auch beim Visualisieren, dass Sie mehr nach effektiver Kommunikation als nach perfekter Form streben. Wenn Sie befürchten, Ihre Zeichnungen könnten nicht klar genug sein, dann ergänzen

Sie einfach Text und machen weiter. Noch einmal: Das Ziel besteht darin, Ihr eigenes Verständnis von einer Möglichkeit klarzumachen und die Weitergabe dieses Verständnisses an andere zu erleichtern.

Physisch modellieren

Durch Modellieren gewinnt eine Möglichkeit noch eine dritte Dimension hinzu (als physisches Objekt) oder sogar eine vierte (als lebendiges Ereignis wie beim Rollenspiel). Physische Modelle sind etwas, womit andere auf eine Weise interagieren können, wie sie bei einer geschriebenen Geschichte oder einer Zeichnung auf Papier nicht möglich wäre. Indem Sie Ihren Geschichten und Bildern buchstäblich weitere Dimensionen hinzufügen, können Sie sich auf ganz neue und potenziell umfassendere Weise in die Möglichkeiten vertiefen und sie erleben.

Typische Materialien zum Modellieren sind auf dieser Stufe Pappe, Pfeifenreiniger, Play-Doh und so weiter. Das Ganze ist aber kein Kinderkram. Um die Teams daran zu erinnern, dass unser Ziel hier darin besteht, die Idee klarer zu machen, nicht schöne Objekte zu erschaffen, fördern wir zu Beginn ein Modellieren mit groben Materialien. Je spielerischer die Materialen, so haben wir festgestellt, desto leichter ist es, mit dem Bauen anzufangen. Und Bauen ist eine höchst effektive Möglichkeit zu lernen.

Daher ist es auch keine Überraschung, dass wir an Schulen eine effektive Verwendung physischer Modelle beobachten. 2016 stellten Laura Frew und Sharron Rosen, die an der Fairbank Public School in Toronto die erste und zweite Klasse unterrichten, ihren Schülern eine Aufgabe, die mit dem Spielplatz der Schule zu tun hatte. Die Schule war unlängst erweitert worden und nahm nun auch Schüler bis hinauf zur achten Klasse auf. Die älteren Kinder nutzten den Spielplatz nun neben den Jüngeren mit; leider ging das Teilen von Geräten und Platz nicht glatt vonstatten. Daher entwarfen die Kinder Modelle für einen Spielplatz, der für jeden geeignet wäre. Anschließend bauten sie nach ihren Ideen physische Modelle und legten diese den älteren Kindern zum Feedback vor.

Modelle wie diese haben viel gemeinsam mit dem minimal machbaren Produktkonzept, das von Eric Ries in *The Lean Startup* bekannt gemacht wurde. Ries definiert sein *minimum viable product* als »nicht unbedingt das kleinste vorstellbare Produkt. Es ist einfach der schnellste Weg, um mit geringstmöglichem Aufwand durch die ... Feedback-Schleife zu gelangen.« Das Ziel eines minimal machbaren Produkts, wie er schreibt, »ist, den Lernprozess zu beginnen, nicht ihn abzuschließen.«[7] Ganz ähnlich besteht die Rolle des physischen Modellierens im integrativen Denkprozess darin, weitere Klarheit über die Möglichkeiten zu gewinnen und uns in die Lage zu versetzen, mehr über sie zu lernen.

Die Werkzeuge verwenden: Ein Beispiel

Wie können Sie die drei Werkzeuge (Geschichten erzählen, Visualisieren, physisch Modellieren) verwenden, um eine integrative Möglichkeit zu definieren? Kehren wir hier noch einmal zu Tennis Canada aus dem 7. Kapitel zurück. Erinnern Sie sich, dass das Team im Jahr 2005 ein mögliches Modell für die Tennis-Entwicklung erarbeitet hatte, das in der Tenniswelt neuartig war. Sollte diese neue Strategie nicht funktionieren, wäre das für Tennis Canada furchtbar peinlich, und das Scheitern würde die Organisation vermutlich irreparabel schädigen. Presse, Spender, Spieler, Trainer – alle würden fragen: »Was haben die sich denn da bloß gedacht?« Daher wäre es fürs Weiterkommen äußerst hilfreich, wenn man hinsichtlich der Möglichkeit mehr Klarheit gewinnen könnte und entschiede, wie man die Möglichkeit am besten kommuniziert.

Als Erstes musste das Team den Kern seiner neuen Möglichkeit formulieren: die Kombination der zentralen Kontrolle (mit ihrer Förderung der Zielgerichtetheit) aus dem französischen Modell mit der Individualisierung (und ihrem persönlichen Verantwortungsgefühl) aus dem US-amerikanischen Modell.

Wenn man hierzu eine Geschichte erzählen wollte, dann könnte diese zum Beispiel formulieren, wie eine junge Spielerin aus Edmonton das kontrollierte und kohärente Verfahren bei den Wochenend-Workshops und dem U12-Summer-Camp erlebt und wie es bei ihr im übrigen Jahr mit ihrer eigenen Trainerin und ihrer individuellen Routine daheim läuft. Für eine Visualisierung könnte man ein Storyboard erschaffen, das illustriert, wie sich die Spielerin durch die verschiedenen Phasen bewegt, von der Entdeckung seitens regionaler Programmleiter bis zum Gewinn des Junior-Einzel-Titels in Wimbledon. Physische Modelle wären wertvoll, um zu erklären, wie das nationale Tenniscenter in Montreal aussehen soll und wie die jungen Spieler es erleben.

Geschichten erzählen, Visualisieren und Modellieren schließen sich nicht gegenseitig aus. Teams können alle drei Methoden verwenden, um ihre Modelle zu bauen und zu vermitteln. Jede Methode hilft auf ihre eigene Weise dabei, Ihr Denken klarer zu machen und zu kommunizieren, daher ist es oft am besten, sie zu kombinieren und alle drei Verfahren bei unterschiedlichem Publikum unterschiedlich einzusetzen. Die Entscheidung, wann und wie jede der Methoden angewendet werden soll, ist wieder eine Herausforderung für Ihre empathischen Fähigkeiten: Was müssen Sie, Ihr Team oder Ihr Publikum jeweils hören, sehen oder anfassen, um die jeweilige Möglichkeit zu verstehen? Die Antwort auf diese Frage kann Ihnen bei der Verwendung der drei Werkzeuge eine Richtschnur sein.

Die Logik verstehen

Nachdem Sie sich nun darüber im Klaren sind, was jede Ihrer Möglichkeiten darstellt (und was nicht), können Sie dazu übergehen, die Möglichkeiten explizit zu beurteilen. Sie fragen dabei immer noch nicht, ob es sich bei der jeweiligen Möglichkeit um eine gute oder eine schlechte Idee handelt. Denn wertende Fragen haben eine wenig hilfreiche soziale Dimension (sie führen leicht zu Streit, weil die Leute zu der einen oder der anderen Lösung tendieren) und ebenso eine logische (Sie können nie mit Sicherheit wissen, ob es sich um eine gute Idee handelt, bevor Sie sie nicht ausprobiert haben).

Stattdessen möchten Sie hier nur verstehen, unter welchen Bedingungen jede Ihrer Möglichkeiten eine gute Lösung für Ihr Problem wäre.

Um diese Bedingungen zu verstehen, kehren wir wieder zu den wichtigsten Beteiligten zurück, die wir in Phase eins des integrativen Denkprozesses kennengelernt haben. Erinnern Sie sich, dass es sich hier um diejenigen Beteiligten handelt, die für die Lösung am wichtigsten und die vom Problem am stärksten betroffen sind. Sie sollen jetzt bei jeder der Möglichkeiten an diese Beteiligten denken und fragen: Unter welchen Umständen wäre diese Möglichkeit für diesen Beteiligten eine erfolgreiche Lösung des Problems (siehe Abbildung 8.4)?

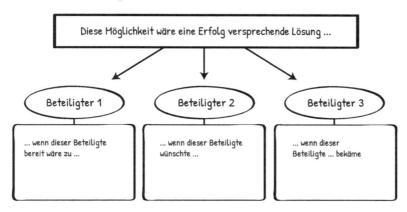

Abbildung 8.4: Unter welchen Bedingungen ...?

Die Bedingungen, die Sie hier ermitteln, sind im Grunde eine Beschreibung derjenigen Welt, in der Sie mit einer der Lösungen fortfahren würden. Sollten diese Bedingungen gegeben sein, wären sich alle darüber einig, dass diese Möglichkeit eine gute Lösung ist. In dieser Phase wird nicht diskutiert, ob es wahrscheinlich ist, dass diese Bedingungen gegeben sind, sondern es geht nur um die Einigkeit darüber, dass diese Möglichkeit unter den ermittelten Bedingungen eine gute Entscheidung wäre.

Wie sieht das im konkreten Falle aus? Denken Sie noch einmal an die Lösung, die Jørgen Vig Knudstorp für die kreative Kontrolle bei *The LEGO Movie* gefunden hatte. Für einen Erfolg dieser Lösung musste zum Beispiel zutreffen: dass die Filmemacher tatsächlich bereit wären, auf die größten LEGO-Fans zu hören und von ihnen zu lernen; dass die Unternehmenseigner bereit wären, dem Urteil der Filmemacher zu vertrauen und keine abschließende Genehmigung des Skripts zu verlangen; und dass das Führungsteam der LEGO Group imstande wäre, sich auf die Filmemacher einzulassen, ohne sie bis ins Kleinste zu gängeln.

Dasselbe Verfahren kann auch auf die neue Strategie von Tennis Canada angewendet werden. Die Logik der integrativen Möglichkeit würde dann etwa so aussehen wie in Abbildung 8.5.

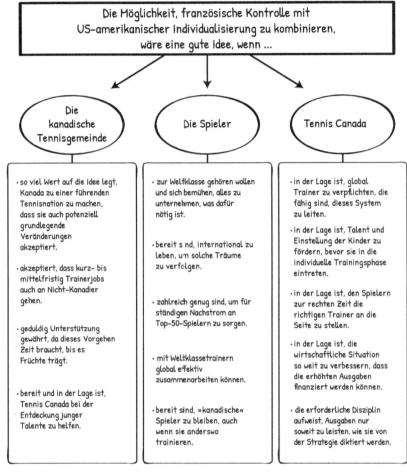

Abbildung 8.5: Die Bedingungen für Tennis Canada

> **Versuchen Sie einmal Folgendes:**
>
> Unter welchen Bedingungen wäre der iPod eine gute Idee gewesen? Was musste bei Verbrauchern, Musikindustrie und Apple gegeben sein, damit der iPod eine erfolgreiche Innovation wird – eine, die den Verbrauchern digitalen Zugang zur Musik ermöglicht, während Künstler und Plattengesellschaften auch Geld für ihre Arbeit erhalten?

Wenn Sie Ihre Möglichkeiten definiert und die Bedingungen verstanden haben, unter denen Sie sie jeweils wählen würden, haben Sie für jede Möglichkeit die Logik bestimmt. Sie haben formuliert, worin Ihre Möglichkeit besteht, und Sie haben die Bedingungen erläutert, unter denen sie eine Erfolg versprechende Lösung wäre. Ohne auch nur einen einzigen Bestandteil einer Ihrer Möglichkeiten umgesetzt zu haben, sind Sie so bereits ein gutes Stück weiter auf dem Weg, das eigene Denken klarer zu machen, die Modelle für andere konkreter werden zu lassen und für eine Praxisbewertung der Möglichkeiten die Bühne zu bereiten. Diese Aufgaben lassen sich für jede beliebige Idee durchführen, auch für Ideen, für die es auf der Welt noch keinerlei Daten gibt. Auch wenn Sie gegenwärtig noch nicht beweisen können, dass Ihre Logik zutrifft, kann die Logik selbst schon formuliert werden.

> **Versuchen Sie einmal Folgendes:**
>
> Fragen Sie sich bei den Möglichkeiten, an denen Sie in diesem Kapitel gearbeitet haben: Unter welchen Bedingungen wäre jeder Ihrer Möglichkeiten eine gute Entscheidung? Denken Sie daran, diese Frage durch die Brille der Beteiligten zu sehen, die Sie in Phase eins bestimmt hatten.

Die nächste Herausforderung besteht nun darin, zu bestimmen, in welchem Maße die Bedingungen, die Sie ermittelt haben, heute tatsächlich bestehen oder in Zukunft herbeigeführt werden könnten. Je zuversichtlicher Sie sind, dass dies bei den Bedingungen für eine Ihrer Möglichkeiten zutrifft, desto wohler werden Sie sich fühlen, wenn Sie auf diese Möglichkeit setzen. Gewinnen lässt sich solche Zuversicht durch Tests.

Tests entwerfen und durchführen

Das Konzept, das unseren Tests zugrundeliegt, ist die Falsifizierbarkeit. Der Philosoph Karl Popper argumentierte, dass jede Hypothese (und Ihre Möglichkeit ist eine Hypothese bezüglich einer potenziell besseren Zukunft), die glaubwürdig sein soll, *falsifizierbar* sein müsse – das heißt, es müsse möglich sein, sie zu widerlegen. Wenn wir Poppers Konzept hier anwenden, heißt das, dass Sie bei Ihren Tests nicht versuchen können, zu beweisen, dass Ihre Möglichkeit funktionieren würde, sondern dass Sie sich auf den Versuch konzentrieren müssen, Ihre Möglichkeit scheitern zu lassen. Das können Sie tun, indem Sie nach Gegebenheiten suchen, unter denen Ihre Bedingungen nicht erfüllt wären. So lernen Sie mehr über Ihre Möglichkeit und darüber, wie Sie sich verbessern ließe.

An die Praxis des Falsifizierens muss man sich erst einmal gewöhnen, sie ist aber äußerst lehrreich, wenn man den Bogen heraushat. Manche Unternehmen, etwa die Pixar Animation Studios, bauen ihre ganze Firmenkultur darum herum auf. Wie Ed Catmull, der President von Pixar, sagt: »Alle Filme, die wir heute für brillant halten, waren einmal ganz schrecklich ... Denken Sie nur daran, wie abstoßend ein Film über Ratten, die Essen zubereiten, sein könnte, oder wie riskant es gewesen sein muss, *Wall-E* mit 39 Minuten ohne jeden Dialog zu beginnen. Wir trauen uns zwar, mit solchen Geschichten anzufangen, wir bekommen sie aber nicht auf Anhieb richtig hin ... Wir glauben aufrichtig an die Kraft eines anregenden, ehrlichen Feedbacks und an den iterativen Prozess – überarbeiten, überarbeiten und noch mal überarbeiten, bis eine fehlerhafte Story zum Durchbruch gelangt oder bis ein hohler Charakter seine Seele findet.« Bei Pixar ist den Mitarbeitern klar, dass ihre Aufgabe darin besteht, neuen Ideen auf dem Weg »von Mist zu kein Mist« zu helfen.[8] Dieser Weg führt über ein schnelles, iteratives Testen.

Der letzte Schritt des iterativen Denkprozesses besteht also darin, Tests für die neuen Möglichkeiten zu entwerfen und durchzuführen. Solche Tests können von einfachen Prototypen ohne jeden Schnickschnack bis hin zu ausgewachsenen Pilotprojekten reichen. Aber ganz gleich, wie viel Sie auch investieren, diese Tests sollen auf ein Falsifizieren ausgerichtet sein – auf die Suche nach Beweisen, dass die erforderlichen Bedingungen, die Sie ermittelt haben, nicht existieren, wobei Sie aufpassen müssen, dass Sie nicht in die Falle des Bestätigungsfehlers gehen.

Eine andere Denkweise

Solches Testen und Experimentieren erfordert, dass Sie eine andere Denkweise einnehmen als bisher im integrativen Denkprozess. Als Sie Ihre Modelle formuliert und neue Ideen hervorgebracht haben, hatten Sie auf die Positiva geachtet und sich vorgestellt, was alles möglich sein könnte. Beim Testen ist die Denkweise eine andere; hier sind wir schon beim Übergang vom Denken zum Handeln, das Ziel der Gewinnung neuer Daten im Blick.

Wie sieht das in der Praxis aus? Bei Tennis Canada zum Beispiel stand Learning by Doing im Zentrum des Vorgehens. Das Team musste ein Gleichgewicht finden zwischen dem Wunsch, die kritischsten Bedingungen seines neuen Modells zu testen, und erheblichen fiskalischen Einschränkungen.

Das Team von Tennis Canada konnte zu Beginn der Transformation nicht alles auf einmal testen. Daher setzte es Prioritäten. Am Anfang bestand der wichtigste Test erst einmal darin, ob die Geschichte spannend genug wäre, um Spieler, Eltern und Trainer davon zu überzeugen, dass das neue Modell auch funktionieren würde. Daher sprach das Team zunächst einmal mit besonders einflussreichen Personen über das Modell und hier insbesondere mit den beiden Elite-Trainern, auf deren Einverständnis es vor allem hoffte: Louis Borfiga, damals Leiter des nationalen Jugendzentrums des französischen Verbands, und Profi-Coach Bob Brett. Die begeisterte Reaktion der beiden Trainer stärkte die Zuversicht des Teams, dass die anderen ähnlich positiv empfinden würden.

Schlüsselbedingungen für die potenziell riskante internationale Trainingsdimension des neuen Modells waren, dass die Spieler bereit wären, das neue Modell anzunehmen, und dass sich die finanziellen Investitionen in Form von Leistung auszahlen würden. Diese Annahmen waren schlecht zu überprüfen, ohne das Modell tatsächlich zu bauen, daher beschloss das Team, langsam damit zu beginnen, wiederum im Test-Denkmodus. Tennis Canada förderte zunächst nur zwei Spieler auf diese neue Weise: Milos Raonic, der nach Barcelona ging, und Eugenie Bouchard, die in Florida trainierte. Beide waren gespannt darauf, das neue Verfahren auszuprobieren, und erzielten bei ihren Leistungen bald positive Ergebnisse.

Im Anschluss daran wurde an der Strategie viel während des laufenden Prozesses gefeilt und optimiert. Der heutige bemerkenswerte Erfolg war 2005 fast unvorstellbar. Jedenfalls hätte er definitiv nicht im Voraus bewiesen werden können. Aber er konnte modelliert werden, seine Logik konnte definiert werden, die Ergebnisse konnten getestet werden.

Genau wie es bei Tennis Canada – oder auch Apple – war, besteht auch bei Ihnen die Gefahr, dass sich herausstellen könnte, die Bedingungen für eine betrachtete, Erfolg versprechende Möglichkeit liegen nicht vor; Grund dafür ist zum Teil, dass Ihre neue Möglichkeit eben noch nicht existiert. In diesem Fall ist es wichtig, zu fragen: Könnten Sie diese Bedingungen vielleicht herbeiführen? So könnte es zum Beispiel sein, dass Sie heute noch keine ausreichend große Kundenbasis haben, um Ihre Möglichkeit durchführbar zu machen. Könnten Sie sich dann vorstellen, wie eine solche Kundenbasis geschaffen werden könnte? Hier geht es um einen Prozess, bei dem Sie erkunden, wie Sie die Welt selbst erschaffen könnten, die Sie brauchen. Es kann sein, dass die Antwort nicht sofort offensichtlich ist, und dieser Schritt erfordert auch eine große Portion Fantasie. Überdies erfordert er auch eine Denkweise, die immer offen für Möglichkeiten ist. Diese Denkweise – die Einstellung, die letztlich den ganzen integrativen Denkprozess möglich macht – ist Thema unseres letzten Kapitels.

Mustervorlagen

Um Ihnen bei der Dokumentation Ihrer Arbeit mit den Prototypen und Tests zu helfen, haben wir für Sie einen Satz Mustervorlagen erarbeitet. Abbildung 8.6 leitet Sie an beim Definieren der Möglichkeiten. Abbildung 8.7 hilft Ihnen dabei, die Logik zu verstehen, die Ihren potenziellen Lösungen zugrunde liegt. Die Abbildungen 8.8 und 8.9 helfen Ihnen, die Tests zu entwerfen und Prioritäten zu setzen. Abbildung 8.10 können Sie verwenden, um die Ergebnisse zu verfolgen.

Was ist der Kern dieser Idee?

Erzählen Sie in einem Absatz die Story dieser Möglichkeit.

Visualisieren Sie die Möglichkeit auch noch mithilfe einer raschen Skizze oder eines Storyboards.

Abbildung 8.6: Mustervorlage: Eine Möglichkeit definieren

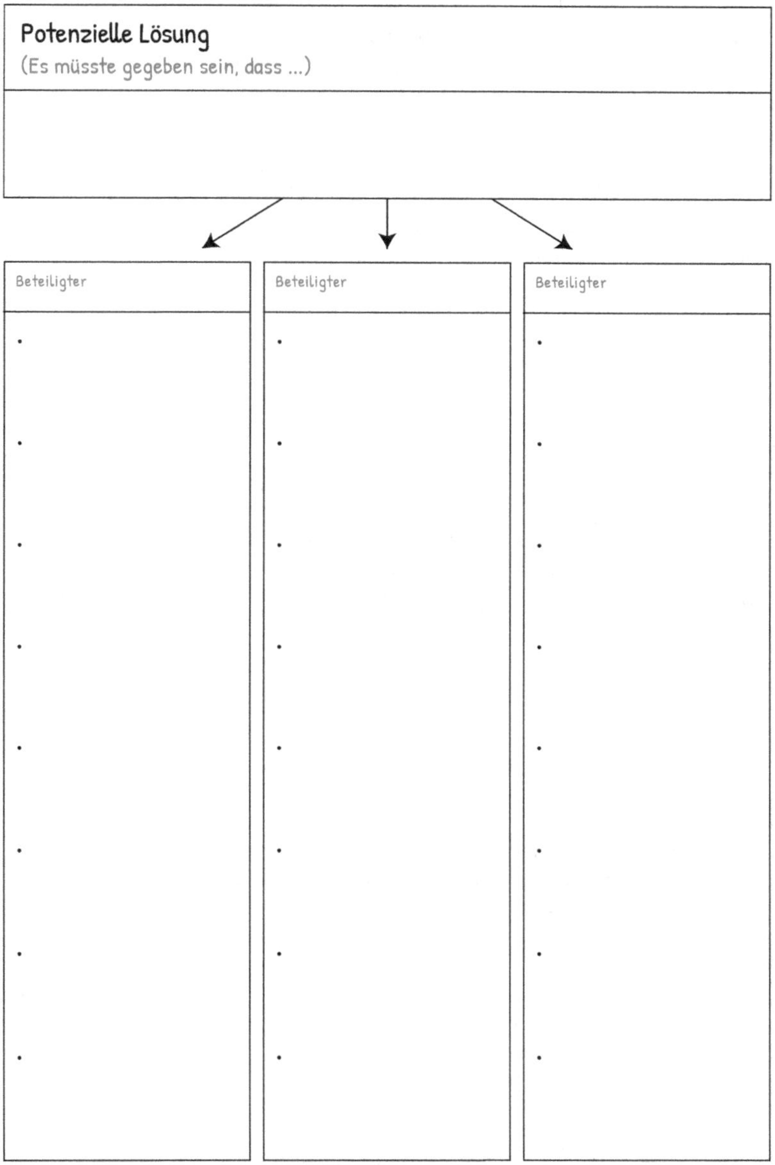

Kapitel 8: Die Prototypen bewerten

Potenzielle Lösung
(Es müsste gegeben sein, dass ...)

Beteiligter	Beteiligter	Beteiligter
•	•	•
•	•	•
•	•	•
•	•	•
•	•	•
•	•	•
•	•	•

Abbildung 8.7: Mustervorlage: Die Logik verstehen

Listen Sie die kritischen Bedingungen auf, die gegeben sein müssen, damit diese Möglichkeit eine erfolgreiche Lösung wird.		
1.	2.	3.

Entwerfen Sie für jede der kritischen Bedingungen einen Schnelltest, den Sie noch heute ohne zusätzliche Ressourcen durchführen könnten.		
1.	2.	3.

Entwerfen Sie einen Test von geringem Umfang, den Sie im Lauf der nächsten Wochen mit relativ geringer Investition von Zeit und Geld durchführen könnten.		
1.	2.	3.

Entwerfen Sie den definitiven Test, den Sie durchführen würden, wenn Zeit und Geld keine Rolle spielten.		
1.	2.	3.

Abbildung 8.8: Mustervorlage: Tests entwerfen

Listen Sie Ihre Tests in der Reihenfolge Ihrer Priorität auf.
Erläutern Sie, warum diese Reihenfolge gewählt wurde.

Definieren Sie den zeitlichen Ablauf Ihrer Tests.

Abbildung 8.9: Mustervorlage: Prioritäten bei den Tests setzen

Möglichkeit:

Test:

Verantwortliche/r:

Testbeschreibung	Getestete Bedingung
Beweisstandard	Ergebnisse

Beurteilung (bestanden, durchgefallen oder ungewiss)

Abbildung 8.10: Mustervorlage: Testergebnisse verfolgen

Kapitel 9: Eine Frage der Lebenseinstellung

1887 kaufte die Firma Lever Brothers in Cheshire/England Land, um ihre Seifenfabrik zu erweitern. Aber Geschäftsführer William Lever wollte mehr, als nur eine Fabrik zu bauen; er wollte eine Gemeinde gründen. Im Laufe der kommenden 20 Jahre ließ er auf einer Fläche von 120 Morgen ein eigens entworfenes Dorf mit über 700 Wohnungen entstehen, zu dem auch eine Kunstgalerie, ein Krankenhaus, Schulen, eine Konzerthalle, ein Schwimmbad und eine Kirche gehörten. Lever hatte die Vision, eine Modellstadt zu erschaffen – benannt nach seiner Topmarke Port Sunlight –, in der seine Arbeitskräfte durch Bildung, Religion und Kunst ihren Geist erweitern könnten.

Seine Idee war, wie er schrieb, »die geschäftlichen Beziehungen zu sozialisieren und zu christianisieren und wieder zu der engen familiären Brüderschaft zurückzukehren, die es in der guten alten Zeit der Handarbeit gab.«[1] Das sei gut für seine Arbeiter, sagte er, und das sei auch gut für sein Geschäft. Lever meinte, gesunde, zufriedene Arbeitskräfte seien produktiv, besonders wenn sie sehen könnten, dass ihr Umfeld mit ihrer eigenen fleißigen Arbeit verbunden sei. Und so finanzierte er das Dorf aus den Gewinnen seines Unternehmens.

1903 wurden etwa zehn Prozent des Unternehmenskapitals in die Siedlung Port Sunlight investiert. Nach Levers Ansicht war dies die effektivste Form der Gewinnbeteiligung:

Würde ich der gewöhnlichen Methode der Gewinnbeteiligung folgen, dann würde ich die Männer und jungen Frauen, die hier arbeiten, am Ende des Jahres ins Lohnbüro bestellen und ihnen sagen: »Ihr bekommt jeder acht Pfund; das Geld habt ihr euch verdient; es gehört euch. Nehmt es und verwendet es, wie ihr wollt. Gebt es im Wirtshaus aus, veranstaltet zu Weihnachten ein ordentliches Gelage; macht mit eurem Geld, was ihr wollt.« Stattdessen habe ich ihnen aber gesagt: »Acht Pfund sind ein Betrag, der schnell verbraucht ist, und ihr habt nicht viel davon, wenn ihr es euch in Form von Whisky, Süßigkeiten oder fetten Weihnachtsgänsen zu Gemüte führt. Wenn ihr das Geld dagegen mir überlasst, dann verwende ich es, um euch mit allem zu versorgen, was das Leben angenehm macht, nämlich schönen Häusern, komfortablen Wohnungen und gesunder Erholung.«[2]

Sollte das in Ihren Ohren heute ein klein wenig paternalistisch klingen, dann bedenken Sie, dass ganz viele von Levers Zeitgenossen überhaupt keinen Drang verspürten, das Leben ihrer Arbeitskräfte zu verbessern – oder wenn doch, dann auch entsprechend zu handeln. Die meisten Industriearbeitskräfte wohnten an der Wende zum 20. Jahrhundert in überfüllten Mietwohnungen mit schlechter Sanitärausstattung und zunehmend überlasteter Infrastruktur. Krankheit und Armut grassierten. Wer bereit war, auf seinen Whisky und seine Süßigkeiten zu verzichten, dem muss Port Sunlight also wie Utopia vorgekommen sein. Und so gedieh Port Sunlight; bis in die 1980er-Jahre waren alle Bewohner Mitarbeiter von Unilever, dem globalen Multi, der aus der Fusion von Lever Brothers und einem niederländischen Margarinehersteller hervorgegangen war.

Levers Vermächtnis lebt weiter, in Form seines Modelldorfs, aber auch bei Unilever selbst, heute eines der größten Konsumgüterunternehmen der Welt. Das Unternehmen verfügt über einen Bestand von über 400 Marken, darunter Dove, Becel und Lipton, und hat einen Jahresumsatz von 53 Milliarden Euro. CEO Paul Polman, ein leise sprechender Niederländer, der nach einer langen Karriere bei P&G und einem kurzen Abstecher zu Nestlé zu Unilever kam, denkt wohlwollend über Levers »eigene Form des aufgeklärten Kapitalismus«.[3]

Polman denkt viel über aufgeklärten Kapitalismus nach. Als er 2009 als erster externer CEO überhaupt zu Unilever kam, trat die Weltwirtschaft gerade in die finsterste Phase der Finanzkrise ein. Er sah in dieser Krise eine Chance. »Ich war schon immer ein wenig besorgt gewesen über die Dominanz der Finanzbranche«, erklärt Polman. »Es war völlig klar, jedenfalls für mich, dass das System, unter dem wir arbeiteten, am Ende war – es hatte für viele Menschen Gutes bewirkt, gar keine Frage, aber jetzt war es am Ende. Wir brauchten ein anderes Geschäftsmodell.« Polman machte sich daran, dieses neue Modell zu erschaffen.

Er forderte sein Team auf, gründlich über das nachzudenken, was Lever »geteilten Wohlstand« genannt hatte. Es dauerte nicht lange, und das Unternehmen entwarf den Unilever Sustainable Living Plan, eine Vision, die den ökologischen Fußabdruck des Unternehmens von seinem Wachstum unabhängig machen sollte, das heißt, das Unternehmen wollte zwar weiter versuchen, seine Marken wachsen zu lassen, aber die Beeinträchtigung der Umwelt dabei gleichzeitig verringern. Zielrichtung war »eine Welt, auf der jeder gut und innerhalb der natürlichen Grenzen des Planeten leben kann«.[4] Das Wichtige war, dass Unilever gemäß diesem Plan die Verantwortung für seine gesamte Lieferkette übernehmen wollte, »from farm to fork« (von der Farm bis zur Gabel), statt diese Verantwortung abzuwälzen.

Eine längerfristige Perspektive einnehmen

Auf den ersten Blick könnte das Ganze so aussehen wie eine der typischen Initiativen, die das soziale Verantwortungsbewusstsein eines Unternehmens demonstrieren sollen. Solche traditionellen Initiativen zielen laut Polman aber nur darauf ab, »einen weniger deutlichen Fußabdruck zu hinterlassen oder etwas zu tun, wodurch man sich gut fühlt«. Seine eigenen Ambitionen gehen weit darüber hinaus: »Sie müssen wirklich zeigen, dass Ihre Geschäftstätigkeit absolut dazu beigetragen hat, einige dieser Probleme zu lösen.« Der Sustainable Living Plan war nur einer der Vorstöße von Unilever, die darauf abzielten, unsere schwierigsten globalen Herausforderungen zu bewältigen, statt nur Lippenbekenntnisse abzugeben.

Eine weitere Komponente von Polmans neuem Geschäftsmodell war ein ganz anderer Umgang mit Kapitalanlegern. Er hatte sich schon lange Sorgen gemacht wegen der negativen Auswirkungen kurzfristigen Investierens auf die langfristige Unternehmensgesundheit. Es lässt sich kaum deutlich genug ausdrücken, wie kurzfristig orientiert die

Kapitalmärkte im letzten Jahrzehnt geworden sind. 2015 lag die jährliche Umschlagsrate für US-Aktien bei etwas über 300 Prozent. Daraus ergibt sich eine durchschnittliche Haltefrist von gerade mal 17 Wochen. Exchange-traded Funds – das sind Körbe voller Wertpapiere, die an der Börse wie gewöhnliche Aktien gehandelt werden – werden noch schneller umgeschlagen und weisen eine geschätzte Haltefrist von nur noch 29 Tagen auf.[5] Das war nicht immer so. Polman: »1960 wurde eine Unilever-Aktie im Schnitt zwölf Jahre gehalten; vor 15 Jahren waren es noch etwa fünf Jahre.«[6]

Diese Veränderung hin zur kurzen Frist bedeutet im Großen und Ganzen, dass wir inzwischen eher spekulieren als investieren. Jack Bogle hat darauf hingewiesen, dass eine solche Praxis schlecht für die Anleger ist. Polman sah, dass sie auch fürs Geschäft schlecht ist. Statt die fundamentalen Werte eines Unternehmens zu stärken, haben die CEOs heute den Anreiz, kurzfristig den Aktienkurs ihres Unternehmens hochzutreiben. Dadurch werden die Erwartungen gesteigert statt die realen Umsätze, die Aktien schöngeredet statt das Unternehmen aufgewertet.

Polman war entschlossen, bei Unilever mit der Konzentration auf die kurze Frist Schluss zu machen. »Zu den Dingen, die ich zu tun hatte, gehörte es, die Geschäfte auf einen längerfristigen Plan umzustellen«, sagt er. »Wir hatten uns verleiten lassen, uns selbst in den Schwanz beißen zu wollen, und unsere internen Ausgaben für Kapital, Forschung und Entwicklung oder IT gekürzt, um die Markterwartungen erfüllen zu können. Wir hatten unsere Markenausgaben auf Vierteljahresbasis entwickelt und nicht das Richtige gemacht, einfach weil das Geschäft nicht lief. Wir bedienten die Kurzfrist-Aktionäre. Deswegen habe ich gesagt: ›Wir werden mit der vierteljährlichen Berichterstattung aufhören, und wir werden keine Orientierungshilfen mehr geben.‹«

Als Polman die neue Strategie von Unilever 2009 bekanntgab, fielen die Aktien des Unternehmens um acht Prozent. Aber er blieb bei seiner Botschaft an die Aktionäre. »Ich habe ihnen erklärt, dass wir unsere Geschäfte auf längere Frist führen wollen. Dass wir in Kapitalausgaben investieren wollen. Dass wir in Ausbildung und Entwicklung investieren wollen. Dass wir in neue IT-Systeme investieren wollen. Und dass wir wieder in unsere Markenausgaben investieren wollen.« Diese Investitionen würden Zeit brauchen, bis sie sich auszahlen, und hätten das Potenzial, Vierteljahreszahlen dramatisch zu verzerren. Daher forderte Polman seine Aktionäre auf, selbst auch eine längerfristige Perspektive einzunehmen.

Einige Aktionäre waren bereit, den Sprung mit Polman zu wagen; die anderen verkauften ihre Aktien, was für Polman auch in Ordnung war. Wie er es sieht, verwenden CEOs viel zu viel Zeit darauf, ihre aktuellen Aktionäre zu bedienen, eine Gruppe, die fast unmöglich wirklich zufriedenzustellen ist. Da Aktien breit gestreut sind, sind Aktionäre in der Regel ein bunt gemischter Haufen und haben Polman zufolge »total unterschiedliche Ansichten. Wenn Sie Ihre Geschäfte gemäß dem Input aller Ihrer Aktionäre führen wollten, würden Sie durchdrehen und Ihr Unternehmen wahrscheinlich zugrunde richten.«

Statt also die Launen einer vorhandenen Basis von Kurzfristaktionären zu bedienen, konzentrierte sich Polman darauf, diejenige Aktionärsbasis zu bekommen, die er wollte – attraktiv für Langfristanleger zu werden, die wachsende reale Umsätze höher bewerten als aufgeblasene Erwartungen. Und die Strategie hat funktioniert: Die Haltefrist liegt bei den 50 größten Unilever-Aktionären heute im Schnitt bei sieben Jahren oder mehr.

Verdoppeln

Als Polman den Plan damals ausarbeitete, war er hin- und hergerissen zwischen dem Wunsch, eine längerfristige Perspektive einzunehmen, und dem Erfordernis, sich an die kurzfristige Ausrichtung der Kapitalmärkte anzupassen. Er sah, dass eine Konzentration auf die lange Frist im Großen und Ganzen gut fürs Geschäft und gut für die Welt ist; sie verschafft Spielraum für Investitionen, internalisiert externe Effekte und fördert Innovationen. Eine Konzentration auf die kurze Frist ist dagegen das, was die Kapitalmärkte verlangen, einschließlich einer vierteljährlichen Berichterstattung im Namen von Disziplin und Rechenschaftspflicht. Eine Konzentration auf die kurze Frist hat außerdem das Potenzial, die Aktionäre glücklich zu machen, weil eine Zufriedenstellung der Aktionäre nun zum primären Ziel des Unternehmens geworden ist.

Polman wollte nun sowohl die glücklichen Aktionäre des Kurzfristmodells als auch das reale, nachhaltige Wachstum des Langfristmodells. Er konnte aber nicht beides bekommen, wenn er agierte wie die meisten CEOs und die Kompromisslage einfach akzeptierte. Stattdessen verdoppelte er seinen Einsatz auf das Langfristmodell, und als Ansatzpunkt zum Beglücken der Aktionäre nutzte er totale Transparenz. In seiner neuen Lösung ging es auch nicht darum, seine gegenwärtigen Aktionäre glücklich zu machen, sondern es ging darum, neue Aktionäre anzuziehen, die über Langfristorientierung und nachhaltiges Wachstum glücklich wären.

Wie er erklärte, hing seine Lösung davon ab, dass er in Bezug auf den Spielplan ganz klar und ohne Entschuldigungen vorging: »Transparenz schafft Vertrauen ... Wir verwendeten eine unverhältnismäßige Menge Zeit darauf, zu erklären, warum ein stärker sozial verantwortliches Geschäftsmodell längerfristig tatsächlich auch ein besseres Modell für die Aktionäre ist – sofern sie Langfristaktionäre sind. Wir machten den Aktionären ganz deutlich, dass dieses Modell ihnen beständige Lieferung garantieren würde, da wir jedes Jahr stärker wachsen würden als der Markt, da wir unsere Stabilität verbessern würden.« Polman war ganz offen hinsichtlich der Tatsache, dass Unilevers Vorgehen zwar vielleicht nicht jedes Jahr die höchste Profitabilität liefern würde, dafür würde es aber versprochenermaßen beständig liefern, Jahr für Jahr. Was es auch tat.

Seine Aufgabe auf dieser Welt

Wie ganz viele integrative Denker, denen wir begegnet sind, spricht Polman ganz sachlich über seine Lösung der Kompromisslage. So wie Jack Bogle die Idee seines Indexfonds ganz »offensichtlich« fand, erklärt Polman, dass sein neues Geschäftsmodell relativ simpel sei: »Ich habe nie wirklich an diese Kompromisslage geglaubt [zwischen der kurzen und der langen Frist].« Er wusste, dass eine bessere Lösung erforderlich war – besser für Unilever und besser für die Welt –, und er machte sich daran, diese Lösung hervorzubringen. Auf die Frage, wie es kommt, dass er imstande war, die Kompromisslage zu überwinden, und viele seiner Kollegen nicht, antwortet Polman erfrischend unverblümt: »Ich halte das für eine schwache Vorstellung. Jeder CEO kann entscheiden, dass er nicht zu hoch bezahlt werden soll. Jeder CEO kann entscheiden, dass er langfristig denken will, wenn Dinge geändert werden müssen und er Veränderungen schätzt ... Ich denke, was hier fehlt, ist einfach couragierte Führung. Die Entschuldigung lautet immer, dass der Markt das nicht zulasse. Klar gibt es Dinge, die der Markt offenkundig nicht versteht, und klar gibt es Beschränkungen. Aber wir haben eine Handlungsfreiheit, die sehr viel größer ist, als diese CEOs behaupten.«

Mit anderen Worten sieht es Polman als seine Aufgabe an, gute Entscheidungen hervorzubringen. Und erklärt, dass diese Aufgabe ohne Weiteres im Rahmen seiner Handlungsmöglichkeiten liege. Das ist Polmans Lebenseinstellung, seine Einstellung zur Frage, wie die Welt funktioniert. Wie sich zeigt, ist die Einstellung also ein zentrales Teil des Puzzles Integratives Denken.

Untersuchung des Themas Einstellung

In *The Opposable Mind* definierte Roger *Einstellung* als die Art, »wie man die Welt um sich herum betrachtet, aber ... auch, wie man sich selbst auf dieser Welt sieht.«[7] Ihre Einstellung ist die Gesamtsumme Ihrer geistigen Modelle zum Thema Welt, ein alles umfassender Rahmen für die Welt und Ihre Rolle auf dieser Welt. In ihrer Studie über künstlerische Fähigkeiten verwendet unsere Kollegin Hilary Austen den Terminus *zielgerichtetes Wissen (directional knowledge),* um die Idee zu bezeichnen, die auch in dem Wort Einstellung zum Ausdruck kommt. Sie erklärt, dass der Begriff sowohl Identität als auch Motivation umfasse: wer Sie sind und was Sie zu tun versuchen. Sie schreibt, das zielgerichtete Wissen »liefert die Orientierung für die Praxis ... [Es] ist weitgehend stillschweigend und tief verwurzelt. Es wird selten hinterfragt, außer in Zeiten transformierender Veränderungen der persönlichen Praxis.« Die Einstellung, meint sie, »wird im Stillen entwickelt und oft als gegeben betrachtet.«[8]

Ihre Einstellung spielt eine wichtige, wenn auch wenig untersuchte Rolle in Ihrem Leben. Ihre Einstellung zur Welt und zu Ihrer Rolle auf der Welt veranlasst Sie, auf eine bestimmte Weise (und nicht auf eine andere) zu handeln. Dieses Handeln trägt zu Ihren Ergebnissen bei.

Zwei Köche

Wie beeinflusst die Einstellung unser Handeln? Stellen Sie sich zwei Köche vor. Beide haben gleich viele Jahre an Ausbildung und Erfahrung. Beide haben Zugriff auf die gleiche professionell ausgestattete Küche, auf die gleichen Zutaten, die gleichen Geräte. Sie haben vom Namen her auch das gleiche Ziel: Sie wollen, sagen wir, eine Portion geschmortes Kalbfleisch zubereiten. Was sie unterscheidet, ist einzig und allein ihre Einstellung zur Frage, was es bedeutet, Koch zu sein.

Der eine meint, Essen ist Liebe. Die Aufgabe des Kochs besteht nach seiner Überzeugung darin, die bestverfügbaren Zutaten zu nehmen und sie mit wahrer Zuneigung zu Zutaten und Gästen zuzubereiten. Das Gericht, das er bereitet, ist einfach und köstlich – eine dampfende, wohlriechende Schüssel, die ohne übertriebenen Aufwand serviert wird.

Die andere Köchin hat eine andere Einstellung. Sie meint, Essen ist Kunst und erst einmal ein Fest fürs Auge. Ihre Aufgabe besteht entsprechend darin, ein Essen zu bereiten, das nicht nur wunderbar schmeckt, sondern auch schön aussieht. Ihr Gericht wird mit Präzision und Flair präsentiert, es ist sorgfältig arrangiert und wird genauso fein serviert.

Die Gerichte dieser beiden Köche könnten unterschiedlicher nicht aussehen. Und auch das Esserlebnis für die Gäste ist unterschiedlich, trotz gleicher Zutaten, Geräte und Bezeichnungen. Es ist die Einstellung der beiden Köche, die zu diesen unterschiedlichen Ergebnissen führt.

Carol Dweck, Psychologie-Professorin an der Stanford University, hat viel Arbeit geleistet, um den bedeutenden Einfluss unserer Einstellung auf die Ergebnisse unseres Lebens zu zeigen. Dwecks Arbeit – nachzulesen in ihrem Buch *Mindset: The New Psychology of Success (Selbstbild: Wie unser Denken Erfolge oder Niederlagen bewirkt)* aus dem Jahr 2006 – konzentriert sich auf einen bestimmten Aspekt unserer Einstellung: die Frage, ob Sie glauben, Intelligenz sei festgelegt. Sie stellt einen Kontrast her zwischen zwei möglichen Denkweisen (*mindset* – Denkweise – ist ihr Ausdruck für Einstellung): Ein Mensch mit der Denkweise »Festgelegt« betrachtet persönliche Charakteristika (Intelligenz, Kreativität, Humor) als fürs ganze Leben vorgegeben, wie »in Stein gemeißelt«; ein Mensch mit der Denkweise »Kann sich entwickeln« dagegen meint, Grundeigenschaften können durch Bemühen und Aufmerksamkeit mit der Zeit verbessert werden.[9]

Diese Denkweisen übersetzen sich in Handlungen, wie Dweck mit einer Gruppe von Fünftklässlern gezeigt hat. Dweck und ihr Team gaben den Kindern zunächst ein Set schwieriger, aber lösbarer Rätsel. Die Kinder hatten ihren Spaß damit. Doch als die Rätsel in der Folge immer schwieriger wurden, bekamen Kinder mit der Denkweise »Festgelegt« immer weniger Spaß an den Rätseln und verschmähten auch die Gelegenheit, schwierige Rätsel zum Üben mit nach Hause zu nehmen. Die Kinder mit der Denkweise »Kann sich entwickeln« dagegen »konnten sich von den schwierigen Aufgaben gar nicht mehr trennen« und baten darum, mit weiteren solcher Rätsel üben zu dürfen.[10] Wenn Ihre Einstellung lautet, dass Klugheit angeboren ist, ermittelte Dweck, dann verhalten Sie sich auch entsprechend dieser Sichtweise. Und indem Sie sich selbst daraufhin vom Lernen ausschließen, sorgen Sie überdies auch noch dafür, dass Sie mit der Zeit tatsächlich nicht schlauer werden.

Lernmethoden

Die gute Nachricht ist, dass Ihre Einstellung genauso wenig festgelegt ist wie Ihre Intelligenz. Sie kann sich verändern. Allerdings reicht es dafür nicht aus, sich eine produktivere Einstellung nur zu wünschen. Denn wir haben gegen eine natürliche Neigung anzukämpfen, die Rogers Mentor Chris Argyris mit dem Begriff *Lernen mit nur einer Rückkoppelungsschleife* bezeichnet hat *(Single Loop Learning)*.[11] In diesem automatischen Daseinsmodus gehen wir im Fall eines unerwünschten Ergebnisses wieder zurück an den Start und hinterfragen die Aktionen, die zu diesem Ergebnis geführt haben. Anschließend feilen wir an unserem Handeln und passen es an in der Hoffnung, dass wir beim nächsten Mal ein besseres Ergebnis erzielen (siehe Abbildung 9.1).

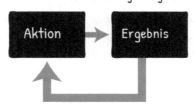

Abbildung 9.1: Lernen mit nur einer Rückkoppelungsschleife

Diese Lernmethode klingt eigentlich ganz gut. Sollen wir nicht schließlich alle versuchen, aus Feedback zu lernen? Ja, aber ein Lernen mit nur einer Rückkoppelungsschleife ist etwas kurzsichtig. Es richtet den Fokus ganz auf die unmittelbar vorangehende Aktion – die Handlung, die wir vorgenommen haben –, ignoriert dabei aber eine noch stärkere kausale Kraft: unser Denken, einschließlich unserer rationalen und emotionalen Gründe, warum wir das getan haben, was wir getan haben. Angesichts negativer (oder auch positiver) Erfahrungen gehen wir selten zurück an den Start, um auch unser Denken zu überprüfen, geschweige denn unsere Einstellung zu hinterfragen, die dieses Denken mit Informationen versorgt hat, damit wir erkennen, wie dies vielleicht zum Ergebnis beigetragen hat. Wenn schon unser Denken oft unbewusst ist, dann ist es unsere Einstellung umso mehr. Das macht es schwierig, zu verstehen, ob unsere Einstellung sinnvoll ist; zu erkennen, inwiefern sie uns hilft oder behindert; und zu untersuchen, wie sie zu unseren Ergebnissen beiträgt.

Aber das tut sie. Stellen Sie sich einen jungen Mann vor, Jason, der auf der Suche nach einer romantischen Partnerin ist. Statt eine Dating-App zu nutzen, geht Jason in eine Bar und versucht es mit seinem besten Anmachspruch bei der ersten attraktiven potenziellen Partnerin, der er begegnet. Wenn es ihm gelingt, ein Gespräch in Gang zu bringen, wird dies Jason in seiner Ansicht bestärken, dass es ein gutes Vorgehen zum Kennenlernen ist, wenn man Leute in einer Bar anmacht. Wenn die Person ihn aber abblitzen lässt, wird Jason das Scheitern typischerweise der falschen Ausführung zuschreiben: Es war der falsche Spruch, er hat ihn nicht gut gebracht, es war die Falsche, schlechtes Timing oder einfach Pech. Es ist unwahrscheinlich, dass Jason seine zugrunde liegende Denkweise über die richtige Art, wie man jemanden kennenlernt, oder gar seine Einstellung zu Beziehungen und romantischen Verbindungen infrage stellen wird. Jason wird sicher bei der Methode des Lernens mit nur einer Rückkoppelungsschleife bleiben. Auch in Situationen, die zu Erfolgen führen, ist Lernen mit nur einer Rückkoppelungsschleife schon suboptimal, aber im Falle des Scheiterns ist es katastrophal. Die Ein-Schleifen-Methode hinterlässt uns in der Regel ratlos, verwirrt und ohne Plan.

Das *Lernen mit zwei Rückkoppelungsschleifen (Double Loop Learning)* erfordert dagegen, dass wir einen Schritt zurücktreten und auch über die Überlegungen nachdenken, die zu unserem Handeln geführt haben, und das Denken untersuchen, das zum Ergebnis beigetragen hat. Argyris verglich diesen Prozess mit einem Journalisten, der Anschlussfragen stellt. Die Fakten der Story kann der Journalist ohne Weiteres auch so zusammentragen – was passiert ist und welche Aktionen zu dem Ergebnis geführt haben –, aber wichtig ist doch schließlich, warum diese Aktionen überhaupt ausgeführt wurden. Und sobald Sie zum Warum kommen, kann das echte Lernen beginnen (siehe Abbildung 9.2).

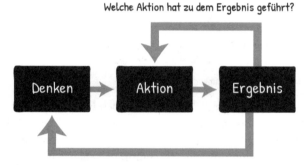

Abbildung 9.2: Lernen mit zwei Rückkoppelungsschleifen

Dieses Warum setzt sich bereits zusammen aus dem Denken und Überlegen in Bezug auf die jeweilige Situation und aus den zugehörigen Aktionen, aber darunter liegt noch die allgemeinere Einstellung zum Leben. Kurz gesagt ist es wichtig, sowohl das Denken als auch die Einstellung zu betrachten, wenn Sie Ihre Ergebnisse verstehen wollen, insbesondere wenn Sie für die Zukunft auf andere Ergebnisse hoffen (siehe Abbildung 9.3).

Was bedeutet das alles in praktischer Hinsicht? Es bedeutet, dass wir bereit sein müssen, auch den metakognitiven Schritt zu gehen, nicht nur, wenn wir uns durch bestimmte geschäftliche Herausforderungen hindurcharbeiten, sondern auch, wenn wir ganz allgemein auf der Welt tätig werden. Wir müssen über unser eigenes Denken nachdenken und unsere Einstellung ganz explizit mit unseren Ergebnissen verknüpfen. Es bedeutet, dass wir fragen müssen: Was habe ich gedacht, das mich zu dieser Aktion geführt hat? Und welche Einstellung hat dieses Denken hervorgebracht? In welchem Maße ist meine Einstellung hilfreich dafür, dass ich die Ergebnisse erziele, die ich mir wünsche? Und wenn sie nicht hilfreich ist, wie könnte ich darangehen, meine Einstellung zu verändern?

Abbildung 9.3: Rückkoppelung bis hin zur Einstellung

Das sind keine leichten Fragen. Und die Aufgabe, die eigene Einstellung zu ändern, kann eine echte Herausforderung sein. Wie sollen Sie schließlich etwas verändern, was Sie vielleicht gar nicht ganz verstehen? Das ist auch der Grund, warum es so wichtig ist, dass Sie zunächst einmal das Verständnis Ihrer Einstellung erweitern – und dass Sie das proaktiv tun, nicht erst mitten in der Krise. Es geht um einen langsamen und bedachten Prozess, der Ihnen Ihre Einstellung bewusst macht und fragt, was Sie denken und warum Sie es denken.

> **Versuchen Sie einmal Folgendes:**
>
> Reflektieren Sie Ihre eigene Einstellung zum Entscheiden. Was, glauben Sie, sind die Attribute effektiver Entscheider (zum Beispiel schnelles Denken und geistige Beweglichkeit)? Was könnte dieses Modell vom effektiven Entscheiden über Ihre Einstellung zur Funktionsweise der Welt und zu Ihrer Rolle auf der Welt aussagen? (Ihre Einstellung zur Welt könnte zum Beispiel lauten: »Sie belohnt die erste Person, die auf die richtige Lösung kommt«; und zu ihrer Rolle auf der Welt: »Ich muss zusehen, dass ich schnell auf die richtige Lösung komme.«) Dann: Welche Ihrer Aktionen werden von dieser Einstellung beeinflusst? Wie sehen Sie das Wirken Ihrer Einstellung von Tag zu Tag? (Zum Beispiel: »Ich belohne die Personen in meinem Team, die schnell zu einer beschlussfähigen Position gelangen und sie auch verteidigen.«) Und schließlich: Was sind die Ergebnisse, im Guten wie im Schlechten, die aus Ihrer Einstellung, Ihrem Denken und Ihren Aktionen folgen? (Zum Beispiel: »Mein Team ist gut, wenn es um schnelles individuelles Handeln geht, aber wir haben eine Menge Zank und schlechte Stimmung, wenn wir versuchen, in Echtzeit zusammenzuarbeiten.«)

Es gibt keine richtige Einstellung zur Welt. Es gibt nicht die eine erfolgreiche Lebenseinstellung. Aber in Bezug auf Studenten und Führungskräfte, die letztlich mit ihrem integrativem Denken Erfolg hatten, sagt uns unsere Beobachtung, dass sie das integrative Denken sowohl als Prozess als auch als Lebenseinstellung betrachtet haben.

Sie nutzten ihre Erfahrungen mit dem integrativen Denken – die Reise auf neuen Wegen zur Lösung vertrackter Probleme und zum Hervorbringen guter Entscheidungsmöglichkeiten, wo zuvor keine waren –, um eine produktive Einstellung zum Entscheiden zu entwickeln. Diese Einstellung hat Elemente, die mit der Welt zu tun haben, und Elemente, die mit ihrer Rolle auf der Welt zu tun haben. Wir teilen Sie Ihnen hier nicht als Rezept mit (»Diese Einstellung sollen Sie haben«), sondern eher als Ansporn zum Nachdenken (»Was könnte passieren, wenn Sie es mal probeweise mit dieser Einstellung versuchen?«). Eine Zusammenfassung dieser Einstellung liefert Ihnen Abbildung 9.4.

Die Welt ...

1. ist komplex, daher verstehen wir sie mithilfe vereinfachter Modelle. Diese Modelle sind konstruiert und (zumindest ein bisschen) falsch.
2. wird von unterschiedlichen Menschen unterschiedlich verstanden. Diese gegensätzlichen Arten, die Welt zu betrachten, bieten uns Gelegenheit, unsere Modelle zu verbessern.
3. ist voller Gelegenheiten, unsere Modelle mit der Zeit zu verbessern, solange wir offen für die Idee bleiben, dass neue Lösungen möglich sind.

Daher besteht meine Aufgabe darin, ...

4. mir über mein eigenes Denken klarer zu werden und es der Überprüfung zu öffnen, damit ich mein eigenes Modell der Welt besser verstehen kann.
5. gegensätzliche Ansichten über die Welt ernsthaft zu untersuchen, um diese Gegenmodelle zu verstehen und zu nutzen.
6. geduldig nach Lösungen zu suchen, die die Spannung zwischen gegensätzlichen Ideen auflösen und für die Welt neue Werte schaffen.

Abbildung 9.4: Eine Einstellung fürs integrative Denken

Ihre Einstellung zur Welt

Damit integratives Denken zu einer Lebensweise wird, ist es wichtig, drei Dinge über die Natur der Welt zu glauben:

1. Die Welt ist komplex, daher verstehen wir sie mithilfe vereinfachter Modelle. Diese Modelle sind konstruiert und (zumindest ein bisschen) falsch.

Die Menschen haben den natürlichen Drang, Dinge zum Abschluss zu bringen. Ohne das Gefühl, mit einer Sache fertig geworden zu sein, befinden wir uns kognitiv in einem anhaltenden Schwebezustand. Wir werden auch physisch belohnt, wenn wir Dinge zum Abschluss gebracht haben – mit einem Freudenschub in unserem Gehirn, der diejenigen unter uns, die dieses Bedürfnis nach einem kognitiven Abschluss besonders deutlich spüren, veranlasst, in Fällen von Zweideutigkeiten sich ganz besonders mächtig anzustrengen, um zum Ergebnis zu kommen. Dieses Gefühl der Gewissheit, das wir erlangen, wenn wir zu einem Abschluss gekommen sind, ist keine rein rationale Angelegenheit. Es ist vielmehr höchst emotional – ein »Gefühl des Wissens«, das angenehm und beruhigend ist und relativ immun gegen alle Versuche, es infragezustellen.[12]

Das integrative Denken aber wird nur dann zu einer Lebensweise, wenn wir die Idee, zum Abschluss zu kommen, neu fassen. Mit integrativem Denken werden unsere Modelle nie wirklich fertig. Jedes Modell, das wir angefertigt haben, ganz gleich, wie lieb es uns auch ist, bleibt immer nur ein Modell. Und Modelle haben Mängel. Über die Modelle, die in der Unternehmenswelt dominieren, sagt Paul Polman: »Viele Dinge, die CEOs beigebracht wurden ... [stehen] im Widerspruch zu dem, was in der heutigen Welt wirklich erforderlich ist. Aber weil uns das halt so beigebracht wurde, beharren wir darauf und machen ... alles immer schlimmer.«

Statt verbreitete Denkweisen blind zu akzeptieren, hinterfragen wir beim integrativen Denken die Prämissen dieser verbreiteten Denkweisen und bemühen uns, zu verstehen, inwiefern sie unvollkommen sind. Das ist nur möglich, wenn wir akzeptieren, dass alle Modelle konstruiert sind und dass sie unvollständig sind. Und wenn das zutrifft, werden Gegenmodelle hilfreich.

2. Die Welt wird von unterschiedlichen Menschen unterschiedlich verstanden. Diese gegensätzlichen Arten, die Welt zu betrachten, bieten uns Gelegenheit, unsere Modelle zu verbessern.

Unsere eigenen Modelle haben ihre Grenzen. Aber es kann schwierig sein, zu sehen und zu verstehen, in welcher Hinsicht sie ihre Grenzen haben, und sie zu verbessern, ohne dass wir auch gegensätzliche Arten verstehen, wie man die Welt sehen kann. Wie schon weiter oben ausgeführt, neigen wir dazu, Gegenmodelle für falsch zu halten und ihre Besitzer für dumm oder sogar boshaft. Unser erster Instinkt, wenn wir etwas sehen, was mit unserer eigenen Sichtweise nicht übereinstimmt, besteht darin, diese alternative Sichtweise abzutun und uns von ihr zu distanzieren. Beim integrativen Denken gehen wir von einer anderen Einstellung aus. Wenn wir mit einer Sichtweise konfrontiert sind, die mit unserer eigenen nicht übereinstimmt, lautet die Reaktion: »Das ist ganz anders, als ich bisher darüber gedacht habe. Erzählen Sie mir mehr darüber.«

Haley, der in der zwölften Klasse integratives Denken studiert hat, betont, wie viel Kraft eine solche Perspektive hat: »Früher hätte ich wahrscheinlich mehr geredet und weniger zugehört, wenn ich ganz ehrlich bin. Ich denke, eine ganz wichtige Sache ist, zu erkennen, dass es nicht immer nur um dich selber geht. Du kannst deine Meinung nicht für wertvoller halten als andere, bloß weil sie deine ist. Zu erkennen, dass jeder für das Gespräch gleich wichtig ist, auch Leute, die nicht so viel sagen, war eine ganz große Sache ... Die haben wirklich wertvolle Sachen zu sagen!«

Jack Welch, der frühere CEO von General Electric, vertrat im Gespräch mit Roger 2005 einen ganz ähnlichen Standpunkt. »Ich brauche Leute, die mit ihren Teamkollegen über die Richtung streiten«, sagte er. »Es lohnt sich nicht, im Konsens dazusitzen, und alle sind einer Meinung. Das ist die größte Zeitverschwendung der Welt.« Gegensätzliche Sichtweisen abzulehnen, mag unser natürlicher Instinkt sein, aber das gibt uns kaum eine Chance, unsere Modelle zu verbessern.

Offenheit für Gegenmodelle hat praktisch etwas mit Neugier zu tun. Eines unserer Lieblingsbeispiele für eine Gruppe, die ihre Fähigkeit zur Neugier erweitert hat, stammt von Canada Post, dem kanadischen Postbetrieb. In den vergangenen fünf Jahren hat Canada Post den Weg eingeschlagen, im Rahmen des Programms LEAD 2.0 alle Führungskräfte im integrativen Denken zu schulen. Eine der ersten Gruppen, die an einem herausfordernden Projekt zum Thema handlungsorientiertes Lernen arbeitete, schuf sich eine neue Teamnorm: Immer wenn jemand eine gegensätzliche Sichtweise äußerte – sei es zum Inhalt des Projekts oder auch zur Art der Zusammenarbeit –, wollte das Team sofort Pro-und-Pro-Tabellen für beide Perspektiven erarbeiten. Das wurde zur Art, wie die Teammitglieder miteinander kommunizierten, und trug dazu bei, im Team die Praxis zu schaffen, sich in gegensätzliche Modelle zu vertiefen. Es trug dazu bei, die Einstellung des Betriebs im Hinblick auf gegensätzliche Modelle zu verändern.

3. Die Welt ist voller Gelegenheiten, unsere Modelle mit der Zeit zu verbessern, solange wir offen für die Idee bleiben, dass neue Lösungen möglich sind.

Integrative Denker sehen die Welt als einen Ort der Möglichkeiten, weil sie begreifen, dass die menschliche Geschichte einen Bogen beschreibt, in dem unsere Modelle zum Thema Welt mit der Zeit immer wieder verfeinert und ausgetauscht worden sind. In den Naturwissenschaften haben wir zum Beispiel Isaac Newtons Grundgesetze der Physik als die richtige Lösung gelehrt. Dies war die Art, wie wir die physische Welt jahrhundertelang verstanden haben. Es war das beste Modell, das wir hatten – bis Albert Einstein kam und sagte: Im Wesentlichen ist das ein sehr gutes Modell, aber es hat ein paar wichtige Dinge außen vor gelassen. Einstein schuf daraufhin ein neues Modell, das unser Verständnis beträchtlich erweitert hat.

Integratives Denken wird durch die Überzeugung gefördert, dass bessere Lösungen möglich sind, auch wenn sie nicht unmittelbar offensichtlich sein mögen. Da draußen verbirgt sich irgendwo eine neue, überlegene Lösung – und wartet darauf, entdeckt zu werden. Diese Einstellung ist in mancher Hinsicht kompliziert, weil nicht alle unsere Versuche, ein Problem zu lösen, zu einer integrativen Lösung führen werden. Man findet nicht immer, was man sucht. Aber wenn man gar nicht erst sucht, sondern sich mit dem begnügt, was man weiß und glaubt, dann sind die Chancen, die eigenen Modelle zu verbessern, wahrhaft dürftig.

Das heißt nicht, dass Sie Ihr Handeln ewig aufschieben könnten, weil Sie ständig auf der Suche nach besseren Modellen sind. Vielmehr ist es wichtig, ein Gleichgewicht zu finden zwischen der Suche nach besseren Lösungen und der praktischen Notwendigkeit, Dinge getan zu bekommen. Oft bedeutet das, man akzeptiert provisorisch eine unvollkommene Lösung, weiß aber auch, dass das Modell während seiner Anwendungszeit noch verbessert werden kann. Und es heißt auch, sich gelegentlich die Zeit zu nehmen, Modelle zu überprüfen, die eigentlich gut funktionieren, um zu sehen, ob es vielleicht trotzdem Raum für Verbesserungen gibt. Das war ein Markenzeichen von A. G. Lafley als CEO von P&G; er legte immer mal wieder ein Thema zur Diskussion auf den Tisch, nur um zu sehen, ob es vielleicht noch eine bessere Art geben könnte, darüber zu denken.

Die Einstellung zu Ihrer Rolle auf der Welt

Zur Einstellung eines Menschen gehört auch sein Verständnis von der eigenen Person und Identität. Was die Einstellung integrativer Denker zu ihrer Rolle auf der Welt betrifft, gelten hier die anschließenden drei Elemente:

4. Meine Aufgabe besteht darin, mir über mein eigenes Denken klarer zu werden und es der Überprüfung zu öffnen, damit ich mein eigenes Modell der Welt besser verstehen kann.

Integrativ zu denken bedeutet nicht, dass Sie alle Ihre bestehenden Modelle der Welt verwerfen oder alles Zutrauen in Ihre eigenen Gedanken über die Welt verlieren müssten. Es geht vielmehr um eine nuanciertere Einstellung, die besagt: »Ich bin eigentlich ganz zufrieden mit meinem Modell. Es gefällt mir ziemlich gut. Aber ich weiß auch, es hat seine Grenzen. Daher will ich es hinterfragen und auch anderen offenlegen, in der Hoffnung, dass sie mir helfen können, seine Beschränkungen besser zu verstehen.«

Eine solche ausgewogene Sichtweise erfordert Vertrauen in die eigene Person und in die eigene Fähigkeit, Modelle mit anderen zu durchdenken, ohne dabei vom Bedürfnis getrieben zu werden, recht zu behalten oder zu zeigen, dass man der oder die Klügste der Runde ist. Als wir damit begannen, Kindern integratives Denken beizubringen, hatten wir zunächst die Befürchtung, die Kinder würden durch die Vorstellung beunruhigt, dass es keine richtigen Lösungen gibt. Was uns überraschte, war aber, dass das Wissen, dass ihre Modelle falsch waren, für die Kinder befreiend wirkte – weil es ja bedeutete, dass die Modelle aller anderen auch falsch waren. Lauren (zwölf Jahre) erklärt: »Früher habe ich immer nicht aufgezeigt, wenn ein Lehrer etwas fragte, weil ich Angst hatte, dass ich etwas Falsches sage. [Aber jetzt] traue ich mich mehr, weil uns ja beigebracht worden ist, dass nichts unbedingt eine wirklich schlechte Idee ist. Man kann immer etwas Gutes darin finden. Weil: Im Guten ist immer auch etwas Schlechtes, aber im Schlechten ist auch immer etwas Gutes. Aber man muss manchmal ziemlich tief graben, um das Gute zu finden.«

Dieser Aspekt der Einstellung eines Menschen erfordert eine Wertschätzung des Nachdenkens über das eigene Denken – nicht als Selbstzweck, nicht als Nabelschau in Endlosschleife, sondern mit dem Ziel, integrative Lösungen zu finden.

5. Meine Aufgabe besteht darin, gegensätzliche Ansichten über die Welt ernsthaft zu untersuchen, um diese Gegenmodelle zu verstehen und zu nutzen.

Sich mit Gegenmodellen zu befassen, ist eine echte Herausforderung, zum Teil weil diejenigen, die gegensätzliche Modelle vertreten, oft nicht unsere Lieblingsmenschen sind. Wir mögen in der Regel lieber Menschen, die mit uns einer Meinung sind. Leider sind aber Menschen, die mit uns einer Meinung sind, weit weniger hilfreich dabei, unser Denken voranzubringen, als Menschen, die nicht mit uns einer Meinung sind. Menschen mit entgegengesetzten Ansichten sind am besten in der Lage, uns beim Hinterfragen unserer eigenen Modelle zu helfen und sie weiterzuentwickeln.

Um uns produktiv mit gegensätzlichen Ansichten auseinanderzusetzen, brauchen wir unsere eigenen Ansichten aber nicht aufzugeben. Stattdessen müssen wir ein Gleichgewicht finden, das auch hier wieder am besten von Chris Argyris zusammengefasst wird, der uns ein hilfreiches Mantra vorstellte: »Ich habe eine Ansicht, die es wert ist, gehört zu werden, aber ich könnte etwas übersehen haben.« Mit anderen Worten: Meine Sichtweise ist wertvoll, aber sie ist wahrscheinlich unvollständig.

Die Betrachtung von Gegenmodellen erhöht die Komplexität Ihres Lebens. Es ist weit einfacher, nur ein einziges Modell zu betrachten – das eigene. Sich mit anderen Modellen auseinanderzusetzen heißt, sich in Komplexität zu vertiefen; nicht darin zu schwelgen oder sich davon überwältigen zu lassen, sondern es heißt, mithilfe des integrativen Denkprozesses andere Modelle zu benutzen, um an aller Komplexität vorbei zu einem einfachen, eleganten neuen Modell zu gelangen. Integrative Denker scheuen vor Komplexität nicht zurück, weil sie verstanden haben, dass es ihre Aufgabe ist, sich mit Komplexität auseinanderzusetzen, um gute Entscheidungen hervorzubringen.

6. Meine Aufgabe besteht darin, geduldig nach Lösungen zu suchen, die die Spannung zwischen gegensätzlichen Ideen auflösen und für die Welt neue Werte schaffen.

Erfolgreiche integrative Denker vertrauen darauf, dass sie zusammen mit ihren Teams gute Entscheidungen hervorbringen können. Vielleicht nicht sofort und vielleicht auch nicht jederzeit, aber am Ende schaffen sie es. Und es ist ihnen klar, dass diese Aufgabe ihnen zufällt und niemand anderem. Es ist die Aufgabe integrativer Denker, die Probleme zu lösen, die sie auf der Welt sehen. So drückte Polman es aus:

Wie soll man mit diesen ganzen Kompromissen umgehen, mit all diesen Spannungsfeldern? Ich habe mich hier tatsächlich zu einer neuen Denkweise gebracht: Wie verschiebt man diese Spannungsfelder? Die meisten Menschen handeln so, wie sie handeln, aufgrund der Beschränkungen, die ihnen auferlegt sind. Aber dabei reagieren sie auf die Symptome, nicht auf die Beschränkungen. Die meisten CEOs reagieren dementsprechend auf Symptome: »Denken die Aktionäre kurzfristig? Ich muss mein Geschäft auf kurze Frist führen.« Sie sagen nicht: »Wie kann ich die Beschränkungen verändern? Warum reagieren die Aktionäre kurzfristig?« Wenn man Beschränkungen verändert, verändert man Verhalten. Es ist viel motivierender, wenn ich meine Energie darauf verwende, solche Beschränkungen zu verändern.

Es ist diese Motivation und das Vertrauen in die eigene Fähigkeit, Beschränkungen aufheben zu können, die integratives Denken möglich macht.

Integratives Denken ist eine Aufgabe, die auch Geduld erfordert. Victoria Hale, eine der integrativen Denkerinnen, die wir schon sehr früh interviewten, drückte es eloquent so aus: »Ich bleibe dabei, setze mich davor, lasse es um mich kreisen.«[13] Sie wusste, es war aller Mühen wert, auf eine integrative Lösung zu kommen, und sie versuchte nicht, ihr Denken zu hetzen. Hetzen, so wusste sie, würde es weniger wahrscheinlich machen, dass sie das Problem auch tatsächlich lösen könnte, an das sie sich herangemacht hatte. Das heißt nicht, dass sie bereit gewesen wäre, ewig lange nachzudenken – aber sie war bereit, die Zeit, die sie zur Verfügung hatte, geduldig zu nutzen, um gründlich nachzudenken und Erkenntnisse für eine gute neue Lösung zu suchen.

****

Diese sechs Elemente der Einstellung können Ihr Leben auf der Welt verändern, und sie können mit der Zeit dramatische Auswirkung auf Ihre Ergebnisse haben. Sollten Sie zwischen dieser Einstellung und Ihrer eigenen nur wenig Ähnlichkeit entdecken, dann machen Sie sich keine Sorgen. Es hat sich gezeigt, dass Sie diese Einstellung nicht brauchen, um integratives Denken zu praktizieren. Tatsächlich kann integratives Denken sogar umgekehrt der effektivste Weg sein, um diese Einstellung mit der Zeit zu entwickeln. Schon eine kleine Veränderung bei dem, was Sie jeden Tag tun, kann der Katalysator sein, der eine erhebliche Veränderung der Denkweise herbeiführt, so wie wir es bei Jabril gesehen haben.

Jabrils Geschichte

Jabril war Schüler in einem Kurs im integrativen Denken für die zwölfte Klasse, den unser Kollege Nogah Kornberg und ein Lehrer namens Rahim Essabhai gehalten haben. Jabril war ein hervorragender Basketballspieler, aber vielleicht nicht immer der aufmerksamste Schüler. Nach Abschluss des Kurses fragten wir ihn, welche Veränderung er bei sich festgestellt habe. Hier, was er dazu zu sagen hatte:

Ich war vorher einer von denen, die, wenn sie einmal auf eine Idee, eine Schlussfolgerung gekommen waren, auch immer daran festhielten. Irgendwie war ich einfach zu stur, um dann noch etwas zu ändern. »Das ist jetzt die Antwort und dabei bleibe ich auch.« Wie beim Multiple Choice: Bei der ersten Frage, die du ankreuzt, denkst du »Ist das falsch? Sollte ich lieber was anderes ankreuzen?«, und ich bin immer dabei geblieben. So war ich, bevor ich bei dem Kurs mitgemacht hatte. Ich hatte vorher immer alles mit Füller geschrieben, aber seit ich den Kurs hatte, schreibe ich jetzt immer mit Bleistift. Es ist bei mir schon zur Angewohnheit geworden ... Wenn ich meine Antworten kurz notiere, schreibe ich mit Bleistift. Ich schreibe einfach hin, was mir gerade durch den Kopf geht, dann lese ich es noch mal, und dann fließt alles irgendwie so weiter: Ich ergänze und radiere aus, und meine Antworten werden dabei immer besser.

Jabril hat früher mit Füller geschrieben. Jetzt schreibt er mit Bleistift. Auf einer Ebene ist die Verwendung eines Bleistifts eine winzige Verschiebung. Auf der anderen signalisiert sie aber eine tiefgreifende Veränderung. Denn jetzt kann jede Antwort berichtigt werden, und sie kann immer besser werden.

Das ist die Einstellung, die uns hilft, gute Entscheidungen hervorzubringen. Sie spornt uns an zu Meta-Erkenntnis, zu Empathie, zu Kreativität. Sie trägt dazu bei, einige unserer hartnäckigsten kognitiven Vorurteile abzumildern. Und sie ist eine tragfähige Plattform für ein anderes Denken über die Welt – ein Denken, das das Spannungsverhältnis zwischen gegensätzlichen Ideen nutzt, um neue Entscheidungsmöglichkeiten und neue Werte hervorzubringen.

Integratives Denken ist dabei keine Wunderwaffe. Es ist nicht das eine Denkwerkzeug, das für alle Fälle geeignet wäre. Aber wenn Sie einmal feststellen, dass Ihre konventionellen Denkwerkzeuge Ihnen nicht wirklich dabei helfen, ein Problem zu lösen, kann integratives Denken das Werkzeug sein, das das Gespräch verändert, das interpersonelle Konflikte entschärft, das Ihnen hilft, voranzukommen. In Situationen, in denen die vorliegenden Entscheidungsmöglichkeiten einfach nicht gut genug sind, sollten Sie also den integrativen Denkprozess durcharbeiten: Formulieren Sie das Spannungsverhältnis, untersuchen Sie die beiden Modelle, erarbeiten Sie Möglichkeiten zur Auflösung der Spannung, und testen Sie anschließend diese Prototypen.

Dieses Vorgehen mag vielleicht nicht jedes Mal brillante Lösungen hervorbringen, wird aber immer dazu beitragen, Ihr Denken klarer zu machen, Ihre Neugier auf die Modelle anderer zu verstärken und Ihnen kreative Spielräume verschaffen. Und das ist letztlich das Ziel: nicht zwischen mittelmäßigen Optionen zu wählen, sondern gute Entscheidungen hervorzubringen.

Anmerkungen

Vorwort

1. Roger Martin, *The Opposable Mind: How Successful Leaders Win Through Integrative Thinking* (Boston: Harvard Business School Press, 2007), 6.
2. Amos Tversky und Daniel Kahneman, »Judgment under Uncertainty: Heuristics and Biases«, *Science* 185, Nr. 4157 (1974): 1124–1131, und Daniel Kahneman und Amos Tversky, »Prospect Theory: An Analysis of Decision under Risk«, *Econometrica* 74, Nr. 2 (1979): 263–291.
3. Richard H. Thaler und Cass R. Sunstein, *Nudge: Improving Decisions About Health, Wealth and Happiness* (New York: Penguin Books, 2008); Dan Ariely, *Predictably Irrational: The Hidden Forces That Shape Our Decisions* (New York: Harper Collins Publishers, 2009); und Daniel Kahneman, *Thinking, Fast and Slow* (New York: Farrar, Straus and Giroux, 2011). (Deutsche Ausgaben: Kahneman: *Schnelles Denken, langsames Denken*; Thaler und Sunstein: *Nudge: Wie man kluge Entscheidungen anstößt*; Dan Ariely: *Denken hilft zwar, nützt aber nichts: Warum wir immer wieder unvernünftige Entscheidungen treffen*)
4. Herbert A. Simon, *The Sciences of the Artificial* (Cambridge, MA: MIT Press, 1969).
5. Roger Martin, *The Design of Business: Why Design Thinking Is the Next Competitive Advantage* (Boston: Harvard Business Press, 2009), und Tim Brown, *Change by Design: How Design Thinking Transforms Organizations and Inspires Innovation* (New York: Harper Collins Publishers, 2009).
6. Martin, *Opposable Mind*, 15. Kursive Hervorhebung hinzugefügt.

Kapitel 1

1. Phil Lord und Christopher Miller, *The LEGO Movie*, Blu-Ray Disc, Regie Phil Lord und Christopher Miller (Los Angeles: Warner Bros., 2014).
2. Wenn nicht anders angegeben, stammen alle Zitate von Jørgen Vig Knudstorp aus einem Interview mit Jennifer Riel und Roger Martin, 28. Juni 2016.
3. Jørgen Vig Knudstorp, »LEGO Boss Reads *The Opposable Mind*«, YouTube-Video, CNN, 2014, http://www.cnn.com/videos/business/2014/12/08/spc-reading-for-leading-jorgen-vig-knudstorp.cnn/video/playlists/intl-reading-for-leading/.

Kapitel 2

1. Kenneth Craik, *The Nature of Explanation* (Cambridge: Cambridge University Press, 1943), 61.
2. Wenn nicht anders angegeben, stammen alle Zitate von John Sterman aus seiner Vorlesung, Rotman School of Management, 23. März 2003.
3. Charles A. Lave und James G. March, *An Introduction to Models in the Social Sciences* (Lanham, MD: University Press of America, 1993), 3.
4. Alfred Korzybski, *Science and Sanity: An Introduction to Non-Aristotelian Systems and General Semantics* (Lancaster, PA: The International Non-Aristotelian Library Publishing Company, 1933), 58.
5. Alert H. Hastorf und Hadley Cantril, »They Saw a Game«, *Journal of Abnormal Psychology* 29, Nr. 1 (1954): 129–134.
6. Ibid., 130.
7. Ibid., 132.
8. Dan Ariely, *Predictably Irrational: The Hidden Forces That Shape Our Decisions* (New York: Harper Collins, 2009), 157–162.
9. Chen Bo Zhong und Geoffrey Leonardelli, »Cold and Lonely: Does Social Exclusion Literally Feel Cold?«, *Psychological Science* 19, Nr. 9 (2008): 838–842.

10. Randolph E. Shmid, »Facing a Judge? Study Says Go Early or After Lunch«, *Globe and Mail*, 11. April 2011, http://www.theglobeandmail.com/technology/science/facing-a-judge-study-says-go-early-or-after-luch/article575948/.
11. Elizabeth F. Loftus und John C. Palmer, »Reconstruction of Automobile Destruction: An Example of the Interaction between Language and Memory«, *Journal of Verbal Learning and Verbal Behavior* 13 (1974): 585–589.
12. Richard Roney und Bill von Hippel, »The Presence of an Attractive Woman Elevates Testosterone and Physical Risk Taking in Young Men«, *Social Psychology and Personality Science* 1 (2010): 57–64.
13. Brendan Nyhan und Jason Reifler, »When Corrections Fail: The Persistence of Political Misperceptions«, *Political Behavior* 32, Nr. 2 (Juni 2010): 303–330.
14. Zitiert in Fred Attewill, »World's Cheapest Car Upsets Environmentalist«, *Guardian*, 10. Januar 2008, https://www.theguardian.com/world/2008/jan/10/india.climatechange.
15. John D. Sterman, »All Models Are Wrong: Reflections on Becoming a Systems Scientist«, *Systems Dynamics Review* 18, Nr. 4 (Winter 2002): 501–531.
16. Fischer Black und Myron Scholes, »The Pricing of Options and Corporate Liabilities«, *Journal of Political Economy* 81, Nr. 3 (Mai–Juni 1973): 637–654.
17. Warren Buffett, »Letter to Shareholders of Berkshire Hathaway«, 27. Januar 2009, http://www.berkshirehathaway.com/letters/2008ltr.pdf.
18. Fischer Black, »Living Up to the Model«, *Risk* 3, Nr. 3 (1990): 11–13.
19. Lave und March, *Introduction to Models in Social Sciences*, 3.
20. Peter Drucker, *The Effective Executive* (New York: HarperCollins, 2006), 148.
21. Ibid., 148.

Kapitel 3

1. Lewis Ayres, *Augustine and the Trinity* (Cambridge: Cambridge University Press, 2010), 298.
2. Chris Argyris, *Overcoming Organizational Defenses* (Boston: Allyn and Bacon, 1990), 88.
3. Zitiert aus einem Interview für The Learning Exchange, Innovations in Thinking and Learning online resource, http://thelearningexchange.ca/itl-project-home/itl-project-reflections/itl-project-k-5/itl-project-beth-grosso/.
4. Giacomo Rizzolatti et al., »Premotor Cortex and the Recognition of Motor Actions«, *Cognitive Brain Science* 3, Nr. 2 (1996): 131–141.
5. Susan Krauss Witbourne, »How Reading Can Change You in a Major Way«, *Psychology Today Blog*, 6. Januar 2015, https://www.psychologytoday.com/blog/fulfillment-any-age/201501/how-reading-can-change-you-in-major-way.
6. Twyla Tharp, *The Creative Habit* (New York: Simon and Schuster, 2003), 7.
7. Tim Brown, »Tales of Creativity and Play«, TED video, Mai 2008, https://www.ted.com/talks/tim_brown_on_creativity_and_play?language=en.
8. David Kelley und Tom Kelley, *Creative Confidence* (New York: Crown Business, 2013), 9–10. (Im Deutschen erschienen: *Kreativität und Selbstvertrauen: Der Schlüssel zu Ihrem Kreativitätsbewusstsein*, 2014)
9. Belle Beth Cooper, »The Secret to Creativity, Intelligence and Scientific Thinking«, *Fast Company Blog*, 18. Juni 2014, http://www.fastcompany.com/3031994/the-future-of-work/the-secret-to-creativity-intelligence-and-scientific-thinking.

Kapitel 4

1. Jay Z, *Decoded* (New York: Speigel & Grau, 2011), 104–105.
2. Peter Drucker, »The Effective Decision«, *Harvard Business Review* (Januar 1967), https://hbr.org/1967/01/the-effective-decision.

Kapitel 5

1. Cynthia G. Whitney et al., »Benefits from Immunization During the Vaccines for Children Program Era: United States, 1994–2013«, *Morbidity and Mortality Weekly Report* 63 (2014): 352–355, https://www.cdc.gov/mmwr/preview/mmwrhtml/mm6316a4.htm.
2. Andrew J. Wakefield et al., »Ileal-Lymphoid-Nodular Hyperplasia, Non-specific Colitis, and Pervasive Developmental Disorder in Children«, *Lancet* 351, Nr. 9103 (Februar 1998): 637–641. (Zurückgezogen)
3. Laurie D. Elam-Evans et al., »National, State, and Selected Local Area Vaccination Coverage Among Children Aged 19–35 Months: United States, 2013«, *Morbidity and Mortality Weekly Report* 63 (2014): 741–748, https://www.cdc.gov/mmwr/preview/mmwrhtml/mm6334a1.htm.
4. Erin Allday, »Vaccine Avoiders Put California at Risk«, *San Francisco Chronicle*, 7. Februar 2015, http://www.sfchronicle.com/health/article/Vaccine-avoiders-procrastinators-put-California-6068858.php.
5. Bill Kaufmann, »Alberta Not Immune to Raging Debate over Vaccinations for Infectious Diseases«, *Calgary Sun*, 7. Februar 2015, http://www.calgarysun.com/2015/02/07/alberta-not-immune-to-raging-debate-over-vaccinations-for-infectious-diseases.
6. Jonathan Haidt, »Two Stores About Capitalism, Which Explain Why Economists Don't Reach Agreement«, *Righteous Mind Blog*, 1. Januar 2013, http://righteousmind.com/why-economists-dont-agree/.
7. Michael L. McDonald und James D. Westphal, »Getting By with the Advice of Their Friends: CEOs' Advice Networks and Firms' Strategic Responses to Poor Performance«, *Administrative Science Quarterly* 48 (2003): 1–32.
8. Charlan Nemeth, »The Differential Contributions of Majority and Minority Influence«, *Psychological Review* 93 (1985): 23–32.
9. Adam Grant, *Originals: How Non-Conformists Move the World* (New York: Viking, 2016), 185. (Auf Deutsch: *Nonkonformisten: Warum Originalität die Welt bewegt*)
10. John Dewey, *Logic: Theory of Inquiry* (New York: Holt, Rinehart and Winston, 1938), 108. (Auf Deutsch: *Logik: Die Theorie der Forschung*)
11. Warren Berger, »The Secret Phrase Top Innovators Use«, HBR.org, 17. September 2012, https://hbr.org/2012/09/the-secret-phrase-top-innovato.

Kapitel 6

1. Peter Sciretta, »What Is the Longest Theatrical Run in the History of Cinema?«, 12. August 2008, http://www.slashfilm.com/what-is-the-longest-theatrical-run-in-the-history-of-cinema/.
2. »Transforming the Way People See the World, Through Film«, http://tiff.net/explore/history.
3. Wenn nicht anders angegeben, stammen alle Zitate von Piers Handling aus einem Interview mit Roger Martin, März 2002, an der Rotman School.
4. »About the Festival: About Us«, http://www.festival-cannes.fr/en/about/whoWeAre.html.
5. Peter M. Senge, *The Fifth Discipline: The Art and Practice of the Learning Organization* (New York: Currency Doubleday, 2006), 71. (Auf Deutsch: *Die fünfte Disziplin: Kunst und Praxis der lernenden Organisation*)
6. »Film Festivals: Which Is Top Dog?«, *Guardian*, 19. April 2012, https://www.theguardian.com/film/2012/apr/19/film-festivals-which-is-top-dog.

Kapitel 7

1. John C. Bogle, »Saving a Company, Building a Colossus, Preserving a Culture: Reflections on the History of Vanguard«, Rede, gehalten am 23. Juni 2016, redigiert und erweitert, 9. Juli 2016.
2. Stoyan Bojinov, »Illustrated History of Every S&P Bear Market«, *Trader HQ Blog*, 5. April 2014, http://traderhq.com/illustrated-history-every-s-p-500-bear-market/.

3. Wenn nicht anders angegeben, stammen alle Zitate von Jack Bogle aus einem Interview mit Jennifer Riel und Roger Martin am 19. Juli 2016.
4. Roger Martin, *Fixing the Game: Bubbles, Crashes and What Capitalism Can Learn from the NFL* (Boston: Harvard Business Review Press, 2011).
5. Dieses Zitat aus Bogles Abschlussarbeit stellte Bogle in einer E-Mail-Kommunikation an Jennifer Riel am 31. Januar 2017 zur Verfügung.
6. Wenn nicht anders angegeben, stammen alle Zitate von Bruce Kuwabara aus einem Interview mit Jennifer Riel, 14. September 2016.
7. »About Winnipeg«, https://www.tourismwinnipeg.com/plan/about-winnipeg.
8. Christopher Hume, »Canada's Most Important Building«, *Toronto Star*, 19. Dezember 2009, https://www.thestar.com/news/insight/2009/12/19/hume_canadas_most_important_building.html.

Kapitel 8

1. Richard Shim et al., »Apple's iPod Spurs Mixed Reactions«, *CNET*, 19. Oktober 2006, https://www.cnet.com/news/apples-ipod-spurs-mixed-reactions/.
2. Yoni Heilser, »Read These Hilariously Negative Reactions to the Original iPhone Announcement«, *BGR*, 7. April 2015, http://bgr.com/2015/04/07/original-iphone-reaction-comments/.
3. A. G. Lafley und Roger Martin, *Playing to Win: How Strategy Really Works* (Boston: Harvard Business Review Press, 2013).
4. Bronwyn Fryer, »Storytelling That Moves People«, *Harvard Business Review* (Juni 2013), 51–55.
5. Dan Roam, *The Back of the Napkin: Solving Problems and Selling Ideas with Pictures* (New York: Portfolio, 2008), 4.
6. Das visuelle Alphabet wird typischerweise Dave Gray zugeschrieben, einem Autor und Berater mit Schwerpunkt visuelles Denken.
7. Eric Ries, *The Lean Startup* (New York: Crown Business, 2011), 93.
8. Ed Catmull, *Creativity Inc.: Overcoming the Unseen Forces That Stand in the Way of True Inspiration* (Toronto: Random House Canada, 2014), 90.

Kapitel 9

1. »The Wirral's Model Village, Port Sunlight, Merseyside«, *Guardian Walking Guides*, 9. Juni 2009, https://www.theguardian.com/travel/2009/jun/09/walk-guides-port-merseyside.
2. Standish Meacham, *Regaining Paradise: Englishness and the Early Garden City Movement* (New Haven: Yale University Press, 1999), 34.
3. Wenn nicht anders angegeben, stammen alle Zitate von Paul Polman aus einem Interview mit Jennifer Riel und Roger Martin, 1. August 2016.
4. »About Our Strategy«, https://www.unilever.com/sustainable-living/the-sustainable-living-plan/our-strategy/about-our-strategy/.
5. Jason Zweig, »Why Hair-Trigger Traders Lose the Race«, *Wall Street Journal*, 10. April 2015, https://blogs.wsj.com/moneybeat/2015/04/10/why-hair-trigger-stock-traders-lose-the-race/.
6. Kamal Ahmed, »Davos 2011: Unilever's Paul Polman Believes We Need to Think Long Term«, *Telegraph*, 15. Januar 2011, http://www.telegraph.co.uk/finance/financetopics/davos/8261178/Davos-2011-Unilevers-Paul-Polman-believes-we-need-to-think-long-term.html.
7. Roger Martin, *The Opposable Mind: How Successful Leaders Win Through Integrative Thinking* (Boston: Harvard Business School Press, 2007), 93.
8. Hilary Austen Johnson, »Artistry for the Strategist«, *Journal of Business Strategy* 28, Nr. 4 (2007): 18.
9. Carol Dweck, *Mindset: The New Psychology of Success* (New York: Ballantine Books, 2006), 6. (Deutscher Titel: *Selbstbild: Wie unser Denken Erfolge oder Niederlagen bewirkt*)

10. Ibid., 23.
11. Chris Argyris, »Teaching Smart People How to Learn«, *Harvard Business Review* (Mai–Juni 1999): 99–109.
12. Robert Burton, *On Being Certain: Believing You Are Right, Even When You Are Not* (New York: St. Martin's Press, 2008), xiii.
13. Victoria Hale, Interview mit Roger Martin, 15. Dezember 2006.

Stichwortverzeichnis

A Advocatus Diaboli 76
Affinitäts-Vorurteil 25
Aktionäre 159
Altoids 141
Angelou, Maya 111
Apple 137
Argyris, Chris 35, 163, 170
Ariely, Dan 13, 18
Audi-Fahrer 20
Augustinus 34
Aus- und Weiterbildung 54
Austen, Hilary 161
Autismus 61, 74
Autounfall 19

B Backfire-Effekt 20
Bandura, Albert 42
Banken 72, 78
Basadur, Min 67
Betriebliche Entscheidungsfindung 26
Biersorten 18
Black, Fischer 23
BlackBerry 71
Black-Scholes-Theorem 23
Bleistift 171
Bogle, Jack 111, 121, 160
Borfiga, Louis 117, 150
böse 63
böswillig 26
Bouchard, Eugenie 118, 150
Brahms, Johannes 41
Brett, Bob 150
Brown, Tim 14, 42
Buffett, Warren 24
Bürogebäude 127

C Canada Post 168
Cannes, Filmfestival 88
Cantril, Hadley 15
Catmull, Ed 149
Craik, Kenneth 14

D Denkweise 162
Design Thinking 14, 39
Dewey, John 66
Dezentralisierung 55
directional knowledge 161
Direktverbindungen 142
Djikic, Maja 41
double-loop learning 164
Drucker, Peter 30, 53
Duelfer-Reports 20
dumm 26, 63
Dweck, Carol 162

E Effizienz 72, 78
Einstein, Albert 168
Einstellung 161
Empathie 10, 38
Energieeffizienz 127
Essabhai, Rahim 171

F Falsifizierbarkeit 149
festgelegt 162
Festival of Festivals 87
Filmfestivals 87
Fische (Daten) 37
Flavell, John 34
Fluglinie 142
Football 15
Frederick, Shane 18
Frew, Laura 145
Fung, Josie 139

G Gemeinschaftsgarten 66
Geschichten erzählen 141
Gewehr 33
Grant, Adam 64
Gray, Dave 143
Grosso, Beth 36
Gruppendenken 64

H Haidt, Jonathan 63
Hale, Victoria 9, 171
Handling, Piers 87, 121
Hastorf, Albert 15

I Impfungen 61
Indexfonds 111, 160
iPad 137
iPhone 137
iPod 137

J Jay Z 51
Jobs, Steve 137

K Kahneman, Daniel 12–13
Kausalität 92
Kausalmodelle 93
Kelleher, Herb 143
King, Rollin 142
Knudstorp, Jørgen Vig 3
Köche 161
Kornberg, Nogah 171
Korzybski, Alfred 14
Kotchka, Claudia 141
Kreativität 10, 41, 132
Kundendaten 113
Kundenerlebnis 72, 78
Kurzfristiges Investieren 158
Kuwabara, Bruce 126

L ladder of inference 35
Lafley, A. G. 10, 66–67, 138, 169
Längerfristige Perspektive 158
Lateinamerikageschäft 101
Lave, Charles 14, 24
Lebenseinstellung 157
Lee, Leonard 18
LEGO Movie 3
Leiter des Schlussfolgerns 35
Leonardelli, Geoff 18
Lernen mit nur einer Rückkoppelungsschleife 163

Lernen mit zwei Rückkoppelungsschleifen 164
Lever Brothers 157
Lever, William 157
Lightfoot, Gordon 33
Logik 146
Lord, Phil 5

M Manitoba Hydro 126
Manitoba-Hydro-Gebäude 128
March, James 14, 24
Maschendraht-Vertrieb 68
Masern 61
Massenvernichtungswaffen 20
McKee, Robert 141
Medizinstudenten 103
Messerklinge 39
Meta-Erkenntnis 10, 34
Methodik 51
Miller, Christopher 5
Mind-Map 17
mindset 162
minimum viable product 145
Modelle 13

N Nano 21
Nemeth, Charlan 64
Neuronen 38
Newton, Isaac 168
Noten-Einschätzung 23
Nyhan, Brendan 20

O Oatley, Keith 41
Obdachlose 103
Optionen 23

P Partnersuche 163
People's Choice Award 95
Physisch modellieren 145
Pixar 149
Polizei 125
Polman, Paul 158, 167, 170
Popova, Maria 44
Popper, Karl 149
Port Sunlight 157
Pro- und Pro-Liste 76
Projektions-Vorurteil 26
Prototypen 139

R Paonic, Milos 118, 150
Reifler, Jason 20
Renegade 51
Richter 19
Ries, Eric 145
Rizzolatti, Giacomo 39
Roam, Dan 143

Rollenspiel 145
Rosen, Sharron 145
Rumi 9

S schlechte Ideen 44–45
Scholes, Myron 23
Schram, Stefanie 139
Selbstwirksamkeit 42
Sharp, Isadore 9, 67
Simon, Herb 14
single-loop learning 163
Skateboarder 19
Sloan, Alfred P. 30
Spielplatz 145
Sterman, John 14, 22
Storyboard 144
Strategie 103
Sunstein, Cass 13
Sympathie 38

T Tata Motors 21
Taylor, David 60
Temperatur 19
Tennis Canada 115, 145, 150
Tests 149
Thaler, Richard 13
Tharp, Twyla 42
Tocqueville, Alexis de 137
Toronto International Film Festival (TIFF) 95
Tversky, Amos 12

U Unilever 157

V Verborgenes Juwel 115
Verdoppeln 121, 160
Verhaltenswissenschaftliche Entscheidungstheorie 12
Visualisieren 142
Visuelles Alphabet 143
Voltaire 114

W Waffen tragen 33
Wakefield, Andrew 61
Welch, Jack 167
Wohnlichkeit 127

Y Young, Bob 9, 67

Z Zeichnen 142
Zeitungsartikel 20
Zentralisierung 55
Zerlegen 124
Zhong, Chen-Bo 18
Zielgerichtetes Wissen 161

Danksagungen

Dieses Buch ist aus einer langen Zusammenarbeit unter Freunden erwachsen. Die gemeinsame Arbeit war eine Freude, wir haben uns gegenseitig gefordert, angespornt und manchmal auch genervt. Das Ganze ist aber keineswegs nur ein Zwei-Personen-Unternehmen. Wir sind all den Mentoren, Kollegen und Freunden, die unser Denken geformt haben, zu tiefem Dank verpflichtet.

Zunächst einmal wäre dieses Buch nicht möglich gewesen ohne den Einsatz von Personen, die uns auf Ideen gebracht und die Theorie des integrativen Denkens mitentwickelt haben. Ganz besonders danken möchten wir hier Chris Argyris (Rogers verstorbener Mentor und der Großvater des integrativen Denkens), Marcel Desautels (dessen Geschenk einer Gründung des Desautels Centre for Integrative Thinking an der Rotman School uns Raum für die Untersuchung dieser Ideen gab), dem verstorbenen, wunderbaren Joe Rotman (ohne den wir nicht die Möglichkeit gehabt hätten, zusammenzuarbeiten; seine Freundlichkeit und sein Intellekt inspirieren uns beide noch heute) und Hilary Austen (unsere wichtigste Denkpartnerin und eine geliebte Freundin). Verpflichtet sind wir auch etlichen Menschen, die die Praxis des integrativen Denkens erheblich vorangetrieben haben: Nouman Ashraf, Ellie Avishai, Melanie Carr, Josie Fung, Darren Karn und Nogah Kornberg. Jeder von euch hat ohne Ende dazu beigetragen, was wir tun und wie wir es tun. Ein Dank auch an die Lehrer und Praktiker (von denen wir einige in diesem Buch hervorheben konnten), die uns praktisch täglich neue und bemerkenswerte Anwendungen mitteilen.

Wir möchten auch unseren gegenwärtigen und früheren Kollegen an der Rotman School danken, die uns unterstützt und angespornt haben. Es sind zu viele, um sie hier alle zu nennen; besonders hervorheben möchten wir aber Quinn Davidson, Jamison Steeve und das Team des Martin Prosperity Institute; Mihnea Moldoveanu und Brendan Calder vom Desautels Centre for Integrative Thinking; Steve Arenburg, Ken McGuffin, Karen Christensen und Jennifer Hildebrandt aus dem allgemeinen Events- und Medien-Team; Michele Milan, Jim Fisher und Brian Golden, die sich entscheidend dafür eingesetzt haben, integratives Denken auf den Lehrplan für die Managerausbildung zu setzten; und Suzanne Spragge, Gerry Mabin und Dave Samuel, die alle drei besonders einflussreiche Mitglieder des Beirats in Rogers Zeit als Dekan waren.

Zu Dank verpflichtet sind wir auch den Leuten, über die wir in unserem Buch schreiben, darunter (wie bei einem Filmabspann in der Reihenfolge ihres Auftretens): Isadore Sharp, Bob Young, Victoria Hale, A. G. Lafley, Jørgen Vig Knudstorp, Kelli, Beth Grosso, Tim Brown, David Taylor, Piers Handling, Jack Bogle, Michael Downey, Bruce Kuwabara, Claudia Kotchka, Laura Frew, Sharron Rosen, Paul Polman, Jack Welch, Rahim Essebhai sowie alle unsere Schüler, besonders Adam, Collin, Gautem, Haley, Lauren und Jabril.

Das Team bei Harvard Business Review Press war wunderbar, wie immer. Danke an Jeff Kehoe, Jennifer Waring, Kenzie Travers, Stephani Finks und alle anderen, die dazu beigetragen haben, das Buch zu gestalten und zu promoten. Ein Dank auch an Michelle Hopgood bei MPI, die alle Grafiken geschaffen hat, die Sie in diesem Buch sehen.

Und zum Schluss auch noch ein herzlicher Dank an unsere Familien – insbesondere unsere Eltern. Ihr habt die Grundlagen gelegt für das, was wir heute sind.

Die Autoren

Jennifer Riel ist außerordentliche Professorin an der Rotman School of Management der University of Toronto und unterrichtet integratives Denken und Innovation für Studenten, MBA-Studenten und Manager. In dieser Funktion leitet Jennifer speziell gestaltete Workshops für Betriebe auf der ganzen Welt. Außerdem berät sie die Führung von Unternehmen, die sich auf der *Fortune*-500-Liste finden, bei den Themen Strategie und Innovation.

Jennifer hat als Redakteurin und Autorin an zahlreichen Büchern mitgearbeitet, darunter *The Opposable Mind: How Successful Leaders Win Through Integrative Thinking, The Design of Business: Why Design Thinking Is the Next Competitive Advantage* und *Playing to Win: How Strategy Really Works*. Auch für *Globe and Mail, Businessweek, Strategy, Rotman Management, Huffington Post* und Fortune.com hat sie schon geschrieben. Ihren Abschluss als MBA machte Jennifer 2006 an der Rotman School of Management.

Roger Martin ist angesehener Autor, Berater und Professor. Er ist Leiter des Martin Prosperity Institute der Rotman School of Management an der University of Toronto (an der er von 1998 bis 2013 auch als Dekan tätig war). Vor der Zeit an der Rotman School arbeitete Roger 13 Jahre als einer der Direktoren der Monitor Company, einer global agierenden Strategieberatungsfirma. Zwei Jahre lang gehörte er zu den Leitern des Unternehmens.

Roger berät CEOs zu den Themen Strategie, Konzeption und integratives Denken. Er hat zu diesen Themen schon umfangreich geschrieben und elf Bücher veröffentlicht, darunter *The Opposable Mind, The Design of Business, Fixing the Game, Playing to Win* (mit A. G. Lafley) und *Getting Beyond Better* (mit Sally Osberg).

2013 belegte Roger Platz drei auf der Thinkers50 List, einem alle zwei Jahre erscheinenden Ranking der einflussreichsten Wirtschaftsdenker der Welt. 2007 wurde er als einer der zehn einflussreichsten Wirtschaftsprofessoren der Welt von der *Businessweek* zu einem »Business School All-Star« ernannt. Bereits 2005 hatte ihn die *Businessweek* zu einem von sieben »Innovation Gurus« ernannt. Seinen Abschluss als Bachelor of Arts mit Schwerpunkt Wirtschaft erhielt der Kanadier aus Wallenstein (Ontario) 1979 am Harvard College und seinen MBA 1981 an der Harvard Business School.

Stimmen zum Buch

»Integratives Denken ist eine kraftvolle Idee, die uns neue Lösungen für unsere schwierigsten Probleme liefert. In diesem überzeugenden Werk zeigen uns Riel und Martin, wie wir mit diesem neuen Denkmodell gute Entscheidungen treffen können, statt uns mit schwachen Kompromissen zu begnügen. Dieses von praktischen Tipps, einladenden Übungen und großen Erkenntnissen überquellende Buch sollte jede Führungskraft in Griffweite haben, die versucht, sich ihren Weg durch die Zukunft zu bahnen.«

Daniel H. Pink, Autor, *Drive* und *To Sell is Human*

»In einer Zeit, in der die Gesellschaft immer mehr dazu neigt, sich auf eine einzige Denkrichtung festzulegen, geben uns Riel und Martin Werkzeuge an die Hand, mit denen wir uns von unseren Vorurteilen trennen und unsere Schwachstellen eliminieren können, damit wir die Chance bekommen, zu anderen und besseren Lösungen zu gelangen. Ein wichtiges Werkzeug fürs Geschäft ebenso wie fürs Leben.«

Lowell C. McAdam, Chairman und CEO Verizon Communications